Cicero

Reclam Sachbuch

Emanuele Narducci

Cicero

Eine Einführung

Aus dem Italienischen übersetzt
von Achim Wurm

Philipp Reclam jun. Stuttgart

Titel der italienischen Originalausgabe:
Emanuele Narducci: Introduzione a Cicerone.
Rom/Bari: Editori Laterza: 1992, 2005

RECLAMS UNIVERSAL-BIBLIOTHEK Nr. 18818

Published by arrangement with Marco Vigevani Agenzia Letteraria
Gestaltung: Cornelia Feyll, Friedrich Forssman
Gesamtherstellung: Reclam, Ditzingen. Printed in Germany 2012
RECLAM, UNIVERSAL-BIBLIOTHEK und
RECLAMS UNIVERSAL-BIBLIOTHEK sind eingetragene Marken
der Philipp Reclam jun. GmbH & Co. KG, Stuttgart
ISBN 978-3-15-018818-7
www.reclam.de

Die Übersetzung dieses Buches wurde durch das
SEGRETARIATO EUROPEO PER LE PUBBLICAZIONI
SCIENTIFICHE gefördert.

SEPS
SEGRETARIATO EUROPEO PER LE PUBBLICAZIONI SCIENTIFICHE

Via Val d'Aposa 7 – 40123 Bologna – Italien
seps@seps.it – www.seps.it

Inhalt

Vorwort

Im Mittelpunkt dieses Buches stehen Ciceros Reden und Schriften. Wenn dabei die politischen Ereignisse seiner Zeit in dieser Darstellung breiten Raum einnehmen, dann, weil es meiner Ansicht nach unmöglich ist, Ciceros literarisches Werk zu verstehen, ohne die historischen Hintergründe zu kennen, unter denen es entstand.

Bei der Gliederung habe ich mich von der Beschaffenheit der Texte Ciceros leiten lassen. Es lag nahe, die Analyse seiner Reden und die Nachzeichnung der persönlichen und politischen Zusammenhänge von Ciceros Laufbahn als Anwalt und Politiker nicht voneinander zu trennen. Da der Großteil von Ciceros theoretischen Schriften – angefangen mit *De oratore* und *De re publica* bis hin zu den philosophischen Dialogen und den späten Schriften zur Rhetorik – zu einer Zeit entstanden, als Cicero aus verschiedenen Gründen kaum am politischen Leben Anteil nahm, schien es mir sinnvoll, an einigen Stellen den Gang der Ereignisse zu unterbrechen und die theoretischen Schriften in gesonderten Kapiteln thematisch darzustellen.

Dieses Buch will keine Biographie Ciceros und noch viel weniger ein Kompendium der Geschichte der späten Republik sein. Im Vordergrund stehen Analysen, die der Lektüre und dem Verständnis der Reden und Schriften Ciceros dienen sollen. Auf historische und biographische Ereignisse wird deshalb nur in dem Maße eingegangen, als sie diesem Verständnis dienlich sind; andere, auch geschichtlich bedeutende Ereignisse, die aber in Ciceros Werk kaum oder nur marginale Spuren hinterlassen haben, müssen ausgespart bleiben.

Anlässlich der revidierten Neuausgabe wurde ein Kapitel über das Cicero-Bild im 19. und 20. Jahrhundert hinzugefügt sowie ein kurzgefasstes Glossar, in dem einige grundlegende Begriffe zur römischen Rhetorik und Geschichte erläutert werden.

In die Überarbeitung der Kapitel, die das Verhältnis Ciceros zu Clodius beleuchten, sind wertvolle Anregungen eingeflossen, die ich Luca Fezzi verdanke. Seine Arbeiten zur Gestalt des umstrittenen Volkstribuns haben dazu beigetragen, eine Lücke in der Erforschung der späten Republik zu schließen.

Herkunft und Ausbildung

Von Arpinum nach Rom

Marcus Tullius Cicero kam 106 v. Chr. in der etwa 100 Kilometer südöstlich von Rom gelegenen Bundesgenossenstadt Arpinum zur Welt. Damals besaß Arpinum schon seit längerem das römische Bürgerrecht. Anders als in Rom, wo die Stimmabgabe schon seit einiger Zeit schriftlich erfolgte und damit zumindest theoretisch geheim war, gab man in Arpinum seine Stimme noch wie ursprünglich üblich durch Ausruf ab. Unter den Bedingungen des Klientelsystems bedeutete diese Form der Stimmabgabe, dass die herrschenden Familien die Wählerschaft wirkungsvoll kontrollieren konnten. Bezeichnenderweise war es Ciceros Großvater, der sich mit Erfolg dem Vorschlag widersetzt hatte, in der örtlichen Volksversammlung mit Hilfe von Stimmtafeln abzustimmen. Wie Cicero bei der Aufzählung der Ruhmestaten seiner Vorfahren in *De legibus* nicht ohne Stolz berichtet, trug dies seinem Großvater höchstes Lob vonseiten prominenter Vertreter des römischen Hochadels ein, die ihm möglicherweise auch ihre Unterstützung zusicherten, falls er in der Hauptstadt politisch tätig werden wollte. Cicero stammte aus einem wirtschaftlich und gesellschaftlich ausgesprochen gutsituierten Hause. Sein Vater gehörte dem Ritterstand an, die Mutter entstammte einer Familie, die bereits mehrere römische Senatoren hervorgebracht hatte. Ciceros Familie zählte zur Elite des italischen Provinzadels. In diesen Kreisen war man konservativ, aufstiegsorientiert und mit einem ausgeprägten Sinn für die eigenen Standesprivilegien ausgestattet. Der gesellschaftliche Aufstieg Ciceros wurde in vielem durch die Verbindungen von Mitgliedern seiner Familie zu den großen Senatorenfamilien Roms vorbereitet.

Weder der Großvater noch der Vater hatten von der Möglichkeit Gebrauch gemacht, in die römische Politik einzutreten. Ciceros Vater führte, bedingt durch eine schwache Gesundheit und wohl auch aus persönlicher Neigung, ein ruhiges Gelehrtendasein in seiner Heimat Arpinum, unternahm jedoch gelegentliche Abstecher in die Hauptstadt, wo die Familie im Carinae-Viertel ein Haus besaß.

Im Alter von zehn Jahren wurden Cicero und sein jüngerer Bruder Quintus nach Absolvierung des Elementarunterrichts nach Rom geschickt, um dort ihre Ausbildung fortzusetzen. Die Stadt am Tiber muss den Heranwachsenden aus der Provinz tief beeindruckt haben. Rom war zu dieser Zeit bereits das Zentrum eines ausgedehnten Reiches, auch wenn die Stadt es mit den großen Metropolen des hellenistischen Ostens an architektonischer Pracht noch nicht aufnehmen konnte. Erst in späteren Jahren erlebte Cicero, wie die Hauptstadt durch den Bau des ersten Theaters in Stein, von Marmortempeln und großen öffentlichen Plätzen und Versammlungsstätten ihr Gesicht veränderte. Schon im Stadtbild der 90er Jahre vor der Zeitenwende zeichnete sich allerdings der krasse Gegensatz zwischen den engen Mietskasernen für das städtische Proletariat und den Palästen der Adligen und Begüterten ab, der in der weiteren baulichen Entwicklung Roms immer schärfer zutage treten sollte.

Erster Rhetorikunterricht

Dank des weitgespannten Beziehungsgeflechts ihrer Familie wurden Cicero und sein Bruder in die Welt des römischen Adels aufgenommen, wo man sich ihrer weiteren Ausbildung annahm. Auf diese Weise erhielt Cicero die Möglichkeit, Bekanntschaft mit den größten Rednern seiner Zeit zu machen. Marcus Antonius Gnipho und vor allem Lucius Licinius Crassus sind hier zu nennen. Letzterer ließ in seinem prachtvollen römischen Anwesen besonders begabte Schüler von griechischen Lehrern unterrichten. Selbstverständlich handelte es sich hier um reinen Privatunterricht, der ausschließlich Adepten vorbehalten war, deren politische Zuverlässigkeit außer Zweifel stand. Die römische Senatsaristokratie hatte nicht die Absicht, das äußerst wirksame Instrument der Rhetorik unkontrolliert in die Hände der Allgemeinheit gelangen zu lassen.

Dennoch kam es Mitte der 90er Jahre zu einem Versuch, genau dies zu erreichen. Ein Mann namens Plotius Gallus, der wahrscheinlich Verbindungen zu Marius und den Kreisen der Popularen unterhielt, gründete eine öffentliche Schule zur Erlernung der Redekunst, die auf Teile der Jugend eine große Anziehungskraft ausübte. Wie genau sein Unterricht aussah und welche Ziele Plotius Gallus verfolgte, ist eine vieldiskutierte Frage. Manches spricht dafür, dass er auch Schüler aufnahm, deren gesellschaftlicher oder politischer Hintergrund ihnen den Zugang zum Rhetorikunterricht in den Häusern der Aristokratie verschloss. Oft handelte es sich um junge Angehörige des Ritterstandes, dessen Vertreter immer öfter versuchten, das Tun und Lassen der Senatoren mit juristischen Mitteln zu kontrollieren. Dazu kamen politisch ambitionierte Bürger römischer Munizipien, für die eine erfolgreiche Anklage gegen einen römischen Senator persönliche Vorteile bis hin zur Erlangung des vollen Bürgerrechts mit sich bringen konnte. Im Hintergrund dieser Entwicklung stand das nachvollziehbare Bestreben der italischen Verbündeten, an den Errungenschaften des stetig wachsenden Imperiums beteiligt zu werden. Die Verweigerung der politischen Teilhabe durch den römischen Adel sollte kurze Zeit später zum Ausbruch des Bundesgenossenkrieges führen.

Auch der junge Cicero spielte offenbar mit dem Gedanken, bei Plotius Gallus Unterricht zu nehmen (so zumindest die – wenn auch nicht unumstrittene – Meinung eines Großteils der modernen Forschung). Dieser Unterricht bestand offenbar in einer rein formalen Vermittlung der rhetorischen Technik, ohne dass besonderer Wert auf eine weitergehende Bildung der Persönlichkeit des angehenden Redners gelegt wurde. Man weiß, dass es Ciceros adlige Mentoren waren, die ihn davon abhielten, bei Plotius Gallus in die Lehre zu gehen. Kurze Zeit später verfügte Crassus in seiner Funktion als Zensor die Schließung der Schule – ob mit Erfolg, ist nicht überliefert.

Der Bundesgenossenkrieg und die Herrschaft Cinnas

Licinius Crassus starb nach kurzer Krankheit im Jahr 91. Zuletzt hatte der Zensor zu den eher kompromissbereiten Vertretern der Senatsaristokratie gehört, die zumindest partiell das Reformprogramm des Volkstribuns Marcus Livius Drusus unterstützten. Sein Name steht für den mutigen Versuch, den Senat für diejenigen Gruppen zu öffnen, die mit dem angestammten Adel gesellschaftlich auf einer Ebene standen. Zielgruppe dieser Bestrebungen, die Machtbasis der Senatsherrschaft zu erweitern, waren die römischen Ritter und die vermögenden Schichten der italischen Munizipien, die auf eine Teilhabe an der Regierungsgewalt drängten. Allerdings teilte Crassus die Reformbestrebungen des Livius Drusus nicht in allen Punkten. So lehnte er etwa die Verleihung des vollen Bürgerrechtes an die Italiker vehement ab. Noch während seines Konsulats im Jahre 95 ließen Crassus und sein Kollege Quintus Mucius Scaevola Pontifex ein Gesetz verabschieden, das den Forderungen der Bundesgenossen in dieser Sache einen Riegel vorschob. Der gemäßigte Flügel innerhalb der herrschenden Klasse bewies mit diesem Gesetz, dass er dennoch keinesfalls bereit war, eine Störung des traditionellen Machtgleichgewichts durch die Zulassung zu vieler neuer Mitglieder im Senat zu dulden und dessen oligarchische Struktur zur Disposition zu stellen. Nach Crassus' Tod übernahm im Senat wieder die Partei der kompromisslosen Verfechter der bestehenden Ordnung die Führung, und es entstand eine politische Situation, die schon bald auf den Ausbruch des Bundesgenossenkrieges zusteuerte.

Der junge Cicero lernte die Welt der römischen Politik zunächst in der Rolle des Zuschauers kennen, und die Erfahrungen, die er in den Jahren kurz vor Ausbruch des Bundesgenossenkrieges machte, prägten ihn offenbar nachhaltig. Kurz nach Crassus' Tod wurde Cicero als Zeichen seiner Volljährigkeit mit der Männertoga bekleidet. Sein Vater vertraute ihn Quintus Mucius Scaevola an (zur Unterscheidung von seinem gleichnamigen Vetter mit dem Beinamen »der Augur« bezeichnet), damit er ihn in das öffentliche Leben einführte. Zwar konnte der Heranwachsende auf diese Weise zunächst die Redekunst, wie sie auf dem Forum gepflegt wurde, näher kennenlernen, doch Militärdienst und die Aussetzung eines Großteils der Verfahren aufgrund des Krieges schränkten seine Prozessbesuche bald wieder ein. Nach dem Tod des Auguren Scaevola im Jahr 88/87 kam Cicero unter die Obhut von Mucius Scaevola Pontifex. Das Geschlecht der Scaevolae, in dessen Kreisen Cicero sich bewegte, war eine der einflussreichsten Familien Roms. In diesem Umfeld machte Cicero auch die Bekanntschaft zweier ungefähr gleichaltriger junger Männer, denen er sein Leben lang eng verbunden blieb. Der eine war Titus Pomponius, der aufgrund seines langen Aufenthaltes in Athen später den Beinamen Atticus trug. Der andere Servius Sulpicius Rufus, der eine glänzende Karriere als Jurist absolvierte. Von den Scaevolae übernahm Cicero wahrscheinlich auch seine gemäßigte Form des Konservatismus, die ihm schon Licinius Crassus nahegebracht hatte. Sie gründete auf der Überzeugung, dass die Führung des Gemeinwesens (*res publica*) in die Verantwortung von Männern gehörte, die über politische Vernunft verfügten – und nicht in die Hände von Söldnerführern. Die wahre Regierungskunst bestand demnach nicht darin, militärische Siege zu erringen, sondern die innere Ordnung des Gemeinwesens zu erhalten.

In den Jahren, in denen Marius und Cinna an der Macht waren – eine Zeit, die Cicero später als Periode tiefsten politischen Niedergangs geschildert hat –, blieb er abseits vom Geschehen, und dies, obschon das Verschwinden der wichtigsten Repräsentanten der politischen Rhetorik von der öffentlichen Bühne einem jungen begabten Redner wie ihm den Aufstieg gewiss erleichtert hätte. Er scheint es aber bewusst vermieden zu haben, mit den Anhängern Cinnas auch nur entfernt in Verbindung gebracht zu werden. Aus dem Machtkampf zwischen Cinna und Sulla hielt Cicero sich ebenfalls heraus. Seine Lehrer hatten ihn zwar zur Ablehnung jeder Form der Demagogie erzogen, aber von einer Politik, die allein die Interessen der Nobilität verfolgte, hatte Cicero als Abkömmling des Ritterstandes (der mehrheitlich gegen Sulla eingestellt war) wenig zu erwarten. Wie er in der *Rede für Roscius aus Ameria* erklärt, führte ihn seine Ablehnung des Bürgerkrieges dazu, sich derjenigen Fraktion innerhalb der Senatsaristokratie anzuschließen, die auf Vermittlung und Zusammenwirken zwischen den Lagern setzte. Erst als diese Politik sich als nicht umsetzbar erwies, schlug er sich, wenn auch ohne große Begeisterung – so lässt Cicero durchblicken –, auf die Seite der Nobilität.

Rhetorik und Philosophie

In die Zeit seiner Ausbildung als Redner fällt auch Ciceros erste Begegnung mit der Philosophie und ihren Lehrern. Zu Anfang weckte vor allem der Epikureer Phaedrus seine Aufmerksamkeit, dessen Vorträge er gemeinsam mit Atticus besuchte. Während Atticus sich der Lehre Epikurs anschloss, behielt Cicero zeit seines Lebens Vorbehalte gegenüber dem Epikureismus. Damals machte Cicero auch die Bekanntschaft des Stoikers Diodotos, den er später – wie es in den wohlhabenden Kreisen Roms üblich geworden war – in sein Haus aufnahm. Diodotos, der sein Augenlicht verloren hatte, lebte dort bis zu seinem Tod um das Jahr 60. Ciceros prägendste Begegnung mit einem Lehrer der Philosophie war jedoch die Bekanntschaft mit Philon von Larissa. Der Schulvorsteher der Platonischen Akademie war nach den Ereignissen des Jahres 88 wie viele oligarchisch gesinnte Athener nach Rom geflohen. Durch Philon machte Cicero Bekanntschaft mit dem Wahrscheinlichkeitsdenken der akademischen Skepsis, das auf Karneades zurückging. Diese Lehre wurde die Grundlage seines eigenen philosophischen und ethischen Denkens. Einige Zeit später, im Jahr 81, begegnete Cicero schließlich mit Molon von Rhodos, der sich als Gesandter seiner Stadt in Rom aufhielt, einem der erfolgreichsten Redelehrer der hellenistischen Welt. Während seiner ausgedehnten Bildungsreise nach Griechenland und Kleinasien hatte Cicero später ausführlich Gelegenheit, bei Molon Unterricht zu nehmen.

Ciceros Ausbildung, die in erster Linie auf die Aneignung der Rede- und Vortragskunst gerichtet war, umfasste unter anderem das Auswendiglernen und Rezitieren griechischer und lateinischer Übungsstücke. Dieses unausgesetzte Training verhalf ihm zu einer für uns heute kaum mehr vorstellbaren Merkfähigkeit, und es war wohl in erster Linie sein phänomenales Gedächtnis, und nicht die Zuhilfenahme von doxographischen Handbüchern, das es ihm ermöglichte, bei der Abfassung seiner philosophischen Schriften in so kurzer Zeit eine so umfangreiche Stoffmenge aufzubereiten.

Frühe literarische Werke und *De inventione*

In diesen Jahren entstanden auch Ciceros erste literarische Versuche. Zunächst Übersetzungsproben von Passagen aus Platons *Protagoras*, den *Phainomena*, einem meteorologischen Lehrgedicht des Arat, und aus Xenophons *Oikonomikos* (ein Text und ein Autor, auf den Cicero sich auch später mehrfach bezogen hat). Fraglich ist, ob aus jener Zeit auch das im Versmaß geschriebene Preislied auf Marius stammt, das die Siege des Feldherrn besingt, der wie Cicero in Arpinum geboren wurde, von dem dieser sich politisch jedoch immer ferngehalten hat.

Unsicherheit besteht auch hinsichtlich der Entstehungszeit der ersten rhetorischen Schrift aus Ciceros Feder. Der Titel *De inventione* rührt aus dem Umstand, dass der nur bis zum zweiten Buch fertiggestellte Text dieser Einführung in die Rhetorik das Thema der *inventio*, also die Auffindung des Stoffes behandelt, die dort als »Erfassen wahrer oder wahrscheinlicher Sachverhalte, die eine Argumentation plausibel machen«, definiert wird. Die Datierungsversuche schwanken zwischen dem Ende der 90er und den frühen 80er Jahren. Es ist aber durchaus möglich, dass wir es mit einem Werk zu tun haben, dessen Entstehung sich über einen längeren Zeitraum erstreckte. Zugunsten einer Frühdatierung sprechen zum einen die für ein Erstlingswerk charakteristischen Unzulänglichkeiten des Textes; zum anderen inhaltliche Anhaltspunkte, die auf den Einfluss Philons zurückgehen könnten, der im Rahmen seiner Erkenntnistheorie auch den rhetorischen Begriff der Stofffindung behandelt hatte. Vor allem Ciceros Beteuerung, er habe verschiedene Darstellungen des Themas zu Rate gezogen, ohne sich leichtfertig einer bestimmten Lehrmeinung anzuschließen, lassen an Philons abwägend-skeptische Erkenntnismethode denken.

De inventione gehört in die nicht sehr umfangreiche

Reihe lateinischer Rhetorikhandbücher, zu der auch eine kurze verlorene Schrift des Marcus Antonius Gnipho und die anonyme *Rhetorica ad Herennium* zu rechnen sind. Letztere weist deutliche Parallelen zu *De inventione* auf. Lehrbücher dieser Art stießen bei der römischen Aristokratie, die das Mittel der Rhetorik eifersüchtig hütete, auf wenig Begeisterung. Doch ist es wenig wahrscheinlich, dass es die Bedenken seiner adligen Mentoren waren, die Cicero von der Fertigstellung seines Lehrbuches abhielten. Dennoch distanziert er sich in den philosophisch gefärbten Vorworten, die er den beiden Büchern von *De inventione* vorausschickt, von allen Bestrebungen, die rhetorische Technik allgemein zugänglich zu machen. Cicero preist in Anlehnung an einen zuerst bei Isokrates formulierten Gedanken die Redekunst als die Kraft, die den Menschen vom reinen Lebewesen zum entwickelten Kulturwesen aufsteigen lasse. Obschon Cicero bei dieser Gelegenheit den Gracchen ein erstaunlich positives Zeugnis ausstellt, lässt er doch erkennen, dass er dieselben Befürchtungen hegt, die den Zensor Licinius Crassus dazu bewogen hatten, die Schule des Plotius Gallus schließen zu lassen. Cicero sieht die Beredsamkeit notwendig mit moralisch-politischer Weisheit verbunden und übt scharfe Kritik an einer prinzipienlosen Demagogik, die sich durch die Beherrschung der Redekunst den Willen der Massen unterwerfe. Im ganzen handelt es sich bei *De inventione* indes um ein trockenes, schematisch aufgebautes Lehrbuch. Jahre später, bei der Abfassung von *De oratore*, bezeichnete sein Autor es als »rohe Entwürfe«. Vor allem die Ansicht, der Redner solle ausschließlich politische oder juristische Gegenstände behandeln, hatte Cicero in der Zwischenzeit verworfen. Als Zuständigkeitsbereich der Rhetorik betrachtete er nun auch das allumfassende Gebiet der philosophischen Erkenntnis.

Beginn der Anwaltskarriere

Das Gerichtsverfahren als öffentliches Schauspiel

Von Ciceros Gerichtsreden, die uns in diesem Buch beschäftigen werden, ist nur die schriftliche Fassung erhalten, und zwar in den meisten Fällen in einer nachträglich für die Veröffentlichung bearbeiteten Form – ein Umstand, auf den wir noch zurückkommen werden. Ähnlich wie die Lektüre eines Dramentextes nur ein unvollständiges Bild von der tatsächlichen Aufführung des Stückes auf der Bühne vermittelt, kann der bloße Wortlaut einer Rede jedoch nur einen Teil dessen wiedergeben, was die Kunst des Redners ausmacht. Auch die stilistische und sprachliche Gestaltung lässt sich ohne Kenntnis der Art und Weise, wie der Vortragende den Worten konkret Ausdruck verlieh, nicht voll erfassen. Deshalb ist es vielleicht sinnvoll, an dieser Stelle auf die näheren Umstände einzugehen, unter denen ein römisches Gerichtsverfahren sich abspielte. Dies gilt besonders für die großen Prozesse mit politischem Hintergrund. In einem solchen Verfahren stand viel auf dem Spiel. Hier konnte und musste ein Redner sein rhetorisches Talent besonders wirkungsvoll zur Geltung bringen.

Wenn das Wetter es zuließ, wurde unter freiem Himmel verhandelt. Dazu benutzte man Holztribünen (*tribunalia*), die in der Mitte des Forums aufgestellt waren (zur Zeit Ciceros besaßen ein oder zwei dieser Aufbauten bereits ein gemauertes Fundament). An manchen Tagen fanden gleichzeitig mehrere Verhandlungen in unmittelbarer Nachbarschaft statt. Die zahlreichen Besucher, die den ganzen Tag über das Forum bevölkerten, sorgten dafür, dass es immer genug Publikum gab.

Auf der einen Seite der Gerichtsstätte befand sich ein erhöhtes Podium. Auf diesem nahmen der Vorsitzende und seine Mitarbeiter Platz, etwas unterhalb saßen die Geschworenen. Auf der gegenüberliegenden Seite waren die Sitze für die streitenden Parteien, die Zeugen und andere Prozessbeteiligte. Der Platz in der Mitte stand den Rednern für ihren Auftritt zur Verfügung.

Ein öffentlicher Prozess bot allen Beteiligten Gelegenheit, Macht und gesellschaftlichen Status zur Schau zu stellen. Das galt für den Angeklagten ebenso wie für den vorsitzenden Magistrat, die Geschworenen und Anwälte. Sie alle erschienen mit einem ganzen Gefolge von Begleitern. Die Geschworenen und die ihnen im Halbrund gegenübersitzenden Prozessbeteiligten besetzten die sprichwörtlichen »besseren Plätze«. Zu ihnen gesellten sich gewöhnliche Zuschauer, vor allem Anhänger und Freunde des Beklagten wie des Klägers, aber auch solche der Anwälte. Unter diese mischte sich nicht selten bezahltes Publikum, das im Auftrag der involvierten Politiker für bestellten Applaus sorgte (und hin und wieder auch für handgreifliche Auseinandersetzungen). Die übrigen Zuschauer rekrutierten sich aus den Besuchern des Forums, von denen viele von einem Verhandlungsplatz zum anderen schlenderten, um keines der dort zu beobachtenden Prozess-Schauspiele zu verpassen.

Die »Inszenierung« begann schon im Vorfeld der eigentlichen Verhandlung. Der Angeklagte, seine Verwandten und Anhänger zeigten sich in der Öffentlichkeit wie in Trauer. Sie vernachlässigten ihre Kleidung, ließen sich den

Bart stehen und setzten finstere Mienen auf. So erschienen sie auch vor Gericht. Der Verteidiger nutzte jede Gelegenheit, auf das Leid seines Mandanten und dessen Angehöriger hinzuweisen und an das Mitgefühl der Geschworenen zu appellieren. Besonders beliebt war es, das tragische Los unmündiger Kinder zu beschwören. Die Gegenpartei bemühte sich entsprechend, den zur Schau getragenen Schmerz des Angeklagten ins Lächerliche zu ziehen oder ihn beim Publikum in Misskredit zu bringen. Man führte die Opfer seiner Verbrechen vor, um die noch frischen Wunden zu präsentieren, welche ihnen der Angeklagte zugefügt hatte.

Zur Zeit Ciceros hatte sich eine rednerische Vortragspraxis (*actio*) entwickelt, die stark auf emotionale Wirkung setzte. Die *actio* umfasste das gesamte Auftreten: Körperhaltung und Gebärden, Gesten und Mienenspiel, Stimmeinsatz und Sprechmelodie. Ziel dieser Vortragspraxis war es, den Gehalt des Gesagten erfahrbar zu machen. Eine Art »Beredsamkeit des Körpers«, die vor allem für die bestimmt war, die mehr ihrem Gefühl als vernünftiger Überlegung folgten. Die *actio* sollte die Wirkung einer Rede verstärken, indem sie den Gehalt auch für die Hörer nachvollziehbar machte, die aufgrund ihres geringen Bildungsgrades nicht in der Lage waren, den Wortlaut angemessen zu würdigen.

Die Einleitung (*exordium*) wurde meist in ruhigem Ton vorgetragen und von gemessenen Gesten begleitet. Nach und nach nahm der Vortrag jedoch lebhaftere Formen an. Der Redner schritt vor der Richterbank auf und ab, sprach auf die Geschworenen ein. Seine Stimme wurde laut vor Erregung oder verdüsterte sich zur Klage. Ausladende Gesten und das Wallen der Toga begleiteten den Vortrag, bis hin zu regelrechten Ausbrüchen. Ein entspannterer Ton herrschte, wo es darum ging, die Zuhörer durch Argumente zu überzeugen oder durch Abschweifungen (Digressionen) zu unterhalten.

Wer als Anwalt vor Gericht auftrat, musste über alle Register der Vortragskunst verfügen. Er musste laut und mit bebender Stimme sprechen und kaum hörbar flüstern können – je nachdem, ob er Kraft, Milde oder Mitleid ausdrücken wollte. Dem Ausdruck der Gemütsregungen diente neben der Stimme auch das Mienenspiel des Redners. Stirnrunzeln, das Senken oder Entspannen der Brauen dienten dem Ausdruck von Zorn, Ablehnung oder Bereitwilligkeit.

Den emotionalen Höhepunkt erreichte eine Rede meist im Schlussteil, der sogenannten *peroratio*. Diese enthielt oft eine pathetische Anrufung der Götter und – wenn der Redner als Verteidiger sprach – eine Beschwörung der Richter. Diese wurden aufgefordert zu bedenken, dass eine Verurteilung den Ruin eines ehrenwerten Bürgers zur Folge haben würde. Dies war zugleich der Teil des Plädoyers, der am deutlichsten den Charakter einer Inszenierung trug. Wie ein Regisseur dirigierte der Anwalt dabei das Auftreten des Angeklagten und seiner vor Gericht erschienenen Unterstützer. Er gab die Einsätze für Klagerufe und empörtes Aufstöhnen, auf sein Zeichen hin erhoben sich die Anhänger des Angeklagten erregt von den Sitzen. Der Verteidiger bediente sich pathetischer Gesten, er umarmte seinen Mandanten, deutete auf dessen von Alter und Kummer gezeichneten Vater oder nahm seine unmündigen Kinder auf den Arm, um laut ihr Schicksal zu beschwören. Ihren

Senatorenstolz vergessend, brachen manche Redner sogar in Tränen aus und warfen sich flehend den Geschworenen zu Füßen.

Die große Beachtung, die diese Prozesse beim römischen Publikum erregten, beruhte nicht zuletzt auf deren hohem Schauwert. Man sollte jedoch nicht vergessen, dass in einer weitgehend auf dem Klientelsystem fußenden Gesellschaft wie der römischen das Schicksal eines hochgestellten Angeklagten über Wohl und Wehe zahlreicher Individuen, manchmal sogar ganzer Gemeinschaften entscheiden konnte. Auch dies erklärt, warum die Verhandlungen zuweilen das Interesse einer großen Zahl von Zuschauern fanden.

Rede für Quinctius

Ciceros erstes Auftreten als Anwalt fiel in die Zeit, als Sulla die Macht noch fest in der Hand hatte, seine erste veröffentlichte Rede war das Plädoyer für Publius Quinctius aus dem Jahr 81; von seinen früheren Gerichtsreden sind keine Zeugnisse erhalten. Im Prozess gegen Quinctius ging es um verwickelte Fragen des Gesellschaftsrechtes. Ciceros Klient drohte einen Großteil seines Vermögens an Sextus Naevius, einen neureichen Emporkömmling, zu verlieren. Dieser war Geschäftspartner von Quinctius' Bruder gewesen, dessen Erbe der Beklagte angetreten hatte. Kein einfacher Fall – Naevius hatte erst vor kurzem die politischen Fronten gewechselt und sich von Marius' Seite auf die des Diktators Sulla geschlagen. Seinen Reichtum verdankte er unter anderem den Proskriptionen, die eine Zwangsversteigerung des Besitzstandes der Geächteten nach sich zogen.

Naevius besaß einflussreiche Freunde und hatte bekannte Anwälte verpflichten können. Zu ihnen gehörte der bekannte Redner Quintus Hortensius Hortalus, Aristokrat mit einer Vorliebe für ausgefallenen Luxus, der als der wichtigste Vertreter des »Asianismus« (hierzu näher unten § 8) in Rom galt. Seine Mitwirkung garantierte dem Verfahren großen Publikumszulauf. Der Gerichtsneuling Cicero konnte also selbst im (recht wahrscheinlichen) Falle einer Niederlage damit rechnen, dass ihm ein gelungener Auftritt zu größerer Bekanntheit verhelfen würde. Cicero war erst im letzten Moment für einen Patronatsherrn eingesprungen, der sich drängenderen Angelegenheiten widmen musste. Dessen Schwager, der bekannte Schauspieler Roscius, hatte daraufhin den jungen Cicero als Ersatzmann vorgeschlagen, der seit einiger Zeit bei ihm verkehrte (wohl auch, um sich die Geheimnisse der Schauspielkunst von ihm abzuschauen).

Bei aller Bescheidenheit, wie sie einem Neuling vor Gericht zukam, ließ Cicero die politische Dimension des Verfahrens in seinen Ausführungen nicht unerwähnt. Er trat als Sachwalter derer auf, die unter den Repressionsmaßnahmen Sullas gelitten hatten, und nutzte sein Plädoyer für polemische Spitzen gegen die Nobilität. Angesichts der Verhältnisse bewies Cicero damit einigen Mut. Er ließ auch die Praxis der Ächtung und Enteignung politischer Gegner und deren Profiteure in den Reihen des Senats und der neureichen Parvenus nicht unerwähnt. Ciceros Verteidigungsstrategie zielte darauf ab, den Gegensatz zwischen der prekären Ausgangsposition seines über keinerlei Beziehungen verfügenden Mandanten auf der einen und dem Reichtum und Einfluss des Naevius auf der anderen Seite zu betonen, welche er als die Frucht einer Periode der Korruption und des Unrechts darstellte. Cicero bedient sich einer Reihe von Gemeinplätzen und stellt das einfache Leben als Bauer, wie es sein Mandant führe, dem Luxus und den Ausschweifungen des Naevius gegenüber. Um zu zeigen, wie unsinnig die Unterstützung sei, die dieser vonseiten der Aristokratie erfahre, erinnert er an dessen Vergangenheit als Anhänger des Marius. Bei der Schilderung des im Zuge von Sullas Proskriptionen reich gewordenen Naevius gibt Cicero die ersten Proben seines satirischen Talentes, das er in der kurz darauf entstandenen *Rede für Roscius aus Ameria* voll entfalten wird. Obgleich Cicero im Plädoyer für Quinctius rhetorische Mittel eher sparsam einsetzt, steht er stilistisch offenbar noch ganz unter dem Einfluss des Asianismus, wie ihn Hortensius vertrat (gegen den er bei dieser Gelegenheit möglicherweise sogar seinen ersten juristischen Sieg davontrug). Cicero arbeitet mit Assonanzen, genau abgewogenen kurzen Sätzen und der zuweilen eintönigen Wiederholung von Gegensatzpaaren, diese übertriebene Künstlichkeit wird jedoch hier noch nicht durch die reiche Bilderfülle aufgewogen, wie sie Cicero in der *Rede für Roscius aus Ameria* entwickelt.

Rede für Roscius aus Ameria

Mit der Übernahme des Mandats für Sextus Roscius aus Ameria geriet Cicero kurz darauf noch tiefer in politisches Fahrwasser. Wie er selbst später gerne hervorhob, war es sein erster Fall als Strafverteidiger, der den Beginn seines Aufstiegs zum Klientelpatron markierte. Die Anklage wog schwer: Roscius wurde beschuldigt, seinen Vater umgebracht zu haben. Der Patrizier aus Ameria war in Rom ermordet worden, wo er Beziehungen zu einigen Familien aus höchsten Kreisen der Nobilität unterhielt. Cicero bemühte sich nun, als die wahren Auftraggeber der Tat zwei Verwandte des Beschuldigten zu entlarven: Magnus und Capito. Wenn auch vielleicht nicht selbst Urheber des Verbrechens, versuchten sie doch, aus der Tat Profit zu schlagen. Nach des älteren Roscius' Tod wandten sie sich an Lucius Cornelius Chrysogonus, einen mächtigen Freigelassenen und Günstling Sullas, um zu erreichen, dass dieser den Namen des Getöteten nachträglich auf die Proskriptionslisten setzen ließ (obschon dieser in Wirklichkeit ein Anhänger Sullas gewesen war). Dann ersteigerten Capito sowie Chrysogonus und Magnus den umfangreichen Landbesitz des nun als vogelfrei Geltenden für einen Spottpreis. Um vollends freie Hand zu haben, mussten sie nur noch den Sohn des Opfers aus dem Weg räumen. Chrysogonus ließ deshalb seinen Einfluss spielen und brachte einen römischen Bürger dazu, Sextus Roscius eine Anklage als Vatermörder anzuhängen.

Als Cicero Jahrzehnte später die Stationen seiner Karriere als Redner vor Gericht Revue passieren ließ, stellte er die Verteidigung des Roscius aus Ameria als Frontalangriff auf die Machtposition Sullas dar. Das mag etwas übertrieben sein. Dank der Verbindungen seines Vaters genoss Roscius den Rückhalt einiger der einflussreichsten Familien Roms, darunter der Servilier, Meteller und Scipionen, die zugleich zu den wichtigsten Unterstützern der Herrschaft Sullas zählten. Diese Familien waren es auch, die eingedenk ihrer guten Beziehungen zu Roscius senior beschlossen, sich der Sache anzunehmen.

Allerdings ohne zu viel Aufhebens zu machen, denn der Eindruck, das Regime sei in sich gespalten, musste vermieden werden. Zwar begrüßte ein Teil der römischen Senatsaristokratie durchaus, dass die Popularen in die Knie gezwungen worden waren, dennoch begann sich Unbehagen angesichts der Kollaboration mit einem Mann zu regen, der die Verfassung Roms mit Füßen getreten hatte. Das Verfahren gegen Sextus Roscius fand offenbar im Jahr 80 statt, als Sulla das Konsulat bekleidete und, so wird vermutet, seit einiger Zeit die Diktatorengewalt niedergelegt hatte. Sullas Absicht war es, die Republik wiederaufzurichten, und zwar unter der Führung einer Aristokratie, die das Gemeinwesen effizient regieren sollte. Nun, da ein Freigelassener wie Chrysogonus, der im Schatten Sullas zu Macht und Einfluss gelangt war, Anstalten machte, einen Schützling der wichtigsten Senatorengeschlechter Roms zu vernichten, stand die Glaubwürdigkeit dieser Absicht unversehens auf dem Prüfstand. Natürlich konnte aus politischer Rücksichtnahme kein Mitglied der genannten Adelsfamilien als Verteidiger des jungen Roscius auftreten. Cicero schien mithin unbedeutend genug zu sein, um dem Prozess keine allzu große politische Beachtung zu verschaffen. Andererseits barg die Übernahme des Mandats durchaus Gefahren, und zwar nicht so sehr vonseiten Sullas – dem es wahrscheinlich nicht einmal ungelegen kam, sich eines Protegés aus den dunkleren Tagen seiner Herrschaft entledigen zu können –, sondern von Chrysogonus und seiner Entourage. Für Cicero wurde dieses Risiko jedoch durch die Aussicht, die Dankbarkeit und Unterstützung einflussreicher Kreise der römischen Oberschicht zu erringen, mehr als aufgewogen.

Diese Kreise ergriffen zwar nicht offen Partei für Roscius, aber sie hatten dafür gesorgt, dass in den Reihen der Zuschauer einige junge und politisch noch kaum in Erscheinung getretene Mitglieder ihrer Familien saßen. Auch so ließ sich Unterstützung für den Angeklagten signalisieren. Zugleich konnte man so der immer drängender werdenden Forderung nach einer Rückkehr zur Legalität Ausdruck verleihen, unter deren Vorzeichen die Senatsaristokratie ihre angestammte Rolle zurückerhalten würde. Cicero seinerseits bewies gegenüber den adligen Unterstützern seines Mandanten politische Unabhängigkeit. Er führt eine Reihe von Gründen an, die diese daran gehindert hatten, den Fall Roscius selbst zu übernehmen. Er nannte aber auch die schwindende Bedeutung des adligen Patronatswesens offen beim Namen und sparte nicht mit Kritik an Vertretern der Aristokratie. Damit zielte er wahrscheinlich auf die konservativen Kreise der Nobilität, die sich den Bestrebungen des Livius Drusus nach einer Öffnung des Senats für den Ritterstand widersetzt hatten. Vor allem aber hatte er die Teile des Adels im Visier, die durch Bürgerkrieg und Proskription teils unermessliche Reichtümer erworben hatten. Manche gingen Cicero zufolge so weit, die Sache eines Chrysogonus als die ihre anzusehen – was nichts anderes hieß, als mit Emporkömmlingen aus niedersten Verhältnissen gemeinsame Sache zu machen, die von den sozialen und ökonomischen Umwälzungen der Bürgerkriegszeit und der Proskriptionen auf die politische Bühne gespült worden waren. Vor allem in den abschließenden Passagen seiner Rede geht Cicero hier in die Offensive – wohl wissend, dass es gerade die Mängel der traditionellen Adelsherrschaft waren, die einem *homo novus* wie ihm Aufstiegschancen eröffneten. Während er sein Auftreten gegen Chrysogonus als mutiges Unterfangen darstellt, formuliert Cicero gleichzeitig eine deutliche Warnung an die Adresse der römischen Nobiles: Sullas Rückkehr zum alten Adelsregime hätte wenig genützt, und das Volk von Rom würde aus dem Bürgerkrieg keinerlei Vorteil ziehen, wenn die neue Führungsschicht nicht in der Lage sein sollte, sich dem Machtmissbrauch seitens übelster Individuen (*homines prostremi*, § 137) zu widersetzen, deren einziges Interesse es sei, sich an fremdem Gut zu bereichern.

Satirische Elemente in der *Rede für Roscius aus Ameria*

Cicero wusste, dass er mit Chrysogonus eine Figur angriff, für die viele Angehörige des römischen Adels nichts als Verachtung übrig hatten. Das Bild, das er von dem Freigelassenen zeichnet, lässt bereits seine große Fähigkeit erkennen, Menschen und Situationen detailreich und mit satirischem Scharfblick zu erfassen. Der Sklave, den Sulla einst auf dem Markt von Delos gekauft hatte, trägt sein Haar nun gesalbt und sorgsam in Locken gelegt; auf dem Forum erscheint er in großer Begleitung und wohnt im elegantesten Viertel der Stadt, auf dem Palatin, in einer luxuriös eingerichteten Villa. Auch Erucius, den römischen Bürger, der die Anklage gegen Roscius erhoben hatte, nimmt Cicero aufs Korn und vermittelt gleichzeitig ein anschauliches Bild von den Umständen des Verfahrens. Beim Eingangsplädoyer gibt Erucius sich lässig und unterbricht seinen Vortrag, um einem Sklaven die Speisenfolge für das Mittagsmahl zu diktieren. Ciceros Ausführungen schenkt er zunächst wenig Aufmerksamkeit und zeigt offen, dass er den Anwalt der Verteidigung nicht sonderlich ernst nimmt. Erst als dieser auf Chrysogonus zu sprechen kommt, wird Erucius hellhörig und schickt in aller Eile Boten an seinen Auftraggeber. Satirisch gezeichnete Szenen und Porträts wie diese werden uns in Ciceros Reden noch häufiger begegnen.

Ciceros Lob auf Sulla

Politisches Kalkül und persönliche Vorsicht veranlassten den jungen Cicero, den allmächtigen Sulla so wenig zu belasten wie möglich und seine Verantwortung von der des Chrysogonus zu trennen. Er überschüttet Sulla vielmehr geradezu mit Lob. Ciceros schmeichelnde Worte für den ehemaligen Diktator sind so konventionell und überschwenglich, dass man vermutet hat, hinter ihnen verberge sich sarkastische Ironie. Ob diese Vermutung zutrifft, ist schwer zu entscheiden, ähnlich wie bei Lukans Loblied auf Kaiser Nero in der *Pharsalia.* Doch während dort die Annahme einer ironischen Absicht im großen und ganzen wenig plausibel erscheint, ist im Fall der *Rede für Roscius aus Ameria* der Eindruck einer gewissen Ironie nur schwer von der Hand zu weisen. In scherzhaftem Ton spricht Cicero von Sullas *felicitas.* Er bestreitet mit Nachdruck, dass dieser für alles die Verantwortung trage, was unter seiner Herrschaft geschehen sei, und führt zur Begründung das erstaunliche Argument ins Feld, auch Jupiter sei nicht für sämtliche Gewitter und Stürme verantwortlich zu machen, die die Erde heimsuchten.

Gesprochene und geschriebene Rede

Es wurde oft bezweifelt, dass Cicero sich zu einer Zeit, als Sulla die Macht noch fest in Händen hielt, diesem gegenüber derartige Freiheiten erlaubt hätte. Auch dass in derselben Rede die Verkommenheit der Herrschenden schonungslos angeklagt und dann wieder in eher vagen Formulierungen die Grausamkeit und Ungerechtigkeit der Zeitläufte jener Jahre ins Feld geführt werden, schien wenig plausibel. Diese Bedenken gaben Anlass zu der Vermutung, die gewagteren Passagen der *Rede für Roscius aus Ameria* seien das Ergebnis einer in Hinblick auf die Veröffentlichung einige Jahre später erfolgten Überarbeitung des Textes. Eine Problematik, die für fast alle Reden Ciceros von Bedeutung ist, denn in der Regel wurden diese tatsächlich im Anschluss an den Gerichtsprozess redigiert und spiegeln deshalb den faktischen Verlauf der Verhandlung nicht exakt wider. Die endgültige schriftliche Fixierung, für die der Redner sich außer auf seine Erinnerung auch auf stenographische Mitschriften stützte, kam sicherlich oft unter Streichungen und Hinzufügungen zustande. Wie sich etwa an der Passage über Erucius ablesen lässt, nahm der Autor in manchen Fällen auch die Reaktionen der Zuhörer und der Anwälte der Gegenseite sowie deren Einwürfe mit auf. Obschon wir den Prozessverlauf der damaligen Zeit nicht genau kennen, kann man davon ausgehen, dass Autoren gelegentlich auch zu einer einzigen Rede zusammenfassten, was tatsächlich Gegenstand mehrerer Ansprachen vor Gericht war. Zwischen den einzelnen Prozessterminen hatte sich aber durchaus eine Änderung der Sachlage ergeben können. Allerdings sollte man nicht erwarten, aus dem Text von Ciceros Gerichtsreden die Indizien für eine exakte Rekonstruktion des Prozessablaufs ableiten zu können. Oft ließe sich mit denselben Argumenten auch das genaue Gegenteil »beweisen«. Um bei der *Rede für Roscius aus Ameria* zu bleiben, hat man beispielsweise unter der Annahme, dass Cicero hier seinem Sarkasmus gegenüber Sulla freien Lauf lässt, aus der verklausulierten, gewundenen Diktion schließen wollen, dass der überlieferte Text eben deshalb den tatsächlichen Wortlaut der Rede vor Gericht wiedergeben müsse.

Ciceros Strategie in der *Rede für Roscius aus Ameria*

Die Strategie, die Cicero in seiner Verteidigungsrede für Roscius verfolgt, besteht in einer geschickten Verlagerung des Themas. Sein Plädoyer rückt nicht den Mord an Roscius' Vater in den Mittelpunkt, sondern die Enteignung des Sohnes. Diese wird als der eigentliche Beweggrund für die Anklageerhebung und vielleicht sogar für das Verbrechen selbst dargestellt. Eine argumentative Volte, die Ankläger wie Richter völlig unvorbereitet treffen musste.

Lässt sich dieses rhetorische Manöver noch relativ sicher am Text belegen, sollte man einem anderen Interpretationsmuster, das seit längerem angewendet, in den letzten Jahren jedoch überstrapaziert wurde, mit einer gewissen Skepsis begegnen. Diese Deutungsmethode baut auf zwei offenkundigen Beobachtungen auf: erstens, dass in Ciceros Gerichtsreden stets nur die Sicht des Falles aus der Perspektive der Verteidigung dokumentiert wird, wobei die Faktenlage und die Argumente der Anklage in einer für die Verteidigung günstigen Version wiedergegeben werden. Zweitens, so die Argumentation, habe Cicero, wie alle Anwälte vor ihm und nach ihm, durchaus nicht immer und vielleicht sogar in den seltensten Fällen Unschuldige vor Gericht verteidigt. Von diesen Prämissen ausgehend, wird der Versuch unternommen, die Argumente der Anklage zu rekonstruieren und zwischen den Zeilen der Verteidigungsrede Spuren einer Manipulation der Fakten durch den Autor ausfindig zu machen. Am Ende steht in einer Art zweiter Beweisaufnahme eine Rekonstruktion des wahrscheinlichen Hergangs der Ereignisse. Mit dieser Methode, vorausgesetzt, sie wird mit der nötigen Abwägung angewandt, lassen sich zum Teil brauchbare Ergebnisse erzielen. In manchen Fällen hat sie allerdings lediglich die in dieser Herangehensweise liegende Gefahr einer bloßen Umkehrung der Argumente in ihr Gegenteil zutage gefördert.

Seriöser und aufschlussreicher sind Analysen, die Ciceros rhetorische Strategie offenlegen und dazu den Aufbau der Reden, die Abfolge der Argumentationsschritte und die rhetorischen Mittel untersuchen, die der Autor anwendet, um seine Zuhörer zu überzeugen. In der Rede für Roscius zeigt sich bereits die für Cicero charakteristische Fähigkeit, bei der rhetorischen Gestaltung der *narratio*, also der Darlegung des Sachverhalts, die Wirkung auf das anwesende Richterkollegium genau vorauszuberechnen.

Im Fall des Angeklagten Roscius aus Ameria konnte Cicero mit dieser Strategie einen vollen Erfolg verbuchen, das Urteil lautete auf Freispruch. Soviel wir wissen, rührte Sulla für Chrysogonus keinen Finger. Im Gegenteil:

Wahrscheinlich war der Diktator froh über diese Gelegenheit, von seinem ehemaligen Günstling Abstand zu nehmen.

Der Asianismus in der *Rede für Roscius aus Ameria*

Noch viele Jahre später erinnerte Cicero sich voller Stolz an den Prozess gegen Roscius, durch den er mit einem Schlag in die vorderste Reihe der Klientelpatrone aufgestiegen war. Weniger zufrieden zeigt er sich in der Rückschau mit dem Stil seiner Verteidigungsrede, der seinen eigenen Worten nach von jugendlichem Überschwang bestimmt war (vgl. *Brutus* 316, *Orator* 108).

Der temporeiche Vortragsduktus verrät starke innere Beteiligung. In nahezu ununterbrochener Folge reihen sich kurze, wohlklingende Sätze aneinander. Cicero macht ausgiebig Gebrauch von den im Asianismus typischen Stilmitteln wie der Häufung von Synonymen, Alliterationen, Wortspielen, dichterischen Wortformen und weiteren rhetorischen Figuren. Der manieristische Charakter der Rede wird noch dadurch gesteigert, dass die Silbenzahl der einzelnen Satzglieder genau abgemessen und – auch dies ein typisches Kunstmittel des Asianismus – am Satzende bestimmte rhythmische Formen verwendet werden. Dieser Stil erforderte einen entsprechend dynamischen Vortrag. Der Redner konnte das Tempo kaum verlangsamen und musste die ganze Zeit über mit lauter Stimme sprechen. Die nicht sehr robuste Konstitution des jungen Cicero war von den physischen Anforderungen einer solchen Vortragsweise schon bald überfordert.

Ciceros Reise nach Griechenland und Kleinasien

Im Dialog *Brutus* beteuert Cicero, ausschließlicher Grund für seine im Jahr 79 angetretene Bildungsreise nach Griechenland und Kleinasien sei die Absicht gewesen, seine Gesundheit zu schonen und sich einen ausgeglicheneren Vortragsstil anzueignen. Plutarch bezeichnet dagegen in seiner Cicero-Vita als Motiv für dessen zeitweisen Rückzug aus Rom die Furcht vor einer Rache Sullas für sein Verhalten im Prozess gegen Roscius. In der Forschung gilt diese Vermutung jedoch als wenig wahrscheinlich. Sulla konnte kein Interesse haben, sein Bild in der Öffentlichkeit durch eine bedingungslose Unterstützung für Chrysogonus zu beeinträchtigen. Auch erwähnt Cicero – der sonst kaum eine Gelegenheit auslässt, auf etwaige Gefahren, denen er sich aussetzte, explizit hinzuweisen – entsprechende Befürchtungen mit keinem Wort. Zudem erfolgte die Abreise aus Rom nicht unmittelbar nach dem Prozess gegen Roscius. Zunächst trat Cicero noch eine Zeitlang vor Gericht auf; unter anderem verteidigte er erfolgreich eine Dame aus Arretium und bestritt bei dieser Gelegenheit ganz offen die Rechtmäßigkeit einer der Verordnungen Sullas, was einen sehr viel ungeschminkteren Angriff gegen die Macht des ehemaligen Diktators darstellte als im Fall Roscius. Dennoch ist es durchaus nachzuvollziehen, warum Cicero, auch ohne eine unmittelbare Racheaktion befürchten zu müssen, es für angeraten hielt, den mächtigsten Mann Roms durch ein eigenes Auftreten vor Gericht vorerst nicht mehr herauszufordern, mag dies auch nicht der Hauptgrund für seine Abreise gewesen sein.

Bildungsreisen in den Osten wurden bei den Römern

der Oberschicht damals allgemein üblich. Cicero ging in Begleitung seines Bruders Quintus zunächst nach Athen, wo er auf seinen alten Freund Atticus traf. Dort übte er sich in der Redekunst, vor allem aber besuchte er die philosophischen Vorlesungen des Epikureers Zenon und des Antiochos von Askalon. Dieser war damals Leiter der Platonischen Akademie, die unter seiner Führung begann, sich von der Annahme bloßer Wahrscheinlichkeiten in der Philosophie zu entfernen und sich einem neuen Dogmatismus zuzuwenden (Cicero stand dieser Wendung zeit seines Lebens skeptisch gegenüber). Anschließend begab er sich in die römische Provinz Asia und nahm Unterricht bei den bedeutendsten Rednern Kleinasiens. In Smyrna begegnete er schließlich Publius Rutilius Rufus, einem der rechtschaffensten Vertreter der senatorischen Herrschaftstradition. Rutilius lebte seit mehreren Jahren in der Verbannung, nachdem ein von Rittern besetztes Gericht ihn als Revanche für seinen Widerspruch gegen den Amtsmissbrauch der Steuerpächter in der Provinz Asien abgeurteilt hatte. Rutilius war ausgesprochen gebildet, er verfügte über profunde Kenntnisse des Rechtswesens und der stoischen Philosophie, die Cicero und seinen Bruder nachhaltig beeindruckten. Es ist Rutilius, den Cicero in *De re publica* als Gewährsmann für die dort wiedergegebene Debatte Scipio Aemilianus' und seiner Freunde bezeichnet, von der ihm dieser bei ihrer Begegnung in Smyrna berichtet habe.

Die nächste Station auf Ciceros Reise war Rhodos, wo er den Stoiker Poseidonios aufsuchte, einen Freund des Rutilius Rufus. Ciceros Verbindung zu dem aus adligen Kreisen stammenden Philosophen, der dem stoischen Denken eine Wendung ins Mystisch-Religiöse gab, bestand fast ein ganzes Leben. In seinen philosophischen Schriften bezieht er sich häufig auf den Stoiker, behält sich aber stets eine eigene, oft auch abweichende Meinung vor.

Auf Rhodos besuchte Cicero die Rednerschule des Molon, den er bereits aus Rom kannte. Wie er im *Brutus* schreibt, bewirkte dieser Unterricht in ihm eine tiefgreifende Wende. Seine rhetorische Sprache entspannte sich, sein Stil fand in geordnete Bahnen, seine Stimme lernte, übertriebene Anstrengungen zu vermeiden. Als Cicero nach Rom zurückkehrte, war auch sein Körper wieder zu Kräften gelangt.

Quästur und Prozess gegen Verres

Das Ende der sullanischen Verfassung

Im Jahr 77 kehrte Cicero von seiner Griechenlandreise zurück nach Rom. Ungefähr zur selben Zeit rückte der mit prokonsularischer Gewalt ausgestattete junge Pompeius nach Spanien ab, um dort den Widerstand des Sertorius, eines der letzten Generäle aus dem Lager der Marianer, niederzuwerfen. Sertorius, dem es gelungen war, sich mit Mithridates zu verbünden, stellte eine ernstzunehmende Bedrohung dar. Überdies machte er mit den Piraten gemeinsame Sache, die im gesamten Mittelmeer ihr Unwesen trieben und dem italischen Handel schweren Schaden zufügen konnten. Der Krieg gegen Sertorius nahm mehrere Jahre in Anspruch. Auch Mithridates, der einen Sieg nach dem anderen erfocht, konnte erst durch den Feldzug des Lucius Licinius Lucullus in den Jahren 73 bis 71 besiegt werden. Zur selben Zeit tobte in Süditalien der Sklavenaufstand unter der Führung des Thrakers Spartacus. Diesem gelang es, den römischen Legionen schwere Niederlagen beizubringen, bis der Senat Marcus Licinius Crassus den Oberbefehl gegen die Sklaven übertrug, einem Mann, den viele als das Produkt des politischen Niedergangs unter Sulla in seiner schlimmsten Ausprägung betrachteten. Crassus' Sieg über das Sklavenheer kam schnell. Die Niederwerfung der Aufständischen verlief erbarmungslos und außergewöhnlich grausam. Mit ihren siegreichen Feldzügen legten Pompeius und Crassus die Grundlage ihrer stetig wachsenden politischen Macht, die schließlich die Grenzen der Verfassungsmäßigkeit sprengen sollte. Im

Jahr 70 ließen sie sich zu Konsuln wählen, nachdem Pompeius, seine Truppen in der Hinterhand, den Senat gezwungen hatte, ihm den Zugang zum Konsulat auch ohne das erforderliche Mindestalter und die vorgeschriebene Ämterlaufbahn zu öffnen. Ein weiterer Schlag gegen Sullas politisches System war die Wiederherstellung der Befugnisse des Volkstribunats, die Pompeius die Unterstützung der Popularen sichern sollte.

Eheschließung und Beginn der Ämterlaufbahn

Nicht lange nach seiner Rückkehr aus Griechenland hatte Cicero Terentia geheiratet, eine Frau aus vermögendem Hause, die eine reiche Mitgift in die Ehe einbrachte. Sie gebar ihm die Tochter Tullia und einige Jahre später den Sohn Marcus. Terentia erwies sich als umsichtige Verwalterin des Familienbesitzes. Doch sie besaß einen schwierigen Charakter und nicht das rechte Temperament, um Zugang zur reichen Persönlichkeit ihres Gatten zu finden. Die emotionale Beziehung der beiden war, so hat es den Anschein, nie besonders eng und sollte nach 35 Jahren Ehe mit der Scheidung enden.

Im Jahr 76 wurde Cicero für das folgende Amtsjahr in die Reihe der 20 Quästoren gewählt. Wer ihn bei dem ersten Schritt auf der Ämterlaufbahn politisch unterstützte, ist nicht überliefert. Sehr wahrscheinlich war aber die unmittelbar nach der Rückkehr aus Griechenland wieder aufgenommene Anwaltstätigkeit ein wichtiger Faktor bei seiner Wahl.

Rede für den Schauspieler Roscius

Ob zu den Fällen, die Cicero in dieser Zeit übernahm, auch die Verteidigung des Schauspielers Roscius gehört, ist umstritten. Stilistisch spricht vieles dafür, die *Rede für den Schauspieler Roscius* dem Frühwerk zuzuordnen; rechtsgeschichtliche Anhaltspunkte deuten dagegen nach Ansicht einiger Forscher darauf hin, dass der Prozess Anfang der 60er Jahre stattfand.

Von der Bewunderung, die Cicero für Roscius' Schauspielkunst hegte, war bereits die Rede. Dieser war von Sulla in den Ritterstand aufgenommen worden und trat seit Jahren ohne Gage auf (Geld für eine Tätigkeit zu erhalten, galt bei den Römern als Zeichen niederen gesellschaftlichen Ranges). Bei Plutarch liest man, Cicero habe als junger Mann nach Roscius' Vorbild unter anderem begonnen, Stimmbildung zu betreiben, weil sich seine Stimme in den laut und mit rhetorischem Pathos vorzutragenden Passagen seiner Reden häufig überschlug. Noch wo Cicero in *De oratore* Ratschläge für den richtigen Vortrag erteilt, kommt er mehrfach auf die Auftritte und den Unterricht des Schauspielers Roscius sowie andere Beispiele aus der Welt des antiken Theaters zu sprechen. Roscius selbst ist der Autor einer kurzen Schrift, in der die Kunst des Schauspielers mit der des Redners verglichen wird. Wir wissen, dass Roscius den bekannten römischen Redner Hortensius bewunderte, der eine große Vorliebe für theatralische Gesten besaß.

Seit langem widmete sich Roscius darüber hinaus der Ausbildung junger Schauspieler. In dem verhandelten Fall ging es um einen Sklaven, dessen Mitbesitzer Roscius war und dem er Unterricht gegeben hatte. Dieser Sklave kam unter gewaltsamen Umständen ums Leben. Verwickelte Verhandlungen folgten, bis schließlich der ehemalige Miteigentümer, ein gewisser Gaius Fannius Cherea, Roscius auf eine gewaltige Summe Schadensersatz verklagte; der Ausgang des Falles ist nicht bekannt. Stilistisch besitzt die *Rede für den Schauspieler Roscius* zum Erstaunen vieler Cicero-Forscher alle Kennzeichen des Asianismus. Keine Spur also von dem kompletten Wandel, der nach Ciceros eigenem Bekunden durch Molons Unterricht bei ihm ausgelöst wurde; stattdessen die gleichen knappen, kunstvoll gedrechselten Sätze wie in den Reden vor der Griechenlandreise und vor allem ein bis zum Überdruss wiederkehrender Einsatz der rhetorischen Frage.

Als Quästor in Sizilien

Bei der durch das Los bestimmten Postenverteilung im Anschluss an die Wahl der Quästoren erhielt Cicero die Provinzquästur von Lilybaeum auf Sizilien. Zu seinen Aufgaben gehörte es, von der dortigen Bevölkerung die zur Versorgung Italiens bestimmten Getreideabgaben zu erheben. Angesichts der Bedrohung der Seewege durch Piraten im gesamten Mittelmeer besaß die Insel eine Schlüsselstellung für die Getreideversorgung Roms und Italiens. Diese Versorgung zu gewährleisten, ohne die Einwohner Siziliens dem Hunger zu überlassen, war nicht immer einfach. Cicero wurde dieser Aufgabe – zumindest verglichen mit dem rücksichtslosen Auftreten, das man in den Provinzen von den Statthaltern Roms gewohnt war – mit Augenmaß und Integrität gerecht. Er erwarb damit ein so großes Ansehen bei den Siziliern, dass diese sich fünf Jahre später mit der Bitte an ihn wandten, im Prozess gegen den ehemaligen Statthalter Verres ihre Interessen zu vertreten.

Das Jahr als Provinzquästor auf Sizilien (Cicero gelang in dieser Zeit auch die spektakuläre Wiederentdeckung der Grabstätte des Archimedes; gleichzeitig betätigte er sich weiter gelegentlich als Anwalt) legte den Grundstein für seinen Aufstieg als Politiker. Zunächst blieb der Erfolg, den Cicero sich von seiner Quästur erhofft hatte, jedoch aus. Wie er in der *Rede für Plancius* nicht ohne Selbstironie berichtet, war seine Enttäuschung groß, als er bei seiner Rückkehr nach Rom feststellen musste, dass dort offenbar niemand von seinem Wirken auf Sizilien Notiz genommen hatte. Damals begriff er, so Cicero weiter, dass es unumgänglich war, in der Hauptstadt, vor den Augen des römischen Volkes, kontinuierlich Präsenz zu zeigen, um in der römischen Politik Erfolg zu haben. In den Jahren 74 bis 70 verstärkte Cicero deshalb seine Aktivitäten als Anwalt vor Gericht.

Rede für Marcus Tullius

Von den zahlreichen Fällen, die Cicero in dieser Zeit übernahm, sind nur wenige bekannt. Nur zu einem ist Ciceros Rede überliefert – die *Rede für Marcus Tullius* (die Namensgleichheit ist zufällig, verwandtschaftliche Verbindungen bestanden nicht). In diesem Verfahren, das im Jahr 71 stattfand, ging es um Tätlichkeiten, die Ciceros Klient auf seinem Anwesen in Kalabrien vonseiten einer Handvoll Sklaven seines reichen Nachbarn über sich ergehen lassen musste. Einen ähnlich gelagerten Fall verhandelte Cicero in jenen Jahren im Prozess gegen Varenus, dessen Verteidigungsrede jedoch nicht erhalten ist. Beide Fälle werfen ein bezeichnendes Licht auf die Verhältnisse, die nach dem Ende des Bürgerkriegs in Italien herrschten. Banden bewaffneter Sklaven zogen plündernd über Land und bedrohten die öffentliche Sicherheit. Während die Unruhe unter den Sklaven wuchs, hatten skrupellose Landbesitzer leichtes Spiel, die eigenen Leibeigenen gegen benachbarte Herren aufzubringen, um sich persönliche Gegner vom Hals zu schaffen. Mit schöner Regelmäßigkeit wurde sodann das Argument der Selbstverteidigung ins Feld geführt. Genau diese Version der Ereignisse brachte der Kläger, Lucius Quinctius, gegen Ciceros Mandanten vor. Quinctius war bereits in einem der letzten von mehreren Verfahren um die versuchte Vergiftung des Ritters Cluentius aus Larinum aufgetreten, die schließlich zur Verurteilung eines gewissen Oppianicus führten (Näheres im Kapitel über Ciceros *Rede für Cluentius*). Der Prozess gegen Oppianicus hatte ein politisches »Nachspiel«. Nach Abschluss des Verfahrens versuchte Lucius Quintius, der damals Volkstribun war (Cicero beschreibt ihn als Demagogen der übelsten Sorte), den Fall für sein Bemühen auszuschlachten, den Senatoren die Strafgerichtsbarkeit zu entziehen, indem er das zuständige Richterkollegium der Bestechlichkeit bezichtigte. Im Zuge der Cluentius-Affäre hatte Cicero zunächst die Verteidigung eines Freigelassenen aus Alatrium, Skamandros, übernommen, dessen Schuld später jedoch eindeutig bewiesen und der daraufhin verurteilt worden war. Aufschlussreich ist in diesem Zusammenhang, dass – angefangen bei der Frau aus Arretium, von der im letzten Kapitel die Rede war – viele von Ciceros Klienten aus Munizipien außerhalb Roms stammten. Cicero begann also, mit Hilfe seiner Anwaltstätigkeit Beziehungen zu Mitgliedern vermögender, politisch einflussreicher Familien in ganz Italien zu knüpfen. Diese Verbindungen sollten eine wichtige Rolle bei Ciceros Aufstieg zum Konsulat spielen und ein zentraler Bezugspunkt für sein gesamtes politisches Handeln werden.

Die Anklage gegen Verres

Das Jahr 70 markiert einen Wendepunkt in der Geschichte der späten Republik. Die Rücknahme der von Sulla verfügten Verfassungsänderungen, die mit der Wiederherstellung der Befugnisse der Volkstribunen ihren Anfang nahm, hatte zur Folge, dass auch die Frage der Besetzung der Gerichtshöfe wieder auf den Tisch kam. Um dies zu erreichen, wurde eine Propagandakampagne gegen die Bestechlichkeit der senatorisch besetzten Richterkollegien geführt. Dies ist, unabhängig davon, welche konkreten politischen Motive man hinter dem Prozess vermuten mag, der Kontext, in dem das Verfahren gegen Verres stattfand. Gaius Verres hatte für das Jahr 73 die Statthalterschaft für die Provinz Sizilien erhalten. Eine Amtsverlängerung für weitere zwei Jahre kam möglicherweise zustande, weil er militärische Erfolge gegen die Piraten für sich in Anspruch nahm und man sich von seinem harten Durchgreifen erhoffte, dass es ein Übergreifen des Sklavenkrieges auf die Insel verhindern würde. Sizilien mit seinen fruchtbaren Getreideäckern und dem Reichtum einer jahrhundertealten Kultur hatte schon immer in besonderem Maß unter der Ausbeutung durch römische Statthalter zu leiden gehabt. Verres scheint seine Vorgänger an Raffgier und Brutalität jedoch weit in den Schatten gestellt zu haben. Der Vergleich zwischen seinem Vorgehen und dem Verhalten seiner »integren« Amtsvorgänger, wie Cicero ihn mehrfach anstellt, zeigt jedoch, dass Verres' Auftreten nur die besonders krasse Ausprägung einer in den römischen Provinzen weitverbreiteten Ausbeutungspraxis darstellte.

Auch Cicero befand sich im Jahr 70 an einem Wendepunkt seiner Karriere. Im Senat nicht mehr als ein Hinterbänkler, ohne einflussreiche Freunde oder Klientelverbindungen, suchte er nach einer Gelegenheit, sich und seine Fähigkeiten auf der politischen Bühne präsentieren zu können. Eine solche Gelegenheit bot sich ihm mit dem Prozess gegen Verres. Als Ankläger gegen Verres aufzutreten, dessen Korruptheit in aller Munde war, so Ciceros Kalkül, würde ihm große öffentliche Zustimmung einbringen und seinen Rückhalt bei den Bewohnern der Provinzen und italischen Bundesgenossen stärken. Von einem Sieg im Verfahren, so eine weitere nicht unplausible Annahme, versprach er sich zudem größeres Ansehen und eine stärkere Stellung im Senat und damit die Möglichkeit, dank seines rhetorischen Könnens größeren Einfluss auf die Senatorenschaft auszuüben. Gleichwohl kann Ciceros Engagement im Fall Verres nicht bloß auf das Streben nach politischem Fortkommen zurückgeführt werden. Aus Ciceros *Verrinen* spricht ehrliche Anteilnahme und große Betroffenheit angesichts des Unrechts, das der Bevölkerung Siziliens angetan wurde, und eine ebenso große Verachtung für den Urheber dieses Unrechts.

Wie Cicero in *De officiis* (II, 50) unter Hinweis auf seine eigene Karriere anmerkt, sollte ein römischer Redner die Rolle des Anklägers nur selten, besser noch nur ein einziges Mal im Leben übernehmen, und zwar in einem Fall, der so gelagert sei, dass als Beweggrund zur Übernahme des Mandats die Wahrung der Interessen des Gemeinwohls erkennbar sei. Tatsächlich war der Prozess gegen Verres die einzige Gelegenheit, bei der Cicero vor Gericht als Ankläger auftrat.

Dass er bei späterer Gelegenheit, etwa im Fall des Cluentius (vgl. unten, S. 86), die Verteidigung von Mandanten übernahm, die wegen in etwa derselben Vergehen vor Gericht standen, die Cicero dem Statthalter von Sizilien vorwarf, sollte nicht dazu verleiten, an der Aufrichtigkeit seiner Beweggründe im Fall Verres zu zweifeln.

Man wird Cicero durchaus glauben dürfen, dass er die Anklage gegen Verres auch aus Solidarität mit den Einwohnern Siziliens übernommen habe. Ein weiterer Beweggrund, den Cicero nennt, war das Bestreben, dem Übel der Bestechlichkeit der Richter ein Ende zu setzen. Er empfand diese Form der Korruption als besonders skandalös, weil sie die Würde Roms beschädigte, von dessen Mission und von dessen Verantwortung gegenüber den Bundesgenossen und unterworfenen Völkern er überzeugt war. Dass Cicero diese Verantwortung ernst nahm, ergibt sich auch aus seinen späteren Äußerungen. In einem viele Jahre nach dem Prozess verfassten Brief an seinen Bruder Quintus formuliert er Richtlinien, wie sich eine Provinz – gemessen an den damals gültigen Standards – gut und ehrenhaft verwalten ließ. Er selbst habe in seiner Zeit als Quästor in Sizilien ein Beispiel hierfür gegeben. Dass Cicero eine durch und durch paternalistische Vorstellung vom Verhältnis zu den unterworfenen Völkern hatte, ist dabei selbstverständlich. Seine Sympathie für die Sizilier hinderte ihn viele

Jahre später dennoch nicht, in einem Brief an Atticus sein Entsetzen darüber zu äußern, dass Caesar in seinem Testament angeblich die Verleihung des römischen Bürgerrechts an alle Einwohner Siziliens verfügt haben solle.

Die Hintergründe des Verfahrens

Verres entstammte einer Familie, die erst vor kurzem in die römische Oberschicht aufgestiegen war. Dennoch war es ihm durch umfangreiche Bestechungsmanöver gelungen, binnen weniger Jahre die Unterstützung prominenter Vertreter der Aristokratie zu erhalten, die von der Diktatur Sullas besonders profitiert hatten. Zum Kreis seiner Unterstützer gehörten neben anderen Hortensius, der im Prozess als sein Verteidiger auftrat, sowie die Familien der Meteller und der Scipionen. Bei der damaligen politischen Lage bestand für die römische Aristokratie nicht die Notwendigkeit, bei jeder Gelegenheit um jeden Preis zusammenzuhalten. Einflussreiche senatorische Kreise – zu denen Cicero wahrscheinlich Verbindungen unterhielt – standen den Degenerationserscheinungen innerhalb der Nobilität ablehnend gegenüber, weil sie auf eine Umwandlung der *res publica* in eine Oligarchie hinausliefen. Diese Kreise unterstützten, auch im Interesse des eigenen Machterhalts, eine moderate Politik, um den Exzessen der vergangenen Jahre ein Ende zu setzen. Die Unterstützung für Verres ging dagegen wohl nur von einer kleinen Clique aus. Diese Gruppe war jedoch noch immer mächtig und gefährlich. Ihre Anhänger schreckten vor keinem Gesetzesbruch zurück, wenn es darum ging, die Privilegien zu verteidigen, die Sullas Gesetzreformen ihnen eingeräumt hatten. Heute wird oft die These vertreten, das Verfahren gegen Verres habe politisch weder große Relevanz noch nennenswerte Folgen gehabt. Cicero sei es lediglich gelungen, den bereits im Gang befindlichen raschen Veränderungsprozess auf verfassungsrechtlichem Gebiet geschickt für die eigene politische Profilierung auszunutzen. Verres, der seine kriminelle Energie zur Genüge unter Beweis gestellt hatte, habe zwar die nötigen Verbindungen besessen, um seinen Prozess zu einem öffentlichen Ereignis werden zu lassen. Als Politiker sei er indes nicht bedeutend genug gewesen, dass ein Auftreten gegen ihn großen Mut erfordert hätte. In diesem Falle hätte es aber in Ciceros Interesse liegen müssen, seine Angriffe auf die Person des Angeklagten zu beschränken und dessen Unterstützer nur insoweit miteinzubeziehen, als es nötig war, um dem Prozess das erwünschte Echo in der Öffentlichkeit zu verleihen. Wie wir sehen werden, nimmt aber gerade der Angriff auf die *factio*, und insonderheit auf Hortensius, den Cicero als Kopf der Gruppe bezeichnet, eine solche Heftigkeit an, dass man den Eindruck gewinnt, diese sei das eigentliche Ziel von Ciceros Attacke. Vor diesem Hintergrund scheint es plausibler, die Anklageerhebung gegen Verres, wenn auch nicht als entscheidenden, so doch als einen nicht unwichtigen Schritt in dem Prozess zu sehen, der zur Auflösung der sullanischen Verfassung führte.

Das Vorverfahren gegen Q. Caecilius

Verres' politische Freunde setzten alle Hebel in Bewegung, um Cicero Hindernisse in den Weg zu legen. Zunächst versuchte man, nicht ihn, sondern Quintus Caecilius als Ankläger einsetzen zu lassen. Dieser hatte auf Sizilien in Verres' Diensten gestanden und behauptete nun, mit dem ehemaligen Statthalter im Streit zu liegen. In Wahrheit steckte er mit Verres unter einer Decke und war nicht mehr als ein Strohmann der Verteidigung. Um die Übertragung der Anklage an Caecilius zu erwirken, wurde ein Verfahren angestrengt, das dem eigentlichen Prozess vorausging. Es wurde als *divinatio* bezeichnet, weil in ihm das Richterkollegium allein auf Grundlage des Auftretens der beiden Bewerber ohne jede weitere Beweiserhebung, und insofern gestützt auf bloße »Ahnung«, entscheiden musste, welcher der beiden der geeignete Kandidat war. Am 20. Januar des Jahres 70 (nach moderner Zeitrechnung der 27. November 71) hielt Cicero vor diesem Gremium eine Rede, in der er seinen Mitbewerber als unfähig und ungeeignet für die Aufgabe des Anklägers bloßstellte und der Lächerlichkeit preisgab. Der feierlich getragene Ton der *Divinatio in Quintum Caecilium* – aufgelockert durch Passagen voll beißender Ironie und treffendem Witz – verleiht der Rede eine ungebrochene, wenn auch beherrschte Spannung, die in kraftvoll gefügten Satzperioden Ausdruck findet, wie sie für Ciceros weiteres rhetorisches Werk kennzeichnend werden sollten. Mit harten Worten geißelt er die Bestechlichkeit bei Gericht und bringt die politischen Hintergründe des Verfahrens offen zur Sprache: Alles hänge davon ab, ob die Richter bereit seien, ihre Aufgabe mit Ehre und Anstand zu erfüllen. Nicht als Gegner des Senats, so Cicero, spreche er hier zu den Senatoren, die das Richterkollegium bilden, sondern ebenfalls als Senator, dem es um die Wiederherstellung und Festigung der senatorischen Autorität geht. Er betont, dass nicht nur die Clique, die hinter Hortensius stehe, ein Interesse an einem Freispruch für Verres habe, sondern auch diejenigen Kräfte unter den Popularen, für die ein Justizskandal einen willkommenen Vorwand böte, den Senatoren die Strafgerichtsbarkeit zu entziehen. Wie wir sehen werden, kam es wenige Monate später in dieser Frage zu einer Kompromisslösung. Allen Beteuerungen Ciceros zum Trotz ist es wenig wahrscheinlich, dass dieser im Januar des Jahres 70 noch auf eine »Reinigung« des Senats hoffte; wahrscheinlich stand er schon damals auf der Seite derjenigen, die einen Kompromiss anstrebten.

Besonders scharf geißelt Cicero in der *Divinatio* ebenso wie in allen weiteren der *Reden gegen Verres* seinen Widersacher Hortensius. Ihm wirft er die Ausübung »tyrannischer Gewalt« über die Gerichte vor. Dieser Diktatur könne nur ein neuer Typ Ankläger beikommen, wie er selbst einer sei, ein Mann mit starkem Charakter und festen moralischen Grundsätzen, der die Anklage nicht aus persönlicher Feindschaft oder im Streben nach öffentlichem Erfolg übernehme, sondern um die Majestät Roms und die Interessen der von Rom unterworfenen Völker zu verteidigen. Gerade für die *homines novi* nimmt Cicero die Tradition einer Machtausübung im Sinne eines paternalistischen Herrschaftsdenkens in Anspruch. Er beruft sich auf das Beispiel Catos, der die Bundesgenossen als Ankläger vor Gericht vertreten hatte, führt aber auch Beispiele von Mitgliedern altadliger Familien an, wie das des Scipio Africanus. Gleichzeitig beklagt er das Versagen des adligen Patronatswesens, als dessen Ursache er Korruption und Feigheit sieht, denn viele Vertreter des Adels vernachlässigten die Belange ihrer Klienten, wenn diese mit den Interessen mächtiger adliger Standesgenossen in Konflikt gerieten.

Die Ermittlungen auf Sizilien und die *Actio prima*

Nachdem Cicero das Recht zur Anklageerhebung offiziell zugesprochen worden war, hörten die Schwierigkeiten jedoch nicht auf. Hortensius versuchte, die Richter zu bestechen, allerdings vergebens, denn diese erwiesen sich als pflichtbewusste Amtsträger. Auch die Versuche, Ciceros Wahl zum *aedilis plebis* für das kommende Jahr zu verhindern, scheiterten. Die Hauptstrategie seiner Gegner bestand indes darin, das Verfahren zu verschleppen. Es war davon auszugehen, dass die Konsuln des Jahres 69 Hortensius und Quintus Metellus heißen würden, was den beiden Verres-Unterstützern zu noch größerer Macht verholfen hätte. Gleichzeitig war damit zu rechnen, dass mehrere Senatoren, die sich als unbestechlich erwiesen hatten, aus dem Richterkollegium ausscheiden würden, weil sie neue Ämter antreten mussten, und dass der Vorsitz des Gerichts in die Hände eines Mitglieds der Familie der Meteller übergehen könnte. Wenn es gelänge, den Abschluss des Verfahrens gegen Verres bis ins nächste Jahr herauszuzögern, würden schließlich dessen eigene Verbündete über ihn zu urteilen haben.

Mit dieser Verschleppungsstrategie konnten Ciceros Gegner anfangs auch Erfolge verzeichnen. Verres' Nachfolger als Statthalter von Sizilien, Lucius Metellus, behinderte Ciceros Ermittlungen, wo er nur konnte. Dennoch konnte dieser seine mit großem persönlichem Einsatz vor Ort durchgeführten Untersuchungen in kürzester Zeit zum Abschluss bringen. Er musste jedoch hinnehmen, dass vor dem Verfahren gegen Verres noch ein anderer Fall verhandelt und der Prozessbeginn deshalb erst auf Anfang August angesetzt wurde. Dies kostete Cicero wertvolle Zeit, denn für eine öffentlichkeitswirksame Prozessführung ohne Unterbrechungen waren die Sommermonate Mai bis Juli am besten geeignet. Im Frühherbst standen dagegen mehrere Festtage an. Cicero lief also Gefahr, dass sich die Wirkung seines Auftretens vor Gericht in den Verhandlungspausen verflüchtigte. Wenn darüber hinaus noch andere Vertagungsgründe hinzukamen, würde sich das Verfahren sehr wahrscheinlich bis in das nächste Jahr hinziehen. Das aber musste Cicero um jeden Preis verhindern. Wollte er Verres' Verurteilung erreichen, musste er diesen mit einem Frontalangriff so massiv einschüchtern, dass er noch vor Ende des Prozesses den Rückzug antrat.

Bei Prozessbeginn am 5. August (19. Juli nach moderner Zeitrechnung) verzichtete Cicero deshalb auf das Eröffnungsplädoyer, das in der Regel mehrere Tage in Anspruch nahm. Es wurde oft mit großer Heftigkeit vorgetragen, ohne dass der Ankläger dabei indes schon alle Trümpfe gegen den Beschuldigten ausspielte. Cicero beschränkte sich auf eine kurzgefasste Anklageerhebung (*Actio prima in Verrem*) und ging unmittelbar zur Befragung der Zeugen über. Viele von ihnen waren, allen Einschüchterungsversuchen zum Trotz, nicht nur aus Sizilien, sondern auch aus Kleinasien und Griechenland angereist und vor Gericht erschienen. Neun Tage lang rief Cicero einen nach dem anderen in den Zeugenstand. Zwar stand Hortensius als Anwalt der Verteidigung das Recht zu, die Zeugen seinerseits zu verhören, aber Ciceros Vorgehen traf ihn völlig unvorbereitet, und er musste sein Verteidigungsplädoyer auf die anschließende Prozessphase verschieben. Dazu ist es jedoch nie gekommen. Der Überlieferung zufolge schützte Verres schon nach wenigen Tagen eine Erkrankung vor, um nicht vor Gericht zu erscheinen, und setzte sich Mitte September ins freiwillige Exil nach Marsilia ab – im Gepäck einen beachtlichen Teil seines erbeuteten Vermögens in Form von Geld und Kunstschätzen.

In der *Actio prima* war Cicero gezwungen, sich kurz zu fassen. Er verzichtete deshalb darauf, seine neuerworbenen rhetorischen Fähigkeiten voll zu entfalten – ein Beispiel dafür, wie in der Praxis die Ansprüche der Redekunst zuweilen vor Erfordernissen der Prozessführung zurückstehen mussten. Dennoch wäre es verfehlt, Ciceros Sieg gegen Hortensius allein auf die Verfahrenstaktik zurückzuführen. Im *Orator* (129) behauptet Cicero ausdrücklich, dass zum Erfolg der *Actio prima* das aufwühlende rhetorische Pathos wesentlich beigetragen habe, dem er auch viele seiner späteren Erfolge als Redner zu verdanken hatte. Cicero bezieht sich damit offenbar zum einen auf die Zeugenbefragung, in deren Verlauf es zu dramatischen Szenen kam (was der aufgebrachte Hortensius mit dem Vorwurf der Demagogie quittierte), zum anderen auf die stilistischen Besonderheiten der *Actio prima*.

Anfang August war aus ganz Italien eine große Menschenmenge nach Rom geströmt, um an der Volksversammlung und den bevorstehenden religiösen Feierlichkeiten teilzunehmen. Cicero nutzte diese Öffentlichkeit, um sich für den Protest gegen das Verhalten von Verres und Hortensius größtmögliches Gehör zu verschaffen. Diese hätten versucht, das Gericht zu bestechen und die Zeugen der Anklage unter Druck zu setzen, und alles getan, um Ciceros Kandidatur für die Ädilität zu hintertreiben und die Fortführung des Verfahrens zu verschleppen. Im Verlauf der gesamten *Actio prima* verleiht Cicero seinen Worten starken emotionalen Nachdruck. Zunächst rechtfertigt er seine Entscheidung, vom üblichen Verfahrensablauf abzuweichen, um Zeit zu gewinnen. Er verzichtet feierlich darauf, seine rhetorischen Fähigkeiten voll zur Entfaltung zu bringen und den ihm zustehenden Ruhm zu ernten, um unter allen Umständen eine Verurteilung des Beschuldigten zu erreichen. Er betont, welch hohe Bedeutung der Ausgang des Prozesses für sein eigenes Ansehen hat, und versichert, kein Hindernis könne ihn aufhalten. In herausforderndem Ton und voller Sarkasmus geht er auf die Korruption ein, die in den vergangenen zehn Jahren unter den senatorischen Richtern geherrscht habe, und droht an, sie in allen Einzelheiten öffentlich bekannt zu machen, falls Verres freigesprochen werden sollte. Schließlich bezeichnet Cicero den Einfluss, den Hortensius auf die Gerichte ausübe, als *regnum*, ein Wort, dem – wie Cicero bewusst war – in römischen Ohren der Beiklang der verhassten Tyrannei anhaftete.

Die Gerichtsreform

Das Verfahren gegen Verres fand wahrscheinlich noch im Herbst des Jahres 70 eine gerichtliche Fortsetzung, bei der die Höhe der zu verhängenden Geldstrafe festgesetzt wurde. Möglicherweise hielten bei dieser Gelegenheit sowohl Hortensius als auch Cicero ein kurzes Plädoyer. Es zeigte sich, dass die Strafsumme sehr viel geringer ausfiel, als, gemessen an der Schwere von Verres' Vergehen, zu erwarten war. In seiner Cicero-Vita berichtet Plutarch, man habe dem Ankläger deshalb vorgeworfen, sich in dieser Phase der Verhandlungen bestechlich gezeigt zu haben. Wahrscheinlicher ist, dass es im Interesse aller Beteiligten lag, sich ohne viel Aufsehen zu einigen. Man wollte die Verres-Affäre nicht noch einmal in den Mittelpunkt der öffentlichen Aufmerksamkeit rücken, nachdem in der Frage der Besetzung der Strafgerichtshöfe ein Kompromiss erzielt worden war. Dieser erfüllte im wesentlichen die Forderungen der Ritter, ohne die Interessen der senatorischen Partei allzu stark zu beschädigen. Das von Aurelius Cotta eingebrachte Reformgesetz sah vor, die Richtergremien zu gleichen Teilen aus Senatoren, Angehörigen des Ritterstandes und Ärartribunen zu besetzen, welche den Rittern mehr oder weniger gleichgestellt waren. Im September des Jahres 70 wurde die Gerichtsreform verabschiedet.

Der literarische Charakter der *Actio secunda*

Wohl noch im Herbst desselben Jahres veröffentlichte Cicero den vorbereiteten Text der Ansprachen, die zusammen als *Zweite Rede gegen Verres* bezeichnet werden. Tatsächlich wurden diese Reden nie vor Gericht gehalten (Versuche, das Gegenteil zu beweisen, sind nicht stichhaltig). Die *Actio secunda in Verrem* dokumentiert in fünf Plädoyers die Verbrechen, die Verres in seinen früheren Ämtern und als Statthalter von Sizilien angelastet werden konnten. Cicero wendet sich explizit gegen Hortensius' Kritik an seinem Vorgehen in der *Actio prima*. Die Ausführungen sollen zeigen, dass seinem Widersacher, hätte Cicero die nun vorgelegte Anklagerede tatsächlich halten können, kein Verteidigungsspielraum geblieben wäre. Mit der Veröffentlichung der *Reden gegen Verres* verfolgte Cicero zwei Ziele. Zum einem ging es ihm um die Demonstration der rhetorischen Fähigkeiten, die er im Falle einer Fortsetzung des Prozesses aufzubieten in der Lage gewesen wäre. Zum anderen verstand Cicero die *Verrinen* als politische Streitschrift, die dem *homo novus* die Sympathien sehr unterschiedlicher gesellschaftlicher Gruppen sichern sollte. Ihre Botschaft richtete sich einerseits an die Angehörigen des römischen Ritterstandes und die Einwohner der Bundesgenossen-Munizipien, andererseits an das einfache römische Volk und schließlich an diejenigen Kreise der Aristokratie, denen Cicero unterstellte, dass sie mit der Korruption der »wenigen« nichts zu schaffen hatten.

Die *Actio secunda* ist ein Zwischending zwischen einer für die Veröffentlichung nachträglich bearbeiteten Rede und einem Werk der literarischen Fiktion. Cicero ließ sich hierzu wahrscheinlich von griechischen Vorbildern, etwa Isokrates, vielleicht auch von entsprechenden Publikationen anderer römischer Redner inspirieren. Fiktion ist nicht nur die Fortsetzung des Verfahrens, die den Rahmen der *Actio secunda* bildet, fiktiv ist auch die Anwesenheit des Angeklagten. Fiktiv sind die Beweistitel der Dokumente und Zeugenaussagen, die Anträge an das Gericht. Gleiches gilt für den Coup, mit dem Cicero den Richtern triumphierend die Abschrift der Rechnungsbücher einer Zollpächtergesellschaft präsentiert, die ganz offensichtlich manipuliert worden waren, um den Namen des Angeklagten daraus zu tilgen. Reine Fiktion ist schließlich auch Ciceros Behauptung, der politische Meinungsumschwung, der zur Einbringung der *lex Aurelia* geführt habe, sei auf die Tatsache zurückzuführen, dass Verres, gestützt auf den Rückhalt seiner politischen Freunde, auch nach der für ihn vernichtenden *Actio prima* die Stirn besessen habe, der Fortführung des Prozesses beizuwohnen. Cicero behandelt diese Fiktionen, als seien sie real, und nimmt für sich in Anspruch, mit ihnen die politische Wirklichkeit beeinflusst zu haben.

Sicher muss man hierbei ein gewisses Maß an literarischer Spielerei in Rechnung stellen. Zum Zeitpunkt der Veröffentlichung der *Verrinen*, als die Erinnerungen an das Verfahren noch frisch waren und zahlreiche Augenzeugen die Angaben mit dem tatsächlichen Ablauf der Ereignisse vergleichen konnten, erwartete Cicero gewiss nicht, dass man seine literarische Fiktion für bare Münze nehmen würde, nicht einmal in den Bundesgenossenstädten weit außerhalb Roms. Genau dies haben ihm aber viele neuzeitliche Interpreten unterstellt, angefangen bei Theodor Mommsen. Im Gegenzug wurden Ciceros angebliche Tatsachenbehauptungen als unhaltbar kritisiert, ohne dabei auf den Unterschied zwischen historischer Wirklichkeit und literarischer Fiktion zu achten.

Ganz offensichtlich war es Ciceros Absicht, einen literarischen Rahmen zu schaffen, nach dessen Vorgaben er das Tatsachenmaterial anordnen konnte, ohne es im Kern zu verfälschen. Innerhalb dieses fiktiven Rahmengeschehens tritt der Redner als literarische Figur neben anderen auf. Die Ansprachen der *Actio secunda* konnten schon deshalb nicht den Einfluss auf die Gerichtsreform haben, den er ihnen zuschreibt, weil sie nie gehalten wurden; auch der veröffentlichte Text kam erst nach Verabschiedung der *lex Aurelia* in Umlauf. Dennoch haben die Untersuchungen gegen Verres, die öffentliche Befragung der Belastungszeugen und die Kostproben, die Cicero in der *Actio prima* von seiner Eloquenz gab, gewiss ihren Teil dazu beigetragen, einen Meinungsumschwung zugunsten der Gerichtsreform zu beschleunigen, der sich bereits abzuzeichnen begann.

Die politische Zielrichtung der *Verrinen*

Aus einem Abschnitt im 5. Buch der *Actio secunda* geht recht deutlich hervor, welche politische Botschaft Cicero mit seiner Rede verband. Er greift dort ein letztes Mal seinen Widersacher Hortensius direkt an und erinnert diesen daran, dass durch die Wiederherstellung der Befugnisse der Volkstribunen für ihn und seine Clique das Ende ihrer Herrschaft gekommen sei. Hortensius möge auf der Hut sein, Verres sei durch die *Actio prima* praktisch schon überführt; wie das Urteil ausfalle, hänge von der Entscheidung der Richter ab sowie von seinem, Hortensius', Verhalten. Sollte Verres freigesprochen werden, so kündigt Cicero an, werde er Anklage gegen diejenigen erheben, die das Urteil gefällt und die es erwirkt hätten. Zum Zeitpunkt ihrer Veröffentlichung stellten die *Verrinen* also eine Art Argumentationshilfe zugunsten der von Aurelius Cotta angestrebten Gerichtsreform und der Rücknahme der sullanischen Verfassungsänderungen dar. Vor allem aber enthielten sie eine Kriegserklärung an die Adresse all jener, die glaubten, sie könnten weiterhin von Sullas Politik profitieren.

Rhetorik und Literatur

Die fünf Reden der *Actio secunda*, deren Einzeltitel auf Ausgaben der spätantiken Grammatiker zurückgehen (die sich ihrerseits an Formulierungen Ciceros anlehnen), stellen in teils chronologischer, teils thematischer Anordnung die Verres angelasteten Vergehen dar, von seiner Zeit als Quästor in Gallien, sodann als Prätor in Rom bis hin zu seiner Statthalterschaft in Sizilien. Auch wenn Cicero die Reden in den realistischen Rahmen eines Gerichtsverfahrens stellt, ist dennoch ersichtlich, dass er nicht überall den Konventionen der Gerichtsrede folgt. Nur die erste der fünf Ansprachen verfügt über ein Exordium, und nur die letzte wird von einer *peroratio* beschlossen, einer langen Anrufung der Götter Roms, die Verres mit seinen Verbrechen beleidigt habe. Sie ist ein Paradebeispiel für den »hohen« Stil, in Ton und Formulierung eng an die altrömische Gebetssprache angelehnt und zudem die längste erhaltene Satzperiode der lateinischen Literatur.

Die *Verrinen* sind ein Dokument für die Tendenz der zeitgenössischen Rhetorik, sich aus einer reinen Technik der Überzeugung in eine eigenständige literarische Ausdrucksform zu wandeln. Bereits die Tatsache, dass Cicero anders als die meisten seiner römischen Vorgänger den Wortlaut seiner Reden systematisch überarbeitet und in Umlauf gebracht hat, deutet auf diesen Wandel hin (zu dem die Kenntnis der griechischen Rhetorik einiges beigetragen haben wird). Eine Rede wurde als literarisches Werk begriffen, dessen Wirkung sich räumlich und zeitlich weit über den unmittelbaren Adressatenkreis hinaus ausdehnen ließ.

Wie unterschiedlich die *Actio secunda* in der Antike bewertet wurde, lässt sich aus Tacitus' Dialog *De oratoribus* ersehen, in dem Messalla die stilistische Vollkommenheit der Rede lobt, während Aper ihre übermäßige Länge tadelt, die sie unlesbar mache. Tatsächlich wirkt die Aneinanderreihung fast identischer Anklagepunkte, bei denen oft nur der Name des Betroffenen ein anderer, der Hergang des Übergriffes durch den Angeklagten Verres aber fast immer derselbe ist, auf Dauer ermüdend. Allerdings unternimmt Cicero eine Menge, um keine Eintönigkeit aufkommen zu lassen, und hält das Interesse des Lesers durch Abschweifungen, abwechselnd unterhaltsame und abstoßende Schilderungen von Beteiligten und Ereignissen wach. Um sein Publikum bei Laune zu halten, inszeniert Cicero einen ständigen Stimmungswechsel zwischen Amüsiertheit und Entrüstung.

De praetura urbana und *De praetura Siciliensi*

Im ersten Buch der *Zweiten Rede gegen Verres, De praetura urbana* betitelt, schildert Cicero dessen kriminelle Karriere bis zu seiner Amtszeit als Prätor in Rom. Orte und Ereignisse wechseln in schneller Folge. Den Anfang macht Verres' Amtsmissbrauch in Gallien, gefolgt von seinem rücksichtslosen Auftreten als Proquästor in Kilikien und als Prätor in der Hauptstadt. Der Leser erfährt von skandalösen Gelagen, die Verres' Helfershelfer auf Lampsakos abhalten, und lernt das Haus seiner Geliebten Chelidon kennen, die einen unheilsamen Einfluss auf ihn ausübe. Er wird Zeuge der Plünderung des Apollonheiligtums auf Delos und der Affäre um die Säulen des Castor- und Polluxtempels in Rom. Im zweiten Buch, *De praetura Siciliensi*, steht eine Reihe ganz ähnlicher Vorfälle im Mittelpunkt, die sich sämtlich auf Sizilien zugetragen haben. Verres und seine Entourage liefern Cicero auch hier reichlich Stoff für einige lebensnahe Charakterbilder, wie dasjenige des Freigelassenen Timarchis, der wie der *servus currens* der römischen Komödie als Schnüffler durch ganz Sizilien reist, um auszukundschaften, wo und wie Verres sich illegal bereichern könnte – und dazu auch noch die besseren Ideen hat als sein Herr. Dieser ist schlicht ein Monster, ein Verbrecher durch und durch, ausgestattet mit unstillbarer Gier, schamlos bis zur Naivität. Droht das Kartenhaus seiner illegalen Machenschaften einzustürzen, bricht er in cholerische Wutanfälle aus. In Verres' Seele liegen Besitzgier und Furcht vor Entdeckung in ständigem Kampf. Dieser Konflikt findet Ausdruck in einem frenetischen Betragen, das Cicero mit der spitzen Feder eines Karikaturisten zu schildern weiß. An anderer Stelle wechselt er in eine gehobenere Stillage und äußert sich unmittelbar zur Tagespolitik, indem er darauf hinweist, dass Verres für den Fall eines Freispruchs im Senat bei einigen wichtigen außenpolitischen Fragen mit Hortensius stimmen werde. Schlimmer noch: Verres könnte zum Richter bestimmt werden und Hortensius und dessen Diktatur über die Gerichte in die Hände arbeiten.

Die *Kornrede*

Die dritte Rede der *Actio secunda*, die sogenannte *Kornrede* (*De frumento*), stellt für Historiker eine reiche Fundgrube von Informationen zur staatlich organisierten Getreideversorgung in spätrepublikanischer Zeit dar. Sie erfolgte durch Tributleistungen der sizilischen Bauern und Gutsbesitzer, Festsetzung eines Zehnten und Zwangsankäufe. Auch für das zeitgenössische Publikum war diese Rede von großem Interesse, denn die Fragen der Getreideversorgung betrafen die einfachen Leute in der Hauptstadt ebenso wie die Beamten, die für ihre Sicherstellung zu sorgen hatten. Cicero malt das Bild eines fruchtbaren, blühenden Siziliens, das in den wenigen Jahren seit Verres' Amtseinsetzung als Statthalter unter der Last der Abgaben zur Wüste geworden sei. In einem oft zitierten Abschnitt der Kornrede berichtet Cicero, wie er im Zuge seiner Ermittlungen bei rauhem Winterwetter das gesamte Gebiet um Agrigent bereist habe, um sich von den verarmten Bauern die Repressalien schildern zu lassen, denen sie von den Steuereintreibern des Statthalters ausgesetzt waren. Natürlich umfasst Ciceros Darstellung nur einen kleinen Ausschnitt der wirtschaftlichen Situation Siziliens zur Zeit der späten Republik, nämlich die der Getreidegebiete, genauer der kleinen und mittleren Kornerzeuger, unter denen Verres vor allem seine Opfer fand. Nur am Rande ist von der Umwandlung der Ackerflächen in Großgrundbesitz die Rede, die sich auch auf Sizilien seit dem 2. Jh. v. Chr. vollzog. Dennoch ist dieser Konzentrationsprozess, der gerade die kleinen und mittleren Betriebe traf, zwischen den Zeilen durchaus zu erkennen. Bei manchen der von Verres Geschädigten handelte es sich um Angehörige des Ritterstandes, die hauptsächlich, wenn nicht ausschließlich, als Gutsbesitzer tätig waren. Insofern sind die *Verrinen* ein aufschlussreiches Zeugnis für die Spannungen, die innerhalb der herrschenden römischen Klasse zwischen Rittern und Adel bestanden, wenn es um die wirtschaftliche Ausbeutung der Provinzen ging. Vieles spricht dafür, dass die treibenden Kräfte für die Anklageerhebung gegen den ehemaligen Statthalter Roms in Sizilien auch in den Reihen des Ritterstandes zu suchen waren.

Cicero weist selbst darauf hin, dass der Gegenstand, den er in der Kornrede behandle, weniger Abwechslung biete als in den übrigen Reden. Die Entscheidung, sich diesem Thema ausführlich zu widmen, begründet er mit der Notwendigkeit, die von Verres praktizierte maßlose Ausbeutung der Abgabenpflichtigen und die Manipulation des Steuerwesens auf Sizilien genau zu dokumentieren. Ungeachtet dessen lockert Cicero die Argumentation auf, indem er sich in emotionalem Ton unmittelbar an die Geschworenen richtet, detailreich erzählte Episoden über Verres' Spießgesellen zum Geschehen beisteuert und zu politischen Fragen Stellung bezieht. Unter dem Strich zählt die Kornrede zu den für den heutigen Leser zugänglichsten Stücken der *Verrinen*.

Mit unerbittlicher, bis an die Grenze des körperlichen Ekels gesteigerter Schärfe (nur in der Rede gegen Piso und bei seiner Charakterschilderung des Marcus Antonius in den *Philippischen Reden* schlägt Cicero einen vergleichbar schroffen Ton an) zeichnet er das Bild des obersten Zolleintreibers Apronius. Aus der Perspektive des Anwalts ein geschickter Schachzug, denn indem er seinen Angriff auf den Vorstand der Zollpächtergesellschaft bündelt, vermeidet er es, deren gemeinschaftliche Mitwirkung an Verres' Verbrechen ansprechen zu müssen.

An anderer Stelle prangert Cicero den regelrechten Handel an, den Verres mit der Besetzung von lokalen Senatorenposten und sämtlichen öffentlichen und kultischen Ämtern betrieb. Lebhaft schildert er, wie Verres einem einfachen Schreiber vor versammeltem Volk als Zeichen der Ritterwürde feierlich einen goldenen Ring überreicht.

Immer schärfer werden auch die rhetorischen Attacken

gegen Hortensius. Cicero unterstellt ihm schließlich, nicht weniger korrupt zu sein als Verres, dessen Freispruch er vor allem deshalb betreibe, um selbst bei der Ausbeutung der ihm als Prokonsul zufallenden Provinz freie Hand zu haben. Gleichzeitig verschärft er seine Kritik an dem unter der Herrschaft Sullas eingetretenen Verfall der politischen Sitten und nennt den illegitimen Charakter der in dieser Zeit durchgeführten institutionellen Reformen ungeschminkt beim Namen (die verbreitete Ansicht, Cicero habe aus politischer Vorsicht vermieden, zu diesem Punkt Stellung zu beziehen, entspricht nicht den Tatsachen).

De signis

Zu den meistgelesenen Reden der *Verrinen* gehört seit langem das vierte Buch der *Actio secunda* mit dem Titel *De signis* (*Über die Götterstatuen*). Gegenstand ist der gewaltige Kunstraub, den Verres sich während seiner Statthalterschaft in Sizilien hatte zuschulden kommen lassen. Opfer seiner Gier nach Kunstwerken aller Art waren sowohl öffentliche und religiöse Institutionen als auch Privatleute. Die Auflistung der wohlhabenden Bürger, denen Verres ihre Schätze abgenommen hatte, vermittelt einen Eindruck davon, welchen Reichtum an Gütern und Kulturschätzen viele sizilische Städte damals besessen haben müssen. Aus Ciceros Ausführungen geht hervor, dass Verres sich in der Regel damit rechtfertigte, er habe die Stücke seiner Sammlung regulär erworben. Dennoch lag der Verdacht nahe, dass es sich um Zwangsverkäufe handelte und Verres seine Position als Statthalter ausgenutzt hatte, um die Reichen

Siziliens dazu zu bringen, ihm ihre besten Stücke »freiwillig« abzutreten. Doch war es in den meisten Fällen nicht so einfach, entsprechende Beweise für Diebstahl oder Erpressung anzubringen. Cicero war sich dessen bewusst und verlegte sich deshalb sehr geschickt darauf, statt juristischer Argumente anschauliche Schilderungen sprechen zu lassen. Um die Richter von der Schuld des Angeklagten zu überzeugen, berichtet Cicero unter Aufbringung aller rhetorischen Mittel von den zahlreichen Verres anzulastenden Fällen von Kunstdiebstahl. Er schildert die Versuche der Betroffenen, sich den Begehrlichkeiten des kunstversessenen Statthalters zu widersetzen, und berichtet von der Vielzahl der verschiedenen Kunstwerke, die dieser zusammengerafft hatte. Für sich allein genommen besaß vielleicht keiner dieser Fälle die nötige Beweiskraft, um Verres zu überführen – ihre schiere Menge aber ließ ein eindeutiges Bild von den Kunstraubzügen eines Mannes entstehen, der die Ausübung eines öffentlichen Amtes als Lizenz zum Gesetzesbruch aufzufassen schien.

Ciceros Beschreibungen der Kunstschätze Siziliens sind selbst kleine Meisterwerke lateinischer Prosa. Berühmt ist die Episode, in deren Mittelpunkt der Raub des Kultbildes der Göttin aus dem Demeterheiligtum bei Henna steht. Anschaulich und mit dichterischem Kolorit spricht Cicero von der Schönheit des Bergstädtchens, das inmitten einer waldreichen Ebene über die Landschaft blickt, aus der ein See und blütenübersäte Wiesen glänzen. Im *Orator* (§ 209) führt Cicero diese Passage als Beispiel für eine Prosa mit rhythmisch gegliedertem Satzbau (*numerosa oratio*) an, der den Genuss des Lesers an der eingeschobenen Erzählung vom Raub der Proserpina noch steigere.

Auch in *De signis* stellt Cicero seine meisterhafte Beherrschung der verschiedenen Stillagen unter Beweis. Besonders in den erzählenden Passagen macht er genau bemessene Anleihen bei der Umgangssprache, um die streckenweise noch am Asianismus orientierte, rhetorisch stark ausgeschmückte Diktion aufzulockern und den Übergang zum argumentativen Teil der Rede zu glätten. Ähnlich geschickt ist die Abfolge der verschiedenen Themen gestaltet. Durch die Erwähnung der Strafen, die Verres dem sizilischen Beamten Sopatros auferlegte, der sich geweigert hatte, ihm die Kunstschätze seiner Gemeinde auszuhändigen, sucht er die Empörung der Richter zu wecken. An anderer Stelle wendet er sich unmittelbar an den anwesenden Publius Scipio Nasica. Wenn dieser sich auf Verres' Seite schlage, verrate er das Andenken seines großen Ahnherrn Scipio Africanus, denn auch vor dessen Standbildern habe der Statthalter von Sizilien in seiner Gier nicht haltgemacht. Der *homo novus* Cicero beklagt den Hochmut der Aristokratie und erhebt den Anspruch, Scipios Ruhm sei nicht das Eigentum einer einzelnen Familie, sondern gehöre der gesamten *res publica.* Es sei das Recht eines jeden, der diesen Ruhm bewahre, sich als eigentlicher Erbe der Tugenden des großen Scipio zu fühlen. Wer Ciceros spätere politische Positionen kennt, nimmt mit Interesse zur Kenntnis, wie viele von ihnen bereits in den *Verrinen* angelegt sind. Im Streit über die Besetzung der Gerichtshöfe kann man eine Vorwegnahme von Ciceros späterer Forderung nach einem Zusammenwirken der *ordines* von Senatoren und Rittern sehen. Die Forderungen, die er als Politiker erhob, der nicht aus einem der alten römischen Geschlechter stammte, verweisen auf Ciceros spätere, mühsam entwickelte Position, Aufgabe des politischen Handelns sei es, das Lager- und Interessendenken der Parteien und der mächtigen Familienverbände zugunsten einer Politik im Dienste der ganzen *res publica* – zumindest aber desjenigen Teils, den Cicero als »gesund« betrachtete – zu überwinden.

De suppliciis

Die letzte der fünf Reden, *De suppliciis* (Über die Körperstrafen), bildet den rhetorischen Höhepunkt der *Verrinen.* Das skrupellose und brutale Verhalten des Statthalters war nicht unmittelbar Gegenstand des gegen ihn angestrengten Bestechungsverfahrens (*de repetundis*). Dennoch bemüht Cicero sich nach Kräften, das positive Bild, welches Verres' Unterstützer von diesem in die Welt gesetzt hatten, von Grund auf zu erschüttern. Zunächst nimmt er Verres' angebliche Fähigkeiten als militärischer Befehlshaber ins Visier und zieht seine Erfolge im Kampf gegen die Piraten und bei der Abwehr des Übergreifens der Sklavenaufstände nach Sizilien in Zweifel. Cicero erkennt auch hier in erster Linie Verres' Hang zur Korruption. Der Piratenkrieg habe ihm als Vorwand zur Erpressung gedient; einem Anführer der Freibeuter sei gegen Geld eine luxuriöse Gefangenschaft bereitet worden; schließlich sei Verres nicht einmal davor zurückgeschreckt, römische Bürger statt der eigentlich schuldigen Piraten öffentlich hinrichten zu lassen. In mehreren abwechslungsreich und lebendig beschriebenen Episoden führt Cicero den Richtern vor Augen, wie der charakterlich verweichlichte Verres seine militärischen Pflichten mehr und mehr vernachlässigt: Im Winterquartier in Syrakus verbringt er die Tage mit üppigen Gastmählern, die Nächte mit wilden Orgien. Dann kommt das Frühjahr mit seinen langen Märschen, und, so Cicero, »niemand sah Verres jemals zu Pferde!« Dass unterblieb, was zum Auftreten eines guten Generals gehört, der mit der Truppe marschiert, um ein Beispiel soldatischer Härte zu geben, hat im Falle des Statthalters von Sizilien einen anderen Grund: Verres stieg nicht in den Sattel, weil er es vorzog, sich in einer Sänfte tragen zu lassen. Die Kissen waren mit Rosenblüten gefüllt, und aus Rosen geflochtene Kränze und Girlanden schützten den empfindlichen Geruchssinn des Passagiers vor dem Gestank der Straße.

Im *Orator* (§ 29) weist Cicero stolz darauf hin, die *Verrinen* verfügten über sämtliche Stillagen. Dies gilt auch für die Rede *De suppliciis.* Sie beginnt im unterhaltsamen Ton einer Satire. Je weiter das Drama schreitet, desto mehr schwingt Cicero sich zu einer noblen und eindringlichen Diktion auf, um seiner schmerzlichen Erregung Ausdruck zu geben. In krassem Widerspruch und zugleich in enger Verbindung zu Verres' Verweichlichung sieht er dessen Grausamkeit. Cicero erwähnt die unwürdige Behandlung, die der Statthalter gegenüber römischen Verbündeten an den Tag legt, und berichtet von römischen Bürgern, die er auspeitschen, blenden, mit Feuer und Eisen der Folter unterziehen, im Gefängnis erdrosseln oder ans Kreuz schlagen lässt. Dabei habe es sich sämtlich um ehrbare Kaufleute gehandelt, die um ihr Vermögen gebracht und unter dem Vorwand, Komplizen der Seeräuber oder Anhänger des Sertorius zu sein, hingerichtet wurden. An dieser Stelle erinnert Cicero an die große Anteilnahme, mit der die Zuhörer die bloße Erwähnung dieser Ereignisse in der *Actio pri-*

ma aufgenommen hätten, und versichert, dass er sich nun mäßigen wolle, um einen Ausbruch des Volkszorns gegen den Beschuldigten zu vermeiden.

Mit besonderer Empörung kommt Cicero auf die grausame Bestrafung zu sprechen, die Verres über die Kommandeure der Flotte verhängte. Man beschuldigte sie, die Verantwortung für das Eindringen der Piraten in den Hafen von Syrakus zu tragen, denen es gelungen war, die dort liegenden römischen Schiffe in Brand zu setzen – während die wahren Schuldigen für das Scheitern der Militäraktion bei Verres und seinen Helfershelfern zu suchen seien, so Cicero. Der skrupellose Henker achtet auch dieses Mal peinlich auf seinen Gewinn und erpresst Geld von den Angehörigen der Verurteilten, um deren Qualen abzukürzen und ihnen mit einem Streich den Tod zu geben. Ihre Leichen werden den Hunden vorgeworfen, und wieder ist es Verres' Agent Timarchis, der sich darum kümmert, das Bestechungsgeld für die Erlaubnis zu ihrer Bestattung einzutreiben.

Nach einer erneuten Warnung an die Adresse des Hortensius schließt die Rede mit einer langen *peroratio.* Zuvor aber singt Cicero noch einmal das hohe Lied des *homo novus.* Dieser muss stets mit der offenen und versteckten Feindschaft der Aristokratie rechnen. Letztere, so Cicero, sei die gefährlichere. Im Laufe seines Lebens, besonders während seiner Verbannung, hatte er mehrfach Gelegenheit, sich in dieser Ansicht bestätigt zu sehen. Hier liegt der Ursprung für Ciceros geradezu obsessive Abscheu vor dem, was er »Falschheit« und »Heuchelei« nannte.

Der neue Stil der *Verrinen*

Auch in den *Verrinen* hatte Cicero sich noch nicht völlig vom Asianismus gelöst (und er hat diese Loslösung auch in seiner späteren Laufbahn als Redner nie völlig vollzogen). Doch Ciceros Sieg über Hortensius war ohne Zweifel auch der Triumph eines neuen Stils in der Rhetorik. Der übertriebene, theatralische Gestus des Hortensius konnte von nun an nur noch als abstoßend empfunden werden, verglichen mit der nuancenreichen Beherrschung der Sprache, die sein Widersacher bewiesen hatte. Cicero versteht es, Licht und Schatten klug zu setzen, und greift eher sparsam zu grelleren Farben. Selbst an den wenigen Stellen, wo er nach wie vor mit stilisierten Gegensatzkonstruktionen arbeitet, wie in *De signis* anlässlich der Gegenüberstellung der Statthalter Verres und Marcellus, steht hinter der Stilisierung eine kontrollierte Verwendung der rhetorischen Mittel. Seit den *Verrinen* sind Ciceros Satzperioden in der Regel ausgeglichen konstruiert und Teil einer komplexeren Struktur, die darauf abzielt, den Eindruck feierlicher *gravitas* zu vermitteln, wie sie der senatorischen Würde des Redners angemessen ist. Der Einfluss des Asianismus äußert sich bei Cicero später nur noch gelegentlich in einer gewissen Redundanz und übertriebenem Pathos. Seit den *Verrinen* verzichtete er spürbar auf manierierte Stilmittel und effekthascherische Figuren. Cicero legt großen Wert auf Klang und Rhythmus, stattet dabei seine Perioden jedoch mit größerer Dynamik aus als manche seiner griechischen Vorbilder. Der Satzbau seiner Reden ist ausgesprochen geschmeidig. Wo nötig, formuliert er treffsicher und mit großer Eindringlichkeit. Cicero beherrscht die ganze

Bandbreite sprachlicher und stilistischer Mittel, vom einfachen Bericht bis zur farbenreichen Schilderung, von scharfzüngiger Ironie bis zum tragischen Pathos. Das Jahr, in dem Hortensius das Konsulat bekleidete, so merkt Cicero im *Brutus* an, markierte den Beginn seines Niedergangs als Redner.

Ädilität und Prätur

Rede für Fonteius

Das Ädilenamt, das Cicero im Jahr 69 bekleidete, galt als wichtiger Posten, um sich die Gunst der *plebs*, der römischen Stadtbevölkerung, zu sichern. Zu seinen Aufgaben gehörte die städtische Lebensmittelversorgung und die Ausrichtung öffentlicher Spiele, letztere auf Kosten des Amtsinhabers. Nun war Cicero zwar durchaus vermögend, doch mit den wirklich reichen Familien der Stadt konnte er es nicht aufnehmen. Überdies stand er derartigen Formen öffentlicher Freigebigkeit kritisch gegenüber, da sie seiner Ansicht nach das Volk durch die Gewöhnung an das Nichtstun moralisch verkommen ließen. Um andererseits der Gefahr aus dem Weg zu gehen, man könne ihn für geizig halten, entledigte Cicero sich der Aufgaben ohne übertriebene Prachtentfaltung und in dem Maße, wie es seine finanziellen Verhältnisse erlaubten. Dank seiner guten Beziehungen zu den Großgrundbesitzern Siziliens konnte er auf den Lebensmittelmärkten, deren Aufsicht zu den Aufgaben eines Ädilen gehörte, zudem die Preise für viele Erzeugnisse herabsetzen lassen.

In seiner Amtszeit als Ädil übernahm Cicero die Verteidigung des Marcus Fonteius, der sich als ehemaliger Statthalter der Provinz Gallien mit ganz ähnlichen Vorwürfen des Amtsmissbrauchs konfrontiert sah, wie sie Cicero selbst gegen Verres erhoben hatte (bei seinen modernen Interpreten ist Ciceros Verhalten in dieser Sache deshalb auf Kritik gestoßen). Obschon die *Rede für Fonteius* nur sehr lückenhaft überliefert ist und über den Ausgang des Verfahrens nichts bekannt ist, lässt sich die Verteidigungsstrategie aus den erhaltenen Passagen des Plädoyers recht genau ablesen. Natürlich musste Cicero fürchten, seinen Ruf als kompromissloser Ankläger, den er sich im Prozess gegen Verres erworben hatte, mit der Übernahme eines solchen Mandats aufs Spiel zu setzen. Er beginnt deshalb seine Ausführungen damit, den fundamentalen Unterschied beider Fälle darzulegen. Es entzieht sich unserer Kenntnis, ob Fonteius seine Provinz in den Grenzen des als »erlaubt« Angesehenen ausgebeutet oder – was wahrscheinlich ist – diese Grenzen erheblich überschritten hatte, um sich persönlich zu bereichern. Cicero zumindest stellt in seinem Plädoyer die Entschlossenheit seines Mandanten in den Vordergrund, die Interessen Roms in der ihm anvertrauten Provinz durchzusetzen.

Seit dem 2. Jahrhundert war es in der Provinz Gallia Narbonensis zu einer weitreichenden Romanisierung gekommen, in deren Zuge sich zahlreiche Großkaufleute und Investoren vor Ort niedergelassen hatten. Diesen *negotiatores* gewährte Fonteius als Statthalter seinen uneingeschränkten Schutz. Auch Cicero unterhielt gute Beziehungen zum Ritterstand mit seinen zahlreichen Geschäftsleuten und fühlte sich daher ihren Interessen verpflichtet. Als weiteres Argument zu Fonteius' Gunsten führt er ins Feld, dass dieser mit den Mitteln aus seiner Provinz den Kampf gegen Sertorius unterstützt hatte, dessen Auflehnung gegen die römische Oligarchie auch Teile der gallischen Bevölkerung erfasst hatte. Erst Pompeius konnte auf seinem Marsch nach Spanien die Ordnung in Gallien wiederherstellen, logistisch unterstützt von Fonteius, der drakonische Maßnahmen gegen die gallische Provinzbevölkerung anordnete und dabei immer im Sinne derjenigen agierte, die eine rücksichtslose wirtschaftliche Ausbeutung der Provinzen befürworteten und betrieben.

Cicero erklärt die Durchsetzung dieser Interessen zur »Staatsräson«, auf dieser Gleichsetzung beruht seine Verteidigungsstrategie. Er hebt Fonteius' militärische und administrative Fähigkeiten hervor. Zur Untermauerung rief er römische Geschäftsleute in den Zeugenstand, die in seiner Provinz tätig waren. Dagegen suchte er die Glaubwürdigkeit der Belastungszeugen, welche sämtlich aus Gallien stammten, konsequent zu unterminieren. In der *Rede für Fonteius* klingt ein – auf den heutigen Leser abstoßend wirkender – Chauvinismus durch. Anders als Verres, so Cicero, habe Fonteius keine Italiker oder Bürger griechischer Kolonien drangsaliert, die römischer Kultur und Lebensart nahestünden, sondern lediglich Gallier. Diese seien nichts als Barbaren, die an Menschenopfern festhielten, alle Zivilisierungsversuche hartnäckig ablehnten und einen jahrhundertealten Hass auf die Macht Roms in sich trügen. Mit allen Mitteln versucht Cicero Ressentiments der Geschworenen gegen die Bevölkerung der gallischen Provinzen zu wecken.

Im erhaltenen Teil der *Rede für Fonteius* herrscht ein aggressiver Tonfall. Stilistisch fällt der aufdringliche Gebrauch der Antithese auf, wie man ihn aus Ciceros früher asianischer Periode kennt; die im großen und ganzen wenig mitreißende *peroratio* nimmt Zuflucht zu effekthascherischem Pathos.

Die Villa in Tuskulum als Ort der Erinnerung an Griechenland

In den nächsten Jahren widmete Cicero sich in erster Linie seiner Tätigkeit als Anwalt, die ihm allem Anschein nach beträchtliche Einnahmen bescherte (offiziell bestand ein Verbot, für das Auftreten vor Gericht Geld zu nehmen, aber es zu umgehen gab es viele Mittel und Wege). Die ersten erhaltenen Briefe Ciceros an seinen Freund Atticus aus dem Jahr 68/67 schildern ihren Absender auf der Suche nach Büchern, Statuen und anderen Kunstgegenständen für seine Villa in Tuskulum, dem heutigen Frascati südlich von Rom, die er kurz zuvor erworben hatte. Cicero ließ Gebäude und Gärten so umgestalten, dass sie in verkleinertem Maßstab bestimmte öffentliche Gebäude griechischer Städte nachbildeten. Besonders lagen ihm die von Säulengängen gesäumten Anlagen der – wie Cicero sie selbst nannte – »Akademie« und des »Lykeions« am Herzen, welche die Wirkungsstätten Platons und Aristoteles' in Erinnerung rufen sollten. Cicero schmückte diese Erinnerungsorte mit Symbolen der hellenischen Geisteswelt, darunter Büsten des Herakles und der Athene (auf letztere war er besonders stolz) und wahrscheinlich auch von griechischen Philosophen und Dichtern. Ganz offensichtlich wollte Cicero in Tuskulum eine in besonderem Maße von der griechischen Kultur bestimmte Atmosphäre schaffen, in die er sich in den Zeiten der Muße zurückziehen konnte. Ähnlich wie die Villa in Tuskulum – literarischer Schauplatz der philosophischen Gespräche der *Tusculanae disputationes* – richtete Cicero auch andere Anwesen ein, die er im Laufe der Zeit erwarb.

Rede für Caecina

Von Ciceros Gerichtsreden aus der Zeit um 69 oder 68 hat sich der Text der *Rede für Caecina*, einen Angehörigen des Ritterstandes aus dem etrurischen Volaterrae, erhalten. Caecina, der unter anderem für seine Kenntnisse der *disciplina etrusca*, der von den Etruskern gepflegten Kunst der Vorzeichendeutung, berühmt war, ließ sich von Cicero in einem Zivilprozess vertreten. Es ging um die Klärung von Besitzansprüchen, bei denen Fragen der Rechtsnachfolge und des Erbrechts eine wichtige Rolle spielten. Ciceros *Rede für Caecina* liefert einen deutlichen Beleg für eine rechtsgeschichtliche Entwicklung jener Jahre, in deren Folge das Privatrecht sich mehr und mehr als eigenständiges Rechtsgebiet etablierte. Die Ausbildung eines eigenen juristischen Berufsstandes war eine Folge dieser Entwicklung (in diesem Zusammenhang ist Ciceros Text von Rechts- und Gesellschaftshistorikern eingehend untersucht worden). Stilistisch eher zurückhaltend formuliert, ist die *Rede für Caecina* die einzige von Ciceros Gerichtsreden, in der er sich eingehend mit teils äußerst subtilen juristischen Detailfragen befasst. Um die Geduld der Geschworenen nicht allzu sehr zu beanspruchen, bedenkt Cicero Vertreter und Zeugen der Gegenseite mit gelegentlichen ironischen Seitenhieben (was die *Rede für Caecina* nicht davor bewahrt hat, von den Mitunterrednern in Tacitus' *Dialogus de oratoribus* als langweilig eingestuft zu werden).

Unterdessen entwickelten sich die Piraten, die noch immer die Handelsrouten im Mittelmeer in ihrer Gewalt hatten, zu einer ernsten Bedrohung für die Getreideversorgung des italischen Festlandes. Auf Druck der Straße und gegen den Willen konservativer Senatskreise wurde im Jahr 67 ein Gesetz angenommen, das der Volkstribun Aulus Gabinius eingebracht hatte und das zur Wiederherstellung der Sicherheit des Seehandels die Übertragung weitreichender militärischer Vollmachten an Pompeius vorsah. Cicero, der in diesem Jahr für das Prätorenamt kandidierte, hielt es wahrscheinlich für klüger, sich in dieser Frage nicht zu eindeutig zu positionieren. Nachdem er jedoch auf einstimmigen Beschluss der Volksversammlung gewählt worden war, konnte er nicht länger umhin, zur Frage einer weiteren Ausdehnung der Machtbefugnisse des Pompeius Stellung zu beziehen. Diesem war es binnen weniger Monate gelungen, die Seeräuber zu schlagen. Gleichzeitig geriet der römische Vorstoß in Kleinasien ins Stocken, und im Verlauf des Jahres 67 bedrohte Mithridates mit seinen Truppen unmittelbar die Sicherheit der römischen Provinz Asia.

In dieser Situation legte der Volkstribun Gaius Manilius ein Gesetz zur Abstimmung in der Volksversammlung vor, in dem das Kommando über den Feldzug gegen Mithridates ebenfalls Pompeius übertragen werden sollte, da dieser, mit der Niederschlagung des letzten Widerstandes der Seeräuber im östlichen Mittelmeer beschäftigt, sich in unmittelbarer Nähe des Kriegsschauplatzes aufhielt. Im Jahr 66, dem Jahr seiner Prätur, setzte Cicero sich in einer Rede vor der Volksversammlung für die Annahme des Gesetzes ein und betrat damit das erste Mal die große politische Bühne. Er nutzt die Einleitung der Rede (*Pro lege Manilia*, auch unter dem Titel *De imperio Cn. Pompei*, »Über den Oberbefehl des Pompeius«, überliefert) zu einer Erklärung, warum er bisher noch nie vor dem versammelten Volk gesprochen habe, und appelliert an die Sympathie der Volksmassen für einen *homo novus* wie ihn, der sich zunächst als *patronus* und Anwalt vor Gericht die Unterstützung des Volkes erwerben musste, bevor er unmittelbar politisch tätig werden konnte.

Erstmals nimmt in dieser Rede Ciceros Verbindung zu denjenigen Kreisen in Politik und Finanzwelt, denen Pompeius seine Unterstützung verdankte, Gestalt an. Um den jungen erfolgreichen Feldherrn, dessen Aufstieg Cicero wohl schon seit der Zeit des Prozesses gegen Verres beobachtete, hatte sich eine breite Interessenkoalition gebildet. Sie bestand aus Vertretern des Ritterstandes, die auf eine schnelle Beendigung des Krieges im Osten drängten, und aus Politikern der Popularen, die sich die Unterstützung der breiten Massen sichern wollten, die unter der Unterbrechung des Seehandels am meisten zu leiden hatten. Das faktische Übergewicht, das innerhalb dieses Bündnisses die finanziellen Interessen der ökonomisch traditionell stark engagierten Ritter ausübten, deutet *in nuce* auf Ciceros späteres Bemühen um die Bildung einer »Partei der Gemäßigten« hin. Allerdings befand sich die Linie, die Cicero im Fall der Übertragung des Oberbefehls an Pompeius verfolgte, im Widerspruch zur konservativen Politik senatorischer Kreise, die ein – durchaus begründetes – Misstrauen gegenüber der Ballung militärischer und politischer Machtbefugnisse in der Hand einzelner Akteure hegten. Dies erklärt, warum Cicero sich Jahre später von seinem Vorstoß distanzierte und sich bemühte, seinen Anteil an der Sache kleinzureden, wenn nicht gar völlig unerwähnt zu lassen.

Anlässlich von Ciceros Kandidatur für das höchste Staatsamt im Jahr 64 brachte sein Bruder Quintus eine Art Leitfaden für die Bewerbung um das Konsulat in Briefform, das sogenannte *Commentariolum petitionis*, in Umlauf. Darin versucht er, allen Vorwürfen den Wind aus den Segeln zu nehmen, Cicero habe in der *Rede für den Gesetzentwurf des Manilius* verfassungsfeindliche Ziele verfolgt und eine demagogische Rhetorik benutzt. Ciceros Eintreten für Pompeius, so behauptet Quintus, habe allein dem Ziel gegolten, politische Unterstützung, zumindest aber wohlwollende Neutralität vonseiten Pompeius' zu erwirken. Gerade diesen Verdacht aber hatte Cicero am Ende seiner Rede vor der Volksversammlung um jeden Preis zu entkräften versucht. Er versichert dort seinen Zuhörern, nicht deshalb für das Gesetz zu sprechen, weil er sich die Sympathien eines Mächtigen erwerben wolle, sondern allein um den Interessen des Staatswesens zu dienen.

Mit einer Deutlichkeit und Klarheit wie in kaum einer anderen Schrift aus römischer Zeit kommt in Ciceros Rede ein Aspekt zur Sprache, der sonst praktisch nirgends Erwähnung findet: die grundlegende Bedeutung wirtschaftlicher Vorgänge und Aktivitäten für die Handlungsfähigkeit, ja die Existenz des Imperium Romanum. Cicero ist sich der tiefen Verflechtung wirtschaftlicher und politischer Interessen vollständig bewusst und macht deutlich, dass der Wirtschaftsapparat, auf dem die römische Herrschaft beruht, sein ungestörtes Funktionieren in erster Linie staatlichem Schutz verdankt. Die Einkünfte aus der Provinz Asia, die eine der reichsten Provinzen des römischen Reiches war, gestatteten demnach die Führung neuer Kriege. Aus diesen Kriegen waren wiederum neue Gewinne zu erwarten, und diese würden in Friedenszeiten noch steigen. Da aber der Feldzug gegen Mithridates, der sich nun schon über Jahre hinzog, diese Gewinne bisher nicht erbracht habe, müsse er so schnell als möglich zu Ende geführt werden, wolle man nicht das Ansehen und die Interessen Roms ernsthaft aufs Spiel setzen. Die Hellsichtigkeit, mit der Cicero diese Zusammenhänge benennt, ist zu Recht als Beleg gegen die »primitivistische« These ins Feld geführt worden, nach der wirtschaftliche Erwägungen im politischen Denken und Handeln der damaligen Zeit eine untergeordnete Rolle spielten. Wenn in der römischen Literatur von diesen Verflechtungen kaum die Rede ist, dann weil dies den ethischen Kategorien der Autoren entspricht, die zum Großteil der Oberschicht angehörten. Nicht zufällig hat Cicero selbst in den *Partitiones oratoriae* (§ 9) darauf hingewiesen, dass ein Redner die wirtschaftlichen Vorteile einer Sache vor allem dann erwähnen solle, wenn er vor der Volksversammlung spreche. Wende er sich dagegen an eine gebildete Hörerschaft mit differenziertem Urteilsvermögen, müsse er die »nobleren« Gesichtspunkte von Würde, Ansehen und Gerechtigkeit ins Feld führen.

Die Eindeutigkeit, mit der Cicero den Zusammenhang ökonomischer und politischer Faktoren benennt, erinnert entfernt an die Auftritte führender Köpfe der attischen Demokratie vor der Volksversammlung von Athen. Ähnliche Argumentationsformen findet man in der römischen Geschichte wohl nur noch im Fragment einer Rede des Volkstribuns Gaius Gracchus. Auch dort herrscht eine sachorientierte realistische Denk- und Sprechweise, die den Gegenpol zu der aufwühlenden, emotionsgeladenen Rhetorik darstellt, welche Cicero als kennzeichnend für Ansprachen vor großen Volksmassen ansah.

An einigen Stellen der *Rede für den Gesetzentwurf des Manilius* appelliert Cicero selbst in beinah aufwieglerischem, unverhohlen gegen den Senat gerichtetem Ton an den Stolz der Volksmassen. Auf krassere Formen von Demagogie verzichtet er jedoch, im ganzen ist der Text maßvoll formuliert, ausgeglichen gewichtet und sorgfältig aufgebaut; Rückgriffe auf rhetorisches Pathos sind die Ausnahme.

Wenn Cicero einleitend den Schutz der Zollpächter, Großkaufleute und Überseehändler fordert, wird schnell klar, wessen Belange er vertritt. Er beklagt die gegenwärtige Schwäche Roms im Vergleich zu der aggressiven Expansionspolitik früherer Jahrhunderte, der das Imperium seine Machtstellung verdanke, und bereitet damit das sich anschließende Lob auf Pompeius vor, in dem er die Größe des Feldherrn überschwenglich preist. Cicero sieht in Pompeius jedoch nicht so sehr den charismatischen politischen Führer, sondern vor allem den befähigten Befehlshaber. Ihm könne Rom die Aufgabe übertragen, eine Herrschaftsposition wiederzuerlangen, die mit der Zustimmung der Unterworfenen rechnen könne. Cicero entwirft das Idealbild eines neuartigen Feldherrn. Er soll Autorität und Durchsetzungskraft besitzen, zugleich aber – im Unterschied zur Arroganz der Heerführer aus der Hocharistokratie – umgänglich und kooperativ sein. Wie bereits in den *Verrinen* kritisiert Cicero den moralischen und politischen Verfall im Gefolge der Bürgerkriege. Vor allem beklagt er die Gier nach Reichtum, die manche römischen Generäle dazu verleite, die von ihnen unterworfenen Gebiete rücksichtslos auszubeuten. Umso mehr betont er Pompeius' Unbescholtenheit und Integrität (in Formulierungen, die bei der Beschreibung des *princeps* in *De re publica* wiederkehren). Die Figur des Lucullus, dem der Oberbefehl entzogen werden soll, rückt Cicero dagegen geschickt in ein denkbar schlechtes Licht, indem er die Beutegier des Generals und seiner Umgebung anprangert. Dagegen unterlässt Cicero es tunlichst, die Politik der Tributerleichterungen für die unterworfenen Gebiete zu erwähnen, durch die Lucullus den drückenden Einfluss der Steuerpächter eindämmen wollte. Sie hatte ihm die Gegnerschaft des ökonomisch auf diesem Gebiet stark engagierten Ritterstandes und von Teilen führender Senatskreise eingetragen.

Das Verfahren gegen Licinius Macrus

Cicero nutzte das Jahr der Prätur zielstrebig, um an seinem politischen Aufstieg zu arbeiten. Er bemühte sich auch um ein engeres Verhältnis zur Adelspartei, und in den Kreisen der Senatsaristokratie dürfte sein Verhalten im Verfahren gegen Licinius Macrus, einen wichtigen Vertreter der Popularen, auf einiges Wohlwollen gestoßen sein. Der Volkstribun wurde wegen Amtsmissbrauchs angeklagt und schließlich auch verurteilt, woraufhin er sich das Leben nahm. Sallust beschreibt Macrus als einen Mann, der im Gegensatz zu manchen Scharfmachern unter den Popularen sein Amt mit Augenmaß und Vernunft versah. Sein Bestreben sei es gewesen, dem politisch vernachlässigten einfachen Volk ein Bewusstsein seiner Bedeutung für das

Gemeinwesen und der Möglichkeiten politischen Handelns zu vermitteln, die es besaß. Als vorsitzender Richter spielte Cicero offenbar eine entscheidende Rolle für den Ausgang des Prozesses, denn kurz darauf schrieb er an Atticus, er habe sich eine Reputation erworben, die ihm ein Hinwirken auf einen Freispruch des Angeklagten niemals beschert hätte (*Ad Atticum* I, 4,2).

Rede für Cluentius

Aus dem Jahr der Prätur stammt auch Ciceros Verteidigungsrede für Aulus Cluentius Habitus, der wegen Giftmordes angeklagt war. Der Fall hatte sich in der samnitischen Bundesgenossenstadt Larinum zugetragen, und seine Vorgeschichte reichte weit zurück. Einige Jahre zuvor war Cicero bereits in einem ähnlichen Verfahren als Verteidiger aufgetreten, in welchem Cluentius' Stiefvater Oppianicus des versuchten Giftmordes an Ciceros Mandant für schuldig befunden wurde. Hier kann nur eine stark geraffte Übersicht über die finstere Moritat gegeben werden, die Cicero in seinem Plädoyer für Cluentius – nicht ohne die Geschehnisse auszuschmücken und zu verdrehen – in Erinnerung ruft. Cluentius, Angehöriger des Ritterstandes und Spross einer der angesehensten Familien von Larinum, lebte in offenem Zwist mit seiner Mutter Sassia, seitdem diese der eigenen Tochter den Ehemann Aurius Melinus abspenstig gemacht hatte, um ihn selbst zu heiraten. Unter Sulla wurde Melinus auf Oppianicus' Veranlassung hin auf die Proskriptionsliste gesetzt und kam ums Leben, so dass nun Oppianicus Sassia heiraten konnte. Cicero schildert ihn als eine Art Herzog Blaubart auf steter Jagd nach Erbschaften, zu deren Erlangung er nahe und ferne Verwandte rücksichtslos auszuschalten wusste; selbstredend war auch die Ehe mit Sassia nicht seine erste. Cicero lässt in seinem Plädoyer für Cluentius eine beeindruckende Verbrechensserie Revue passieren: Mord, Giftanschläge, Abtreibungen, Testamentsfälschungen. Zur Beschreibung dieser Untaten greift er stellenweise zu einer dramatischen Rhetorik, die in ihrer Expressivität und der Verwendung forcierter Gegensatzkonstruktionen an die Tragödien Senecas und die Epik Lukans erinnern. So heißt es etwa bei Cicero, mit der Vergiftung seiner Schwägerin, die ein Kind erwartete, habe Oppianicus »zwei Menschen in einem Körper gemordet« (§ 32). An anderer Stelle spielt er auf die Legende von König Ödipus an: Wie dieser zum Gatten seiner Mutter und zum Bruder seiner Kinder wurde, sei auch Sassia »Gattin des eigenen Schwiegervaters, Stiefmutter des eigenen Sohnes und Nebenbuhlerin der eigenen Tochter« (§ 199). Cicero hat diese Stelle später als Beleg für den »gereiften« Asianismus der *Rede für Cluentius* zitiert (*Orator* § 107).

In den Jahren des Terrors unter Sulla war es Oppianicus unter anderem auch deshalb gelungen, sich jeder Verfolgung seiner Verbrechen zu entziehen, weil er seine Gegner auf die Proskriptionslisten setzen lassen und so schließlich auch ihr Vermögen an sich bringen konnte. Dann beschlossen er und Sassia, auch Cluentius, Sassias verhassten Sohn aus erster Ehe, zu beseitigen. Doch diesmal endete die Sache vor Gericht, und Oppianicus wurde schuldig gesprochen. Allerdings ging das Gerücht, dass die Geschworenen von Cluentius bestochen worden waren, wie Oppianicus' Verteidiger, der Tribun L. Quinctius, Cluentius in der Volksversammlung vorhielt. Der Prozess fand im Jahr 74 statt; wenige Jahre danach starb Oppianicus, Ciceros Worten zufolge eines natürlichen Todes. Sassia aber, deren Hass auf ihren Sohn Cluentius so groß gewesen sein soll, dass sie mittels magischer Beschwörungen den Zorn der Götter auf ihn herabrief, ließ diesen unter dem Vorwurf, seinen Stiefvater vergiftet zu haben, nun seinerseits vor Gericht bringen. Ob zu den Anklagepunkten auch der Vorwurf der Bestechung im vorangegangenen Prozess gehörte, ist unklar (und nicht sehr wahrscheinlich).

Cicero zeichnet ein düsteres Bild von den Verbrechen und Verhältnissen in der Provinz. Die kriminelle Besitzgier dieser Menschen weit weg von der Hauptstadt – eine Gier, die sich in obsessiver Weise immer wieder um Testamente und Erbschaften dreht –, ihre Skrupellosigkeit und ihr finsterer Aberglaube hatten wenig mit dem gängigen Klischee von der heilen Welt der Bundesgenossenstädte gemein. Allerdings besteht nicht über alle Umstände und Vorwürfe, die Cicero anführt, völlige Klarheit. Es hat den Anschein, dass sich hinter den Anschuldigungen seiner »Informanten« zuweilen die lebhafte Phantasie missgünstiger Provinzler verbirgt, die der Figur des Oppianicus jedes erdenkliche Verbrechen andichteten. Oppianicus genoss die Verachtung seiner Mitbürger vor allem auch deshalb, weil er, tief in die Schreckensherrschaft Sullas verstrickt, die Proskriptionen ausgenutzt hatte, um persönliche Gegner aus dem Weg zu räumen. Cicero, zunächst Vertreter seines Mandanten, warb in der *Rede für Cluentius* mittelbar sicher auch um die Unterstützung der Bürger von Larinum bei kommenden Wahlen in der römischen Volksversammlung.

Die Rede, in der Kostproben treffsicherer Ironie nicht fehlen, zeichnet sich durch eine gelungene Mischung der verschiedenen Stilarten aus, die Abfolge der behandelten Themen ist genau berechnet. Antiken Quellen zufolge soll Cicero sich nach dem Verfahren, das mit einem Freispruch für seinen Mandanten endete, gerühmt haben, seine Ausführungen hätten den Richtern den Blick verdunkelt (was manche seiner modernen Interpreten dazu veranlasst hat, den Wortlaut der Rede bis zum letzten Komma auseinanderzunehmen, um hinter den Sinn dieser Bemerkung zu kommen und den springenden Punkt der Verteidigungsstrategie dingfest zu machen). Ganz offensichtlich bemüht sich Cicero in seinem Plädoyer, die Karten neu zu mischen und die Zusammenhänge zu verunklaren. Lange hält er sich mit der angeblichen Bestechlichkeit der Geschworenen im Prozess gegen Oppianicus im Jahr 74 auf, die wahrscheinlich nicht einmal Gegenstand des Verfahrens waren. Auch die breite, aber weder zeitlich noch inhaltlich stringente Schilderung von dessen Verbrechen dient offenbar vor allem dazu, die Zuhörer von den eigentlich zur Verhandlung stehenden Vorwürfen gegen seinen Mandanten Cluentius abzulenken. Dasselbe Ziel verfolgen die vielen Abschweifungen und wenig überzeugenden Vergleiche, die Cicero anstellt. So verliert er sich anlässlich der umstrittenen Frage, ob das Gesetz gegen die Korruption vor Gericht nur die Senatoren und nicht die Angehörigen des Ritterstandes wie Cluentius treffe, in einer weit ausholenden Erörterung der Privilegien und Pflichten der verschiedenen Stände (*ordines*) – um von diesem Thema sodann auf das demagogische Auftreten der Volkstribune zu sprechen zu kommen, das er abschreckend zu schildern weiß.

Als die Gegenseite zum Beweis für die Bestechlichkeit der senatorischen Gerichte auf Ciceros eigene Anklageschrift gegen Verres verweist, scheut dieser sich nicht, die dort vorgebrachten Anschuldigungen im nachhinein als Versuch zu bezeichnen, die Missstimmung des einfachen Volkes gegen die Senatsaristokratie auszunutzen; sein einziges Ziel sei es gewesen, die Verurteilung des Angeklagten zu erreichen (§ 139).

Dieser Passus – der das anwaltliche Berufsethos aller Epochen treffend charakterisiert – impliziert, dass Reden vor Gericht von den Erfordernissen des übernommenen Mandats und nicht notwendigerweise von den Überzeugungen des Anwalts diktiert werden. »Könnten die Tatsachen von selbst sprechen«, so Cicero, »müsste niemand sich an einen Redner wenden« (§ 139). Allerdings barg diese Maxime die Gefahr, gerade diejenige moralische Autorität zu unterhöhlen, die ein römischer *patronus* für sich in Anspruch nahm. Gängiger Ansicht zufolge sollte er im Unterschied zum Redner griechischer Prägung sein Publikum auf der Grundlage persönlicher Überzeugungen, charakterlicher Befähigung und gesellschaftlicher Stellung von seiner Sache überzeugen.

Das Konsulatsjahr

Bewerbung um das Konsulat

Im Jahr 64 wurde Cicero für das folgende Jahr zum Konsul gewählt – ein grandioser Erfolg, der eine Reihe von Ursachen hatte. Ausschlaggebend war vor allem, dass Cicero seit seinem Eintritt in die Politik zielstrebig seine Karriere als Redner verfolgt und dabei sorgsam die verschiedenen Lager innerhalb der öffentlichen Meinung gepflegt hatte. Das von seinem Bruder Quintus verfasste *Commentariolum petitionis*, ein kurzgefasster Ratgeber für die Bewerbung um das Konsulat in Briefform, enthält aufschlussreiche Hinweise für das Verhalten des Kandidaten in der Öffentlichkeit. Zugleich ist es eine Wahlkampfschrift, die sich an weitere Kreise der Öffentlichkeit wandte, an die Teile der Wählerschaft, welche der Oberschicht und der Senatsaristokratie durch Klientelverhältnisse verpflichtet waren. An diese Adresse sind ganz offensichtlich die Erklärungsversuche gerichtet, die Cicero vom Verdacht reinwaschen sollen, er habe sich zu stark der demagogischen Politik der Popularen angenähert, wie er im Zusammenhang seines Eintretens für die Übertragung des Oberbefehls an Pompeius im Jahr 66 aufgekommen war. Wertvolle Unterstützung bei seiner Werbung um Zustimmung bei den konservativen Senatskreisen erhielt Cicero von Atticus, der nach zwanzigjähriger Abwesenheit wieder nach Rom zurückgekehrt war.

Das *Commentariolum* führt mehrere Faktoren zur Begründung von Ciceros Popularität und seines politischen Einflusses an: Mit Pompeius verbindet ihn die gegenseitig gewährte Unterstützung, und auch im Senat findet seine Kandidatur Anklang; die Angehörigen des Ritterstandes und der besitzenden Schichten im allgemeinen schätzen sein Eintreten für den »sozialen Frieden«; seine Tätigkeit als Anwalt vor Gericht hat ihm nützliche Beziehungen verschafft und die Bewunderung und Unterstützung zahlreicher junger, aufstrebender Rednertalente eingetragen; schließlich habe Cicero durch seinen Einsatz für die Gesetzesvorlage des Manilius seine Fähigkeit unter Beweis gestellt, auch dem einfachen Volke eine Stimme zu geben.

Bemerkenswert ist Quintus' Empfehlung an seinen Bruder, während der gesamten Bewerbungszeit auf jede Form der öffentlichen politischen Intervention, im Senat wie in der Volksversammlung, zu verzichten. Als Kandidat müsse er, so rät Quintus ihm, auf eine möglichst breite Unterstützung der verschiedenen Gruppen und Akteure abzielen. Da zwischen diesen zum Teil erhebliche Interessenunterschiede herrschten, verbiete es sich, durch allzu prononcierte programmatische Festlegungen aufzufallen.

Erste Konfrontation mit Catilina

Unter dem Strich war es ein Zusammenwirken verschiedener politischer und gesellschaftlicher Faktoren – und insofern durchaus eine, wenn auch implizite, Positionierung –, die Cicero zu einem breiten Wahlerfolg verhalf. Seine gefährlichsten Gegenkandidaten, Lucius Sergius Catilina und Gaius Antonius Hybrida, der die zweitgrößte Stimmenzahl erhielt und damit Ciceros Amtskollege wurde, hatten den Rückhalt der Popularenpartei. Catilina, Spross eines alteingesessenen römischen Senatorengeschlechts, hatte das politische Lager gewechselt und verfolgte schon seit längerem eine Politik, die in ihrer Hinwendung zu den untersten Schichten der Bevölkerung weit über das hinausging, was die Popularen gewöhnlich forderten. In der letzten Phase der Bewerbung um das Konsulat präsentierte Cicero sich immer entschiedener als Bewahrer der bestehenden Ordnung gegen die Umsturzbestrebungen, für die er Catilina verantwortlich machte. Schon das *Commentariolum petitionis* seines Bruders Quintus, in dem das Anschwärzen des politischen Gegners breiten Raum einnimmt, führt eine lange Liste mit Catilinas Untaten auf. Sie reichen vom Vorwurf des Inzests mit der Schwester und anderen, wenig appetitlichen Formen der Promiskuität bis hin zum Mord und zu anderen Gewaltverbrechen unter Sulla, die auf Catilinas Konto gehen sollten. Hinzu kam eine drohende Verurteilung wegen Amtsmissbrauchs in Catilinas Zeit als Proprätor in Afrika, der, so der Vorwurf, dieser nur durch die Bestechung der Richter entgangen war. (Offenbar hatte Cicero selbst zunächst erwogen, in diesem Verfahren die Verteidigung Catilinas zu übernehmen, um ihn als Wahlkampfverbündeten zu gewinnen.)

Kurz vor der Wahl im Jahr 64 hielt Cicero im Senat seine Kandidatenrede für das Konsulat (daher der Titel der bruchstückhaft erhaltenen *Oratio in toga candida*). Er erhob heftige Vorwürfe gegen Catilina und Antonius. Einer davon bezog sich auf Catilinas Verwicklung in eine Verschwörung im Jahr 66/65, ein undurchsichtiges Komplott – mit Crassus und Caesar als Hintermännern –, das darauf hinauslief, die neugewählten Konsuln zu beseitigen und in einer Art Staatsstreich die Macht an sich zu reißen; die Pläne waren indes nicht zur Ausführung gelangt.

In der angespannten Lage des Jahres 64 zogen die Optimaten es vor, statt eines Kandidaten aus ihren eigenen Reihen einen Mann ins Rennen zu schicken, der auch Wähler aus dem Lager der Popularen für sich gewinnen konnte. Zusammen mit den Klientelstimmen der Optimaten errang Cicero einen überwältigenden Wahlsieg. Er war seit langem der erste *homo novus*, der erste Politiker, der nicht aus der Senatsaristokratie stammte, dem der Aufstieg in das höchste Staatsamt gelungen war. Dennoch gründete sein Wahlerfolg auf einem kurzfristigen und deshalb instabilen Interessenbündnis, dessen Hauptziel es war, den politischen »Umstürzlern« den Weg an die Macht zu verbauen. Um dies zu erreichen, wurde ein Mann an die Spitze des Staates gestellt, der für die Aufrechterhaltung der Ordnung und die Sicherung des Eigentums sorgen sollte.

Rede über das Ackergesetz des Publius Servilius Rullus

Vom ersten Tag seines Konsulats an machte Cicero deutlich, mit welcher Entschlossenheit er diese Politik zu verfolgen gedachte. Am 1. Januar hielt der neue Konsul im Senat eine Ansprache, in der er das kurz zuvor von dem Volkstribun Publius Servilius Rullus eingebrachte Ackergesetz scharf kritisierte; am Tag darauf wiederholte er seine Kritik, diesmal vor der Volksversammlung. In einer dritten Rede, ebenfalls vor dem Volk gehalten, griff er den Tribun auch persönlich scharf an; wenige Tage später wiederholte er seine Angriffe in einer vierten Rede *Ad Quirites*, deren Inhalt nur bruchstückhaft überliefert ist.

Über die Person des Tribuns Rullus ist wenig Näheres

bekannt (moderne Forscher sehen in ihm einen Strohmann Caesars und Crassus'). Sein Gesetzentwurf sah die Verteilung von Ackergrundstücken an bedürftige Privatleute vor. Die hierfür benötigten Ländereien sollten aus dem staatlichen Landbesitz vor allem in Kampanien stammen, den die Landreform der Gracchen unberührt gelassen hatte. Darüber hinaus ordnete das Gesetz den Erwerb weiterer Grundstücke aus privater Hand in ganz Italien an. Dies sollte ausschließlich auf freiwilliger Basis geschehen, Enteignungen waren nicht geplant. Die Durchführung der Landreform sollte in den Händen eines zehnköpfigen Kollegiums liegen, das auf fünf Jahre gewählt und mit einem Stab von Fachleuten ausgestattet werden sollte. Die Kommission der *decemviri* hatte die Finanzierung der Reform zu gewährleisten. Dazu sollte sie befugt sein, in großem Umfang römischen Staatsbesitz in Italien und im Ausland zu veräußern und neue Steuern in den Provinzen zu erheben. Auch die Einziehung der Kriegsbeute römischer Feldherren gehörte zu den angestrebten Maßnahmen zur Finanzierung der Reform. Offenbar war Pompeius von dieser Regel ausdrücklich ausgenommen, da jedoch für die Besetzung der Kommission nur Kandidaten zugelassen sein sollten, die sich zum Zeitpunkt ihrer Ernennung auf italischem Boden befanden, schied er aus dem Kreis der möglichen Mitglieder aus, anders als Caesar und Crassus, die dem Gremium sicherlich angehört hätten.

Die potentiellen Nutznießer der vorgesehenen Landzuteilungen waren in erster Linie Angehörige des stadtrömischen Proletariats und der verarmten Landbevölkerung Italiens. In seinen Grundzügen handelte es sich bei dem Gesetz um eine weitblickende Reform, die das soziale Elend in der Hauptstadt vermindert, die heimische Landwirtschaft wiederbelebt und die gesamte römische Wirtschaft gestärkt hätte. Doch Rullus' Gesetzesinitiative stieß auf heftigen Widerstand seitens der Aristokratie. Den Wegzug einer großen Zahl von allzeit unruhebereiten Plebejern aus der Hauptstadt hätten diese Kreise sicher befürwortet, aber sie fürchteten den Verlust der Einkünfte aus den kampanischen Staatsdomänen und die Konfiszierung der Kriegsbeute. Sie waren eine wichtige Quelle für die Finanzierung des Klientelwesens und das Auftreten der Mächtigen als Wohltäter des Gemeinwesens, auf denen ihr politischer Einfluss gründete. Darüber hinaus wurden die weitreichenden Machtbefugnisse, welche der Kommission der *decemviri* übertragen werden sollten, als ernsthafte Gefahr für die Kontrolle der öffentlichen Finanzen und der Außenpolitik durch den Senat angesehen. Und selbst wenn die Beschlagnahme von Privateigentum nicht vorgesehen war, dürfte die Aussicht, dass es zu Wanderungsbewegungen großer Teile der Bevölkerung und zu tiefgreifenden Veränderungen der Eigentumsverhältnisse auf dem Land kommen würde, wenig beruhigend gewirkt haben.

Wie die »gemäßigten« Politiker aller Epochen, war Cicero letztlich unfähig, konkrete Reformen zu unterstützen. Entschlossen, Rullus' Vorlage zu Fall zu bringen, wählte er – je nachdem, ob er vor dem Senat oder vor der Volksversammlung sprach – seine Argumente. Vor dem Senat hatte er leichtes Spiel. Hier konnte er sich kurz fassen, denn die Mehrzahl der Zuhörer war ohnehin seiner Meinung. Hinter dem Agrargesetz, so behauptete er ungeschminkt, steckten die Wunschträume Betrunkener und die Begehrlichkeiten von Narren. Die zweite Rede über das Ackergesetz (*Oratio de lege agraria*) richtete sich an die Volksversammlung. Wohl wissend, dass er vor Zuhörern sprach, von denen die meisten kaum lesen und schreiben konnten und sicher nicht in der Lage waren, dem Text einer juristisch verklausulierten Gesetzesvorlage zu folgen, gelang Cicero das rhetorische Kunststück, den Sinn der Eingabe vollständig auf den Kopf zu stellen. Cicero tritt in dieser Rede als der »wahre Freund des Volkes« auf. Er verspricht dem Gemeinwesen Ruhe, Stabilität und Frieden: *otium* und *pax*, politische Kernbegriffe seines Konsulats, die den Besitzenden traditionell sehr am Herzen lagen – sehr viel mehr zumindest als den besitzlosen Massen. All denen, die lediglich persönliche Machtinteressen verfolgten, bestreitet er das Recht, sich als Popularen zu bezeichnen. Die *decemviri* sind in seinen Augen potentielle Tyrannen. Als ihr Gegenbild preist Cicero die Gracchen, von denen er ein denkbar positives Bild zeichnet (wenn es sich um tote Popularen handelte, konnte Cicero auch später sehr großzügig in der Bewertung sein). Angesichts der großen Beliebtheit, die Pompeius beim Volk genoss, geißelt Cicero die Eingabe geschickt als Versuch, diesen von der Macht zu verdrängen. Die Korruption, so Cicero weiter, werde dazu führen, dass wertloses Land zu Höchstpreisen aufgekauft würde. Davon abgesehen werde die Errichtung neuer Ansiedlungen im Umland der Hauptstadt den Mitgliedern der Zehnerkommission eine Ausgangsbasis für Angriffe auf das Gemeinwesen verschaffen. Gegen Ende der zweiten Rede erwähnt Cicero in diesem Zusammenhang Capua, das die Römer seit den Zeiten Hannibals, der die Stadt zu seiner Verbündeten gemacht hatte, als Rivalin ansahen. Cicero beschuldigte nun Rullus und seine Mitstreiter, sie wollten Capua durch die Ansiedlung von Neubürgern zu Wachstum und militärischer Stärke verhelfen, um aus der Stadt die Keimzelle einer Erhebung zu machen. Der Friede und die Stabilität Roms seien in Gefahr.

Ciceros Hauptargument gegen Rullus' Initiative besteht darin, dass den Armen mit einer Umsiedlung ihr bisheriges bequemes Leben in der Stadt genommen würde, wo sie von den Mächtigen versorgt wurden. Und dies mit der Aussicht, unter sengender Sonne oder inmitten von Sümpfen ihre Äcker bestellen zu müssen. Mit polemischem Geschick greift er eine unbedachte Formulierung des Volkstribuns auf, der davon gesprochen hatte, man müsse die Stadt »säubern«: Sieht Rullus also das Volk von Rom mit Verachtung an? Tatsächlich bestand beim städtischen Proletariat wenig Neigung, das Angebot zur Ansiedlung auf dem Land anzunehmen. Die Befürworter der Reform befanden sich auch eher unter den verarmten Bauern des Umlandes; bei Pompeius' Rückkehr aus dem Osten würden auch dessen Veteranen von der Reform profitieren.

Ciceros Auftritt vor der Volksversammlung bewirkte, dass der Reformvorschlag wahrscheinlich nicht einmal zur Abstimmung kam und von seinen Verfechtern sang- und klanglos fallengelassen wurde. Der Konsul hatte seine ganze Leidenschaft als Redner aufgeboten, um das Volk auf seine Seite zu ziehen. Mit dialektischem Scharfsinn hatte er den Gesetzestext auseinandergenommen, um seine eigene, tendenziöse Deutung des Wortlauts zu geben. Rullus, den Urheber der Initiative, bedachte er mit schneidender Ironie und schilderte, wie dieser sich bemühe, sein Aussehen zu verändern, um wie ein feuriger Volksredner zu wirken. Dennoch ist der Grund für die Ablehnung des Ackergesetzes nicht in Ciceros rhetorischer Überzeugungsgabe zu suchen, sondern in der mangelnden Popularität der Landreform bei der stadtrömischen Unterschicht. Aus historischer Sicht lässt sich zwar konstatieren, dass die Reform, die eines der ersten großangelegten Ansiedlungsprojekte seit der Zeit der Gracchen zum Inhalt hatte, ein entscheidender Schritt zur Lösung einiger der drängendsten Probleme der römischen Gesellschaft gewesen wäre, denn sie hätte dem Staat die Möglichkeit eröffnet, überschuldete Bauern durch den Aufkauf ihrer Ackerflächen vor dem Ruin zu retten. Das Scheitern von Rullus' Gesetzesinitiative hat mit dazu beigetragen, dass Catilina für seinen Umsturzversuch innerhalb der besitzlosen Bevölkerungsmassen später eine breite Anhängerschaft fand.

Rede für Rabirius

Tatsächlich verschärfte sich die soziale Lage mehr und mehr, und es bestand durchaus die Gefahr, dass die Armen ihr Heil in einer Erhebung suchen würden, während politische Abenteurer wie Catilina leicht in die Versuchung geraten konnten, dies auszunutzen. In dieser Situation fürchteten die Führer der Popularen wahrscheinlich, die Kontrolle über die Ereignisse zu verlieren. Schon mehrfach hatten die Vertreter einer harten Linie unter den Optimaten in den letzten Jahrzehnten den Ausnahmezustand ausgerufen, um eine blutige Generalabrechnung mit ihren Gegnern zu inszenieren. Das Verfassungsinstrument, mit dem diese Aktionen begründet wurden, war in der Regel das *senatus consultum ultimum*, eine Art Notstandsverordnung, die der Senat erlassen konnte und die die Konsuln berechtigte, jede Maßnahme zu ergreifen, die sie zum Schutz des Staatswohles für nötig erachteten. Schon bei der Niederschlagung der Unruhen unter den Volkstribunen Gaius Gracchus und später L. Appuleius Saturninus hatte ein solches *consultum ultimum* als Schutzbestimmung für eine Gruppe von Privatpersonen gedient, auf deren Anstiftung hin die Anführer der Volksbewegung von Todeskommandos aus dem Weg geräumt worden waren.

Im Jahr 63 unternahmen die Popularen deshalb den Versuch, das Verfassungsinstrument des *senatus consultum ultimum* wenn schon nicht abzuschaffen, so doch zumindest mit engen Grenzen zu versehen. Zu diesem Zweck wurde – wahrscheinlich auf Veranlassung Caesars – ein Prozess gegen Gaius Rabirius angestrengt, einem aus dem Ritterstand aufgestiegenen Senator. Dem greisen Rabirius wurde vorgeworfen, bei der Ermordung des Tribuns Saturninus 37 Jahre zuvor eine führende Rolle gespielt zu haben. Um der Angelegenheit die nötige Aufmerksamkeit zu sichern, griff man auf eine Verfahrensform zurück, die schon seit der Zeit der Könige außer Gebrauch geraten war, und klagte Rabirius wegen *perduellio* an. Der Tatbestand der *perduellio* (in etwa unserem »Hochverrat« entsprechend; die genauen Zusammenhänge sind umstritten) gründete wahrscheinlich auf dem Gedanken einer rituellen Verunreinigung, von der man annahm, dass sie die Gemeinschaft traf, wenn einer ihrer Angehörigen durch Mord ums Leben kam; der Verurteilung des Schuldigen folgte die *sacratio capitis*, seine Verfluchung durch die beiden als *duumviri perduellionis* bezeichneten Magistrate, deren Amt zumindest in seinen Anfängen kultische Natur besaß (im konkreten Fall war Caesar einer der beiden Amtsträger).

Der Vollzug der Strafe, gegen die es keinen Einspruch und keine Verteidigung gab, hatte durch Kreuzigung zu erfolgen. Natürlich war der symbolische Rückgriff auf diese atavistische Prozedur vor allem als Warnsignal an all diejenigen zu verstehen, die in Zukunft ein *senatus consultum ultimum* als Vorwand für politische Säuberungen zu benutzen gedachten. Der wahrscheinlichsten Rekonstruktion des Falles nach (die genauen Zusammenhänge liegen im dunklen) wurde das Kultverfahren schnell wieder fallengelassen und Rabirius ein regulärer Prozess vor der Volksversammlung gemacht; im Falle seiner Verurteilung drohte ihm nun die Verhängung einer beträchtlichen Geldstrafe. In diesem Verfahren, das schließlich aufgrund unheilverkündender Auspizien ergebnislos abgebrochen wurde, übernahmen Hortensius und Cicero die Verteidigung des Senators.

Ciceros Plädoyer hebt nicht auf die juristische, sondern durchweg auf die politische Dimension des Falles ab; besonders die Aufgaben und die Verantwortung eines Konsuls in Zeiten öffentlicher Gefahr werden eingehend erörtert. Aus dem Briefwechsel mit Atticus wissen wir, dass etwa im Jahr 60 eine Sammlung der Reden, die Cicero während seines Konsulats gehalten hatte, in Umlauf gebracht wurde. Es liegt nahe, dass er den Text der *Rede für Rabirius* zur Rechtfertigung seiner eigenen harten Haltung bei der Niederschlagung Catilinas nachträglich überarbeitet hat. Im *Orator* (§ 102) zitiert Cicero sie als Beispiel für den erhabenen Stil. Tatsächlich entfaltet der Text eine feierlich-majestätische Diktion, zu der eine gehobene Wortwahl, weit ausgreifende Satzperioden und der – stellenweise forcierte – Gebrauch der *amplificatio* und ihrer ausschmückenden Figuren beitragen. Besonderes Pathos legt Cicero in die Passage, in der er den einmütigen Widerstand des Senats und aller »anständigen Bürger« gegen den Volkstribun heraufbeschwört.

Die Wahlen für das Jahr 62 und die Wurzeln der catilinarischen Verschwörung

Die Konsulatswahlen für das kommende Amtsjahr waren für die zweite Hälfte des Jahres 63 angesetzt. Zunächst im Privaten, dann auch im Senat ließ Catilina erkennen, dass er für seine Kandidatur das gesamte Spektrum der sozial Unzufriedenen mobilisieren würde. Er stellte ein geradezu »revolutionäres«, für die Massen bestimmtes Programm auf, das offenbar auch den Erlass sämtlicher Schulden und die Neuverteilung des Landbesitzes vorsah. Catilina konnte sich eine soziale und wirtschaftliche Schieflage zunutze machen, deren Ursachen weit zurückreichten. Hierzu zählten die Verwüstungen, die der Bundesgenossenkrieg und die Machtergreifung Sullas in Italien zurückgelassen hatten. Auf dem Land herrschte noch immer die Gewalt, verschärft wurde die Lage durch die blutig niedergeschlagenen Sklavenaufstände. Der nicht enden wollende Krieg im Osten machte die Aushebung einer großen Zahl von Bauern nötig, für die eine jahrelange Abwesenheit von ihren Höfen meist den finanziellen Ruin nach sich zog. Auch war es nicht gelungen, die Veteranen der sullanischen Heere in die Landwirtschaft zu integrieren. Der jahrzehntelange Legionsdienst hatte die Veteranen der bäuerlichen Arbeit entfremdet, und das Land, das ihnen zur Ansiedlung zugeteilt worden war, erwies sich als ungeeignet. Die Folge war eine zunehmende Verschuldung der Bauern-Veteranen. Oft konnten sie ihre Höfe nicht einmal verkaufen, denn die Eigentumsverhältnisse der Siedlungsflächen, die in der Regel aus Enteignungen stammten, galten als heikel.

Das Schuldenproblem erreichte unter Ciceros Konsulat einen neuen Höhepunkt. Pompeius' Erfolge gegen Mithridates und die Seeräuber eröffneten neue, sichere Investitionsmöglichkeiten in Kleinasien, so dass viele Spekulanten ihr Geld, das sie bisher in Italien in Krediten angelegt hatten, zurückforderten, um es im Osten mit Aussicht auf größere Gewinne anzulegen. Hiervon waren nicht nur verschuldete Bauern betroffen, sondern auch manche Angehörige der Aristokratie, die zur Finanzierung ihrer politischen Karriere Kredite aufgenommen hatten; aber auch kleine Geschäftsleute, Arbeiter und Handwerker gehörten zu den Leidtragenden. Cicero hat gerne darauf verwiesen, während seiner Amtszeit Scharen von Versagern und Nichtstuern zur Begleichung ihrer Schulden verpflichtet zu haben. Dass es sich dabei um die Opfer der wirtschaftlichen und historischen Verhältnisse seiner Zeit handelte, nahm er nicht zur Kenntnis.

Catilina wollte mit seinen Forderungen nach Freiheit, Schuldenerlass und Landverteilung verschiedene soziale Schichten und Gruppen erreichen. Eine davon waren die Söhne der Oberschicht. Auf viele von ihnen übte seine Persönlichkeit offenbar große Faszination aus. Der *patria potestas* unterstellt, besaßen diese jungen Männer oft keine Möglichkeit, das Familienvermögen zur Finanzierung ihres politischen Aufstiegs oder der daraus entstandenen Schulden heranzuziehen. Wenn auch vielleicht mit einer Spur Übertreibung, sprechen die schriftlichen Zeugnisse unmissverständlich davon, dass es in bestimmten Kreisen üblich geworden war, sich seines Vaters auf gewaltsamem Wege zu entledigen, um sein Erbe antreten zu können. Wenn statistische Untersuchungen zu dem Ergebnis kommen, dass aufgrund des geringen Alters, das die meisten Angehörigen der Oberschicht damals erreichten, ihre Söhne ohnehin nicht allzu lange auf ihr Erbe warten mussten, ändert das nichts an dem aus den Quellen gut belegten Gesamtbild.

Die Wahlen für das Jahr 62 wurden in einem äußerst angespannten Klima abgehalten. Unter Berufung auf eine bekannte Äußerung Catilinas, nur ein tollkühner Mann, der nichts zu verlieren habe, könne sich an die Spitze der besitzlosen Massen stellen, setzte Cicero zunächst auf einen Aufschub der Wahlen. Dabei wird die Überlegung im Spiel gewesen sein, dass viele der ärmeren Wähler, die vom Land in die Hauptstadt geströmt waren, um Catilina zu unterstützen, wieder auf ihre Felder zurückkehren mussten. Nachdem die Vertagungsstrategie gescheitert war, ließ er, wahrscheinlich im Verlauf des Juli (die genaue Chronologie ist umstritten), das Volk abstimmen. Um auf die drohende Gefahr für seine Person hinzuweisen, erschien der Konsul in Begleitung einer Leibwache römischer Ritter, unter die Toga demonstrativ einen Brustpanzer geschnallt. Wie nicht anders zu erwarten, taten Senatsaristokratie und Ritterstand – in eben jener *concordia ordinum* vereint, die Cicero nicht müde wurde zu propagieren – alles, um die Stimmen anderen Kandidaten zukommen zu lassen. Gewählt wurden schließlich Decimus Junius Silanus und Lucius Licinius Murena, zwei Kandidaten, von denen man politische Stabilität und Sicherheit erwarten konnte.

Catilina war zum zweiten Mal bei der Wahl zum Konsul gescheitert. Enttäuscht, angefeindet und in seinem Adelsstolz gekränkt, dazu mit Schulden überhäuft, entschloss er sich jetzt (so zumindest die plausibelste Annahme), die wachsende soziale Unruhe vor Augen, den Weg des bewaffneten Aufstands zu gehen. Dass es dem umstrittenen Politiker gelang, eine schlagkräftige Aufstandsbewegung um sich zu scharen, lag sicher auch in seiner Persönlichkeit begründet. Selbst Cicero vermag in der einige Jahre später gehaltenen *Rede für Caelius* eine gewisse Bewunderung nicht zu verbergen, wenn er Catilina als eine paradoxe Mischung aus monströsen Lastern und bewundernswerten Fähigkeiten charakterisiert. Auch in den catilinarischen Reden vermag er diesen Aspekt von Catilinas Persönlichkeit nicht völlig auszublenden.

Catilina war es gelungen, Menschen aus den verschiedensten Schichten zusammenzuführen: Besitzlose und Außenseiter der Gesellschaft, ungeduldige junge Adlige, Kriminelle. Die Gefolgsleute aus den Kreisen der Aristokratie hatten sich ihm in einer Mischung aus finanziellem Druck und dem Wunsch nach Rache für erlittene politische Niederlagen angeschlossen, die jüngeren unter ihnen getrieben von dem Willen, das System zu stürzen, das ihrem Aufstieg im Wege stand. Auch ein Großteil der Stadtbevölkerung, Handwerker und Lohnarbeiter, stand zumindest anfangs auf Catilinas Seite: Dieselben Unterschichten, die für das Ackergesetz des Tribuns Rullus nicht zu gewinnen gewesen waren, ließen sich vom Schlagwort eines »Schuldenerlasses für alle« nun bereitwillig mobilisieren.

Die zuverlässigsten Anhänger fand Catilina jedoch in den Reihen der verarmten Landbevölkerung – wohl vor allem unter den ehemaligen Legionären, für die der Griff zu den Waffen nichts Ungewöhnliches war. Sie waren es, die ihm bis in den Untergang folgten.

Eine bezeichnende Meinungsverschiedenheit unter den Anführern der Verschwörung bestand hinsichtlich der Frage, ob auch Sklaven am Aufstand beteiligt werden sollten. Einer von ihnen, Lentulus, sprach sich offen dafür aus, während Catilina sich anfangs sperrte. Zum einen verstieß die Zulassung von Unfreien gegen seinen Stolz als römischer Aristokrat. Zum anderen fürchtete er zu Recht, dass die freie Bevölkerung negativ auf die Beteiligung von Sklaven reagieren könnte; erst als die Lage hoffnungslos geworden war, gab er seine Bedenken auf. Selbstverständlich griff Cicero das Thema eines drohenden Sklavenaufstandes in seinen Reden dankbar auf, denn es weckte eine in der römischen Gesellschaft weitverbreitete Angst.

Nachdem Cicero durch die Geliebte eines Mitverschwörers, der sich aus der Sache zurückziehen wollte, von der Verschwörung erfahren hatte, trat er vor den Senat. Dort schenkte man seinen Anschuldigungen zunächst nur wenig Glauben, bis er anonyme Briefe vorlegte, in denen einige bekannte Persönlichkeiten vor einem drohenden Anschlag auf die führenden Politiker Roms gewarnt wurden. Demnach sollte das Zeichen zum Staatsstreich durch gleichzeitig an mehreren Stellen der Stadt gelegte Brände erfolgen. Zu den geplanten Aktionen gehörte auch die Ermordung der Eltern einiger Adelsfamilien durch ihre Söhne. Schließlich sollte Catilina an der Spitze seiner Truppen in der Stadt einmarschieren. Urheber dieser Enthüllungen war Crassus; wahrscheinlich bemühte sich in jenen Tagen auch Caesar, Catilina an der Umsetzung seiner Pläne zu hindern. In der Absicht, sich die Unterstützung der Besitzenden und der Geschäftsleute und Geldgeber aus dem Ritterstand zu sichern, distanzierten sich die beiden Akteure von den Umsturzplänen, die sie zunächst im geheimen gefördert hatten. Als Cicero Beweise für Truppenbewegungen Catilinas erbringen konnte, erreichte er einen Beschluss zur Ausrufung des *senatus consultum ultimum*, das den Konsuln unbeschränkte Gewalt einräumte. An den neuralgischen Stellen Roms wurden starke bewaffnete Wacheinheiten stationiert. Einige Tage später musste sich Cicero in seinem Haus eines Attentatsversuchs erwehren, der aber ohne weiteres vereitelt werden konnte.

Die ersten beiden *Reden gegen Catilina*

Noch hatte Cicero keine direkten Beweise gegen Catilina in der Hand und konnte sich nur auf private Enthüllungen stützen. Am 8. November ließ er den Senat in den Tempel des Jupiter Stator auf dem Palatin einberufen und hielt dort die erste der insgesamt vier *Reden gegen Catilina*. Der Beschuldigte befand sich unter den Anwesenden; Cicero griff ihn scharf an und drohte mit schwersten Gegenmaßnahmen. Er listete Catilinas frühere Vergehen auf und erklärte sich vollständig im Bilde über dessen aktuelle Pläne. Unter Wahrung der gesetzlichen Form beließ er es dabei, ihn dringend zum Verlassen der Stadt aufzufordern.

Dem Pathos des gehobenen Stils entsprechend legt Cicero seinen Abscheu vor dem Umstürzler der Personifizierung der *Patria*, des Vaterlandes selbst, in den Mund (§ 18;

ein Stilmittel, das zum Repertoire antiker Rhetorikhandbücher gehörte und das Cicero bereits in den *Verrinen* gebraucht hatte, wo er die Verkörperung des Inselreichs Sizilien ihre Stimme erheben lässt). Cicero setzt dem Senat ohne Umschweife auseinander, was er in seiner Funktion als Konsul zu tun gedenkt. Wollte er sich allein auf Maßnahmen gegen Catilina beschränken, könnte die Verschwörung zwar für einige Zeit geschwächt, aber nicht völlig ausgelöscht werden. Andererseits sei es augenscheinlich notwendig, dass dieser erst zum bewaffneten Aufstand aufriefe, bis auch die letzten noch skeptischen Senatoren von seiner Schuld überzeugt würden.

Catilina verließ unter Schmähungen gegen Cicero und schweren Drohungen gegen die Versammlung den Senat, um noch am selben Tag zu seinen Truppen zu stoßen. Tags darauf hielt Cicero vor der Volksversammlung eine zweite Rede. In ihr vergleicht er Catilina mit einem wilden Tier, das mit ansehen musste, wie ihm die Stadt entrissen wurde, die es schon in seinen Fängen wähnte, um sie zu verschlingen.

Mit der eingehenden Schilderung der in Ausschweifung lebenden, moralisch verkommenen jungen Adligen, die sich Catilina angeschlossen hatten, bedient Cicero wirkungsvoll die Ressentiments der kleinen Leute. Neben Passagen voller Pathos und Entrüstung stehen Abschnitte nüchterner Reflexion. Bemerkenswert ist die präzise Einordnung der verschiedenen gesellschaftlichen Gruppen, aus denen sich Catilinas Anhänger rekrutierten (§ 17ff.). Auch wenn Ciceros Darstellung die Sachlage verzerrt und seine Wortwahl stark wertend ausfällt, handelt es sich hier ohne Frage um einen der weitreichendsten gesellschaftsbezogenen Deutungsversuche für ein politisches Ereignis, die die antike Literatur kennt. Auch Sallust gelangt in seiner Schrift *De coniuratione Catilinae* zu einer gewissen Durchdringung der politischen und sozialen Faktoren dieses Aktes der Auflehnung gegen die Herrschaft der Oligarchie, aber sie bleibt stark von den moralischen Werturteilen des Autors bestimmt. Umso aufschlussreicher ist in diesem Fall die hellsichtige Analyse des Konservativen Cicero.

Mitte November erklärte der Senat Catilina zum Staatsfeind. Obschon selbst vom Verdacht der Mitwisserschaft nicht völlig frei, rückte Ciceros Amtskollege Antonius an der Spitze eines konsularischen Heeres gegen ihn aus, während Cicero die Verteidigung Roms übernahm. In einigen Gebieten Italiens kam es unterdessen zu kleineren Erhebungen, die indes bald niedergeschlagen wurden.

Rede für Murena

Noch während der Kampf gegen Catilina auf seinen Höhepunkt zusteuerte, sah sich Cicero genötigt, einen der beiden designierten Konsuln des Jahres 62 gegen eine Anklage wegen Wahlbetrugs zu verteidigen. Es handelte sich um Lucius Licinius Murena, von dem Cicero sich die Fortsetzung seines entschlossenen Auftretens gegen den Umsturz erhoffte. Klageführer war der unterlegene Kandidat Servius Sulpicius Rufus, einer der wichtigsten Rechtsgelehrten seiner Zeit. Vertreten wurde die Klage, die sich auf ein Gesetz berief, das Cicero selbst eingebracht hatte, von niemand Geringerem als einem Nachkommen Catos des Zensors, dem jüngeren Cato, der für seine an der stoischen

Morallehre ausgerichteten Prinzipienstrenge bekannt war. Paradoxerweise spielte dieser mit der Anklage gegen Murena den Catilinariern in die Hände, obschon er zu den frühesten Befürwortern einer rücksichtslosen Niederschlagung Catilinas und seiner Mitverschwörer gehört hatte: Wäre es tatsächlich zu einer Absetzung Murenas gekommen, hätte mit Beginn des Jahres 62 ein Konsul allein an der Spitze des Staates dem drohenden Aufstand gegenübergestanden.

Plutarch berichtet, Cicero habe vor Aufregung, es mit seinem Kollegen Hortensius, der mit ihm die Verteidigung Murenas übernommen hatte, aufnehmen zu müssen, beim Vortrag seines Plädoyers nicht die gewohnte Form gezeigt. Und tatsächlich lässt das sehr viel umfangreichere Quellenmaterial über die Umstände, unter denen Cicero elf Jahre später seine *Rede für Milo* hielt, die Vermutung zu, dass der gefeierte Redner unter großer Anspannung leicht die Nerven verlor. Doch spricht die Entschlossenheit, mit der er zur selben Zeit gegen Catilina auftrat, gegen die Annahme, dies sei auch bei der Verteidigung Murenas der Fall gewesen. In der uns vorliegenden Form gehört die *Rede für Murena* (auch wenn der Text Spuren aufweist, die auf eine spätere Bearbeitung hindeuten) zu den überzeugendsten Beispielen der rhetorischen Vielseitigkeit ihres Autors. Cicero, der gegen Catilina mit großem Nachdruck und rhetorischem Pathos zu Felde zog, wählt hier – einmal abgesehen von der feierlichen *peroratio* – den Tonfall spielerischer Ironie. Als wolle er das überschwengliche Lob der Jurisprudenz widerrufen, das er in der *Rede für Caecina* verkündet hatte, macht er sich über das juristische Formelwesen lustig, das den

Hauptinhalt von Servius' immensem Gesetzeswissen darstellte. Demgegenüber lobt er die militärischen Verdienste Murenas, die zur Erfüllung der Aufgaben eines Konsuls weitaus wichtiger seien, und nimmt mit elegantem Witz die altväterliche Sittenstrenge des Stoikers Cato aufs Korn. Obschon er Cato durchaus schätzte und mit Servius sogar befreundet war, konnte er die beiden zum Gegenstand geistreicher Spöttereien machen. Die Ironie überschreitet jedoch an keiner Stelle die Grenzen zur plumpen Verhöhnung und macht die Rede zu einem der unterhaltsamsten Werke aus Ciceros Feder.

Sie ist indes noch aus einem anderen Grunde interessant. Indem Cicero sich von Catos unzeitgemäßem Rigorismus abgrenzt, formuliert er die Grundzüge einer alternativen Ethik, die im Respekt vor dem *mos maiorum*, den Verhaltensgrundsätzen der Vorfahren, eine Lockerung der Sitten und eine Hinwendung zu den Freuden des Lebens nicht ausschließt. In einer launigen philosophischen Abschweifung macht Cicero deutlich, dass für ihn ein Zusammenhang zwischen dieser moderaten und toleranten Moralauffassung und der gemäßigten Skepsis akademisch-peripatetischer Prägung besteht. Cicero hat die *Rede für Murena* nicht in die Sammlung seiner konsularischen Reden aufgenommen. Vielleicht befürchtete er, der scherzhafte Ton seiner Invektiven gegen die stoische Pflichtenethik könne den Ernst und die *gravitas* schmälern, die er in der öffentlichen Meinung mit seinem Wirken als Konsul verbunden sehen wollte. Cato zumindest, so berichtet Plutarch, quittierte Ciceros Spott mit der Bemerkung: »Sieh an, was für einen Witzbold wir zum Konsul haben.«

Die dritte und vierte *Rede gegen Catilina*

Noch waren Cicero die Hände gebunden, und er konnte gegen Catilinas Komplizen, die in der Stadt verblieben waren und weiter Staatsstreich und Bürgerkrieg vorbereiteten, nichts unternehmen. Die Popularen verbreiteten unterdessen die Ansicht, der Konsul übertreibe die Gefahr und trage die eigentliche Verantwortung für die gespannte Lage. Da gerieten durch eine Unvorsichtigkeit der Verschwörer Briefe in Ciceros Besitz, in denen diese eine Gesandtschaft der gallischen Allobroger, die sich gerade in der Stadt aufhielt, dazu aufforderten, berittene Truppen für das Heer der Aufständischen zu stellen. Mit diesem Beweis in Händen trat der Konsul am 3. Dezember vor den eilig einberufenen Senat, enttarnte Catilinas Komplizen und ließ sie in Haft nehmen. Noch am selben Abend berichtete er in der *Dritten catilinarischen Rede* dem versammelten Volk vom dramatischen Verlauf dieser Senatssitzung. Cicero weiß sich in diesem Fall den Anschein einer übernatürlichen Aura zu geben. Er beruft sich mehrfach in feierlichem Ton auf die Götter Roms, die ihn zur Aufdeckung der Verschwörung geführt hätten, spricht von Vorzeichen und Prophezeiungen und zählt auf, was er zur Abwendung des negativen Omens unternommen habe, das über der Stadt lag. Wieder gebraucht er das Bild vom gierigen Raubtier, das er schon in der *Zweiten Rede gegen Catilina* bemüht hatte, und erklärt, nur dem Schutz der Götter und seiner Wachsamkeit sei es zu verdanken, wenn die Stadt dem Rachen des drohenden Verhängnisses entkommen konnte. Um die einfachen Leute von der Größe der Gefahr zu überzeugen, beschwört er das Schreckgespenst drohender Plünderungen und Zerstörungen herauf. Wohl in der Absicht, den heroischen Mut seines Widerstandes zu unterstreichen, schildert Cicero nun sehr viel stärker als in den vorangegangenen Reden Catilina als einen außergewöhnlich gefährlichen Gegner. Anders als die Aufrührer vergangener Zeiten strebe dieser nicht nach einer Veränderung der staatlichen Ordnung, sondern nach ihrer Auflösung und nach vollkommener Anarchie. Dass bereits die ersten flüchtigen Sklaven zu Catilinas Truppen gestoßen seien, so Cicero, biete hierfür den besten Beweis.

Sich selbst stellte Cicero als den Retter Roms dar. Wenn er dabei Parallelen zu Romulus zog, mochte das noch hingehen. Politisch riskanter war es, dass er in seine Vergleiche indirekt auch Pompeius' militärische Erfolge mit einbezog, obgleich dieser bereits die Tatsache, dass die Situation in der Hauptstadt ohne sein Eingreifen bereinigt werden könnte, mit Argwohn betrachtete, von derartigen »Umarmungsversuchen« ganz zu schweigen. Von seinen Mitbürgern erbittet der Konsul als einzigen Dank den Ruhm ewiger Erinnerung. In der veröffentlichten Fassung der Rede setzt Cicero, wohl um anzudeuten, dass er schon damals die kommenden Anfeindungen gegen ihn vorausgeahnt habe, den nachdrücklichen Appell an die Bürger hinzu, ihren Konsul und Retter nicht im Stich zu lassen. Ein in seiner Nüchternheit bestechendes Stück innerhalb der stark emotional gefärbten Rede ist die Schilderung der Mitverschwörer Catilinas während der Verlesung der Briefe an die allobrogische Gesandtschaft: Wortlos, bleich und mit gesenktem Kopf werfen sie sich verstohlene Blicke zu.

Am 5. Dezember holt Cicero die Meinung des Senats ein, welche Strafe die Verschwörer treffen sollte. Der designierte Konsul Silanus spricht sich für die Hinrichtung aus, Caesar für lebenslange Haft in einer Bundesgenossenstadt. Die Forderung nach der Todesstrafe für Angehörige der Oberschicht war ein unerhörtes Ereignis, schon seit langem war diese in der Praxis zugunsten der Verbannung abgeschafft. Andererseits bestand die Gefahr, dass die Verschwörer gewaltsam befreit werden könnten. Schließlich war es das entschiedene Auftreten Catos, das die Senatsmehrheit dazu bewog, sich für ihre Hinrichtung auszusprechen. Als die unterschiedlichen Positionen in dieser Frage deutlich geworden waren, hielt Cicero die *Vierte Rede gegen Catilina.* Nachdem er beide Ansichten dargestellt und die Konsequenzen abgewogen hatte, stellte er sich auf die Seite der Befürworter einer möglichst harten Bestrafung. Noch einmal ging er auf die Umstände der Entdeckung der Umsturzpläne ein und betonte die Einmütigkeit auch der niederen Schichten der Bevölkerung in dieser Frage. Catilina habe zwar versucht, sie auf seine Seite zu ziehen, sei mit diesem Versuch aber gescheitert, denn auch die einfachen Handwerker und Arbeiter seien auf den Erhalt von Frieden und öffentlicher Ordnung angewiesen, um ihren bescheidenen Wohlstand zu sichern. Tatsächlich hatte sich Catilina zunächst durch das Versprechen eines allgemeinen Schuldenerlasses die Unterstützung des römischen Proletariats zu sichern versucht, aber diese Unterstützung schwand, als in der Stadt Nachrichten von Massakern, Plünderungen, brennenden Häusern und entflohenen Sklaven eintrafen, die Cicero in seinen Reden ins Ungeheuerliche steigerte. Die einfachen Leute wären die ersten gewesen, die unter solchen Zuständen in der Hauptstadt zu leiden gehabt hätten.

Cicero betont den Konsens zwischen Senatsaristokratie und Ritterstand, den er seit Jahren forderte und der sich nun dank seines Einsatzes endlich einzustellen schien. Er vergleicht seinen Erfolg mit dem der großen Militärführer Roms und erwähnt in diesem Zusammenhang ausdrücklich Pompeius: Während dieser als General neue Gebiete für die *res publica* erwerbe, sorge er als Konsul dafür, dass diesem die Heimat erhalten bleibe, in der er seine Triumphe begehen könne (so heißt es in der veröffentlichten Fassung der Rede). Ähnliche Gedanken formulierte Cicero in einem wenig später verfassten umfangreichen Schreiben an Pompeius selbst, der seine Verwunderung über die Ideen des Konsuls allerdings nicht verhehlen konnte.

Erste Anfeindungen

Als die Hinrichtung der Verschwörer bekanntgegeben wurde, begrüßte das Volk Cicero überschwenglich als *pater patriae*, Vater des Vaterlandes. Catilina setzte seinen aussichtslosen Kampf noch einen Monat lang fort, bevor er in einem blutigen Treffen bei Pistoria in Etrurien am 5. Januar 62 den Tod fand. Es war ihm nicht gelungen, mit seinem Umsturzversuch die Grundlagen des Staates zu erschüttern, wie Cicero fortwährend behauptete. Dennoch war der Versuch Ausdruck einer weitverbreiteten Unzufriedenheit mit den sozialen Zuständen. In dem Moment, als Catilina den Rückhalt der breiten Massen verlor, war sein Aufstandsversuch zum Scheitern verurteilt; die Unterstützung der Landbevölkerung erwies sich als wenig verlässlich, und das städtische Proletariat wandte sich schockiert von seinen Plänen ab, als es sah, mit welchen Mitteln

Catilina seine Ziele zu erreichen gedachte. Legt man die Zahl der gegen sie angestrengten Prozesse zugrunde, war die Gruppe der Mitverschwörer, die in Rom agierte, eher klein; auch die Pläne zu Brandstiftungen und Morden aus dem Hinterhalt deuten darauf hin, dass sie mehr auf den Überraschungseffekt als auf eine große Zahl an Mitstreitern hoffte.

Zwar konnte Cicero sich auf einen Senatsbeschluss berufen, doch die Verantwortung für den Befehl zur Hinrichtung der Verschwörer ohne Gerichtsverfahren trug er allein. Die Angriffe gegen seine Person ließen nicht lange auf sich warten: Am 29. Dezember, dem Tag, an dem die Amtszeit der Konsuln endete, untersagte ihm der Volkstribun Metellus Nepos, aus diesem Anlass eine vorbereitete Rede vor dem Volk zu halten. Gezwungen, sich auf den gesetzlich vorgeschriebenen Eid zu beschränken, schwor Cicero, er – und zwar er allein – habe die *res publica* gerettet. Das Volk jubelte ihm zu.

Politisches Scheitern und Exil

Die *concordia ordinum* und ihre Auflösung

Die politische Linie, die Cicero als Konsul verfolgte, wird allgemein unter dem Schlagwort der *concordia ordinum* zusammengefasst, einer Allianz von Optimaten und Ritterstand. Ihr hauptsächliches Ziel bestand in der Eindämmung der subversiven Tendenzen innerhalb der römischen Gesellschaft, wie sie in Catilinas Umsturzversuch überdeutlich geworden waren. Ciceros Ideal politischer Eintracht bestand in einem freiwilligen Übereinkommen verschiedener gesellschaftlicher Gruppen, gegebenenfalls sanktioniert durch die Entscheidung bedeutender Staatsmänner. Die Interessen der besitzenden Schichten, Ritter und Senatoren, standen bei diesem Ausgleich im Vordergrund. Für die Popularen war eine solche Politik damit unannehmbar.

In der Funktion des unparteiischen Vermittlers sah Cicero auch und vor allem sich selbst, da er, obschon Senator, enge Verbindungen zum Ritterstand unterhielt, aus dem er selbst stammte. Besonders in der Phase des siegreichen Kampfes gegen Catilina war Cicero überzeugt, dass er zum Angelpunkt eines Bündnisses von Optimaten und Rittern werden könnte, das die Wahrung des gesellschaftlichen Gleichgewichts garantieren und die Rückkehr zu einer Militärdiktatur wie unter Sulla verhindern würde. Um einem Abdriften einflussreicher Teile der Ritterschaft zur Popularenpartei entgegenzuwirken, versuchte er, auf eine Entschärfung der Gegensätze zwischen Senatsaristokratie und Ritterstand hinzuwirken. Weitgehende Konzessionen gegenüber den wirtschaftlichen und machtpolitischen Forderungen der Ritter waren Teil dieser Politik.

Doch obschon Cicero auch später in durchaus umstrittener Weise in diesem Sinne Stellung bezog, würde es zu kurz greifen, ihn nur als Sprachrohr des *ordo equestris* innerhalb des Senats anzusehen. Den Ritterstand an den Senat zu binden bedeutete für Cicero, dessen Vormachtstellung zu stärken, indem er ihm eine breite gesellschaftliche Akzeptanz sicherte. Davon abgesehen erschöpfte sich Ciceros politisches Programm nicht in der *concordia ordinum*, also im Zustandebringen eines Bündnisses zwischen bestimmten gesellschaftlichen Gruppen. Von Beginn an zielte es auf eine möglichst breite politische Unterstützung und signalisierte allein durch die Tatsache, dass der Konsul selbst ein *homo novus* war, den aufsteigenden Schichten eine Einladung zur Teilhabe an der politischen Macht.

Die historischen Grenzen dieser Position sind offensichtlich. Ihre *raison d'être* bestand hauptsächlich in der Abwehr subversiver Tendenzen und der Ablehnung jeder Form politischer Massenagitation. Allen Versuchen, die wirtschaftlichen und sozialen Probleme, unter denen die römische Gesellschaft litt, zu beheben oder ihre Auswirkungen zu lindern, stand sie gleichgültig, wenn nicht ablehnend gegenüber.

Dennoch bliebe das historische Urteil unausgewogen, wollte man die innovativen Aspekte der Politik, für die Cicero sich auch in den folgenden Jahren einsetzte, außer acht lassen. Wahrscheinlich waren es ungelöste Gegensätze in seinem eigenen Werdegang, die den unmittelbaren Anstoß zu dieser Politik gaben. Auf der einen Seite waren die Verpflichtungen, die er anlässlich des Prozesses gegen Verres und der Übertragung des Oberbefehls an Pompeius gegenüber dem antisullanischen und dem popularen Lager eingegangen war. Auf der anderen Seite hatte Cicero sich bei der Bewerbung um das Konsulat vehement um die Unterstützung der Optimaten bemüht. Schließlich hatte er sich durch den Kampf gegen die von Rullus eingebrachte Landreform und die Niederschlagung des Umsturzversuchs der Catilinarier stark exponiert.

Wahrscheinlich war es seine eigene politische Theorie, die ihn zu der Einsicht führte, dass sein Aufstieg nicht nur Ergebnis seines persönlichen Geschicks im politischen Handeln war. Er war auch das Resultat eines Prozesses der Einbeziehung einer Bevölkerungsschicht, die bisher abseits der politischen Macht gestanden hatte. Es waren die Angehörigen der besitzenden Schichten ganz Italiens, die Cicero später, unabhängig von ihrer Standeszugehörigkeit, unter dem Begriff der *boni*, der anständigen und wohlgesinnten Bürger, zusammenfasst. Ciceros Bestreben, dieser gesellschaftlichen Gruppe politische Gestalt und Orientierung zu geben, bedeutete automatisch die Überwindung der herkömmlichen Vorstellungsmuster der römischen Politik, die weitgehend in Lagerdenken und Klientelinteressen gefangen war.

Der Nachdruck, mit dem Cicero die Veröffentlichung seiner Reden und später auch seiner philosophischen Werke betrieb, belegt, dass ihm die Bildung einer Art »öffentlicher Meinung« ein wichtiges Anliegen war. Wie kaum eine andere politische Führungspersönlichkeit seiner Zeit war sich Cicero der Bedeutung der öffentlichen Meinung bewusst.

Die wichtigsten potentiellen Träger des Bündnisses, das Cicero anstrebte, Ritterstand und Senatorenschaft, blieben jedoch auf Dauer gespalten. Die nach der – von politischen Notwendigkeiten diktierten – gemeinsamen Überwindung der catilinarischen Gefahr wieder aufflammenden Konflikte und Divergenzen erwiesen sich als unüberbrückbar. In den folgenden Jahren musste der ehemalige Konsul das rasche Auseinanderfallen der von ihm zusammengefügten Koalition miterleben. Auch sah er sich wiederholt Angriffen gegen seine Person ausgesetzt. Anlass war die Hinrichtung von Catilinas Komplizen ohne vorherigen Prozess. Damit hatte der Konsul augenscheinlich gegen eines der Fundamente der römischen Rechtsauffassung verstoßen, die noch dem geringsten Bürger den Schutz vor staatlicher Willkür zusicherte.

Unterdessen verstärkte sich die Dominanz einzelner Protagonisten auf der politischen Bühne Roms. Von den drei Großen hätte Pompeius am ehesten Grund gehabt, Cicero als Verbündeten zu betrachten, zeigte sich aber für dessen Ansinnen, als politischer Mentor des großen Feldherrn aufzutreten, unempfänglich. Umgekehrt hatte Pompeius während seiner langen Abwesenheit auf den Schlachtfeldern des Ostens das Schwinden des eigenen politischen Einflusses in Rom zur Kenntnis nehmen müssen. Von Cicero, den er in der Vergangenheit möglicherweise als politisch nützlich angesehen hatte, erwartete er in dieser Situation einen effektiven Schutz seiner Interessen. Dass der Konsul die Catilina-Krise in erster Linie zu eigenen Zwecken ausschlachtete, war da nicht genug.

Rede für Sulla

Vor dem Hintergrund der sich abzeichnenden politischen Isolation, in die Cicero nach und nach geriet, ist die beherzte Rechtfertigung seines Handelns in der *Rede für Sulla* zu lesen. Um der Unschuldsbehauptung seines Mandanten das nötige Gewicht zu verleihen, wirft Cicero dort seine Autorität als Konsul, der den Umsturzversuch Catilinas vereitelt hatte, in die Waagschale. Sulla (wahrscheinlich ein Neffe des Diktators) galt als zwielichtige Person. Man wusste, dass er von den Proskriptionen profitiert hatte, und nun stand er im Verdacht, an beiden Verschwörungsversuchen Catilinas beteiligt gewesen zu sein. Cicero macht die Tatsache, dass er die Verteidigung anderer, die wegen desselben Vorwurfs angeklagt worden waren, aus nachvollziehbaren Gründen abgelehnt hatte, zum Hauptargument seiner Verteidigungsstrategie. Da überdies zu Lasten seines Mandanten keine schlagkräftigen Beweise vorgelegt werden konnten, erreichte er einen glatten Freispruch. Allerdings machte das Gerücht die Runde, dass hinter der Übernahme des Mandats ein Darlehen steckte, das Sulla seinem Verteidiger zum Erwerb eines luxuriösen Domizils auf dem Palatin gewährt hatte, wo nur die vornehmsten Adelsfamilien der Stadt residierten.

Rede für den Dichter Archias

Eine Gelegenheit, die angespannte politische Lage und die Attacken gegen seine Person eine Zeitlang zu vergessen, bot sich Cicero im Sommer 62 mit der Verteidigung des Dichters Archias. Die *Oratio pro Archia poeta* gehört zu

Ciceros gelungensten Reden. Sie nimmt eine Gattung auf, die bisher selten vor römischen Gerichten in Erscheinung getreten war, die der Preisrede (im System der griechischen Rhetorik das *genos epideiktikon*). Juristisch ging es um den Anspruch auf das römische Bürgerrecht des Archias, eines aus Kleinasien stammenden Dichters, der seit langem in Rom lebte (hinter der Anklage standen möglicherweise Anhänger des Pompeius). Archias hatte sich auf die Abfassung von epischen Dichtungen zum Preise großer Feldherren – zunächst Marius, später Lucullus – verlegt. Cicero kannte ihn schon seit seiner Jugend. Er übernahm die Verteidigung wohl auch deshalb, weil er sich von Archias die dichterische Verherrlichung seiner eigenen Taten als Konsul im Kampf gegen Catilina erhoffte. Interessant ist vor allem der im eigentlichen Sinne »epideiktische« Teil der Rede, in dem Cicero ein leidenschaftliches Plädoyer für die kulturellen Leistungen und besonders für die Dichtung formuliert. Denn die Dichtung sei die einzige Gewähr für die Unvergänglichkeit nicht nur der Taten großer Persönlichkeiten, sondern des gesamten römischen Volkes.

Auf dieser Aspektverschiebung beruht auch Ciceros Argumentation: Einem Dichter wie Archias, der mit der Verherrlichung einzelner Feldherren ganz Rom zu ewigem Ruhm verhelfe, könne niemand den Anspruch auf das römische Bürgerrecht bestreiten. Ungeachtet des strategischen Gebrauchs, den Cicero von diesem Lob der Literatur macht, lässt es doch seine tiefe innere Überzeugung erkennen. Vieles in der *Rede für Archias* kehrt in den ausführlicheren Überlegungen wieder, die Cicero später in seinen philosophischen Schriften zu diesem Thema anstellt.

Der Skandal der *Bona Dea*

Ende des Jahres 62 kam es in Rom zu einer skandalträchtigen Affäre, die für Cicero mittelbar schwerwiegende Konsequenzen haben sollte. Ausgangspunkt war ein Vorfall, der zunächst eher burleske Züge trug: Publius Claudius Pulcher, Spross einer der ältesten Adelsfamilien Roms, hatte sich, als Frau verkleidet, zu nächtlicher Stunde in das Haus des Pontifex Maximus Julius Caesar geschlichen, um die Feiern der *Bona Dea*, die dem weiblichen Geschlecht vorbehalten waren, zu einem Stelldichein mit Caesars Gattin zu nutzen (so die wahrscheinlichste Version). Von einer Dienerin entdeckt, konnte Clodius – unter diesem durch Adoption erworbenen plebejischen Gentilnamen ist der spätere Volkstribun allgemein bekannt geworden – flüchten. Caesar hatte offenbar wenig Interesse, sich den als Draufgänger bekannten Clodius zum Feind zu machen, der über eine wachsende Zahl von Anhängern unter den römischen Plebejern verfügte. Zwar ließ Caesar sich sogleich von seiner durch den Skandal rettungslos kompromittierten Frau scheiden, bemühte sich aber, die peinliche Angelegenheit nicht weiter aufzubauschen. Das taten dafür die Optimaten, die darauf setzten, dass Clodius' Religionsfrevel in der breiten Öffentlichkeit für Empörung sorgen würde. Ihr Ziel war es, den Aufstieg des jungen Politikers im Keim zu ersticken, der schon jetzt zu erkennen gab, dass er schwer zu kontrollieren sein würde. Als klar wurde, dass es zum Prozess kommen würde, appellierte Clodius an die Volksversammlung. Gleichzeitig (möglicherweise auch schon zuvor) hatte er mit der Anwerbung bewaffneter Banden aus Plebejern und ehemaligen Sklaven begonnen.

Unter dem Eindruck dieser Bedrohung (und dank der Bestechungsgelder, die Crassus den Geschworenen zuschob) erreichte Clodius seinen Freispruch. Caesar war zum Zeitpunkt des Verfahrens bereits nach Spanien abgereist, das ihm als proprätorische Provinz zugewiesen worden war; um seinen Ruf als wichtigster Vertreter der Volkspartei nicht zu gefährden, vermied er jede Konfrontation mit Clodius.

Cicero dagegen machte im Verlauf des Prozesses eine Zeugenaussage, die Clodius' Alibi für die Tatnacht ins Wanken brachte. Während dieser ausgesagt hatte, er sei zur fraglichen Zeit außerhalb der Stadt gewesen, gab Cicero zu Protokoll, Clodius habe ihn am selben Tag in seinem Haus aufgesucht. Damit war die Feindschaft zwischen den beiden besiegelt. Schon zuvor hatte Cicero mit seiner offen an den Tag gelegten Abneigung gegen Clodius diesen vor der Volksversammlung zu scharfen Attacken provoziert. In der Folge verschlechterten sich die Beziehungen derart, dass die beiden Kontrahenten sich erregte Wortgefechte im Senat lieferten.

Dabei war das Verhältnis der beiden Männer vor dem *Bona Dea*-Skandal durchaus wohlwollend gewesen. Während der Bedrohung der Stadt durch Catilina hatte Clodius sogar zu Ciceros Leibwache gehört. Was den Ausschlag für den Bruch zwischen Cicero und Clodius gegeben hat, ist bis heute nicht geklärt; ausgehend von antiken Quellen, wurden unter anderem familiäre Zwistigkeiten als Grund der Verstimmung in Betracht gezogen. Tatsache ist, dass sich im Gefolge der *Bona Dea*-Affäre beide in politisch diametral entgegengesetzten Lagern wiederfanden: Clodius, dessen politische Orientierung anfangs schwankend war, schloss sich dem extremen Flügel der Popularen an und ging schließlich sogar Verbindungen mit ehemaligen Anhängern Catilinas ein. Cicero wurde auf die Seite der besonders konservativen Optimaten gedrängt. In gewisser Hinsicht nutzte die Sache wohl vor allem Clodius, der sich bei seinen Angriffen auf Cicero vor der Volksversammlung die herrschende Abneigung gegen den »Henker der Catilinarier« zunutze machen und gleichzeitig seine Ablehnung der politischen Linie der konservativen Optimaten unter Beweis stellen konnte.

Das »erste Triumvirat« und das Konsulat Caesars

Wie groß die Gefahr war, die von Clodius ausging, war zu diesem Zeitpunkt noch nicht abzusehen; andere Ereignisse auf der politischen Bühne beanspruchten Ciceros Aufmerksamkeit. Die hartnäckige Weigerung der Optimatenpartei, Pompeius' Aufteilung der eroberten Gebiete im Osten zuzustimmen und Land zur Verteilung an seine Veteranen zur Verfügung zu stellen, führte zu einer Annäherung des Feldherrn an die beiden anderen großen politischen Akteure, Caesar und Crassus (ein Versuch Ciceros, zwischen Pompeius und den Optimaten zu vermitteln, hatte nur eine Verschlechterung seiner Beziehungen zu einflussreichen Vertretern der Senatsaristokratie wie Hortensius und Lucullus zur Folge). Besiegelt wurde die Annäherung der drei Mächtigen durch das Geheimbündnis des sogenannten »ersten Triumvirats«, das im Jahr 60 nach Caesars Rückkehr aus Spanien oder wenig später zustande kam. Es sah vor, dass Pompeius und Crassus Caesars Wahl zum Konsul des Jahres 59 unterstützen würden. Im Gegenzug sollte dieser Pompeius' Gebietsaufteilung und die Ansiedlungspläne für dessen Veteranen bestätigen, während Crassus ein Eingreifen Caesars zugunsten der Zollpächtergesellschaften zugesichert wurde. Diese *societates publicanorum* befanden sich in der Mehrzahl im Besitz einflussreicher Angehöriger des Ritterstandes. Ihre Maximalforderungen waren bei den Optimaten auf harsche Ablehnung gestoßen, einer der Hauptgründe für das Auseinanderfallen der von Cicero inaugurierten Koalition der *concordia ordinum*. Gegen die vereinte Macht der Triumvirn und die Unterstützung aus den Finanzkreisen war der Senat praktisch machtlos. Das Verhalten der Optimaten in dieser Frage war von reinem Standesegoismus diktiert. Es folgte jedoch derselben Logik, die schon im Jahr 63 zur erfolgreichen Verhinderung der Landreform des Rullus geführt hatte. Die Bildung des Dreierbündnisses kam völlig überraschend (wie wenig damit zu rechnen war, zeigt die Tatsache, wie rasch es wieder zerbrach). Im Grunde blieb den Optimaten kaum eine andere Möglichkeit, als sich den Forderungen zu widersetzen. Hätten sie sich auf Pompeius' Seite geschlagen, so viel war klar, hätte dessen Macht schnell beinah unbeschränkte Ausmaße angenommen.

Das Jahr 59, in dem Caesar das Konsulat bekleidete, bedeutete für Cicero einen fast vollständigen politischen Einflussverlust. Er zog sich weitgehend aus der Öffentlichkeit zurück und lehnte alle Angebote ab, die ihm die Machthaber, vor allem Caesar, unterbreiteten. Die meiste Zeit verbrachte Cicero außerhalb der Stadt in einem seiner Landhäuser, deren Zahl sich nach dem Jahr des Konsulats noch vermehrt hatte. Dort widmete er sich Studien zur Staatslehre und beschäftigte sich mit geographischen Fragen. Das

Vorhaben, über dieses Thema ein eigenes Werk zu verfassen, zu dem ihn Atticus nachdrücklich ermunterte, gab Cicero jedoch schon bald wieder auf. Die Schwierigkeiten, sich in der Fachliteratur zurechtzufinden, schienen ihm zu groß, und er hielt es nicht für möglich, den trockenen Stoff mit den Mitteln der Rhetorik ansprechend zu gestalten. Schon der Versuch verweist indes auf die Ansprüche – und Grenzen – von Ciceros Ideal einer Redekunst, die beinahe jedes Thema mit sprachlicher Eleganz zu behandeln in der Lage sein sollte, wie er es einige Zeit später in *De oratore* formulierte.

Ebenfalls beim Aufenthalt auf einem seiner Landgüter musste Cicero zur Kenntnis nehmen, dass Caesars Ackergesetz, in dem Elemente der gescheiterten Landreform des Rullus wiederaufgegriffen wurden, trotz des offenen Widerstandes der Optimaten verabschiedet worden war. Im Juni desselben Jahres landete Caesar seinen nächsten Coup. Es gelang ihm, das Gallien jenseits der Alpen auf fünf Jahre als prokonsularische Provinz zu erhalten. Mit umfangreichen Truppen unter seinem Kommando, stationiert in einer Provinz unmittelbar an den Grenzen Italiens, besaß er nun eine Machtbasis, die ihn jederzeit zu einer Gefahr für die *res publica* machen konnte.

Im März 59 hatte Cicero seinen ehemaligen Mitkonsul Gaius Antonius Hybrida in einem Prozess wegen unwürdigen Verhaltens als Statthalter von Makedonien verteidigt. Es war eine der wenigen Gelegenheiten, bei denen er vor Gericht unterlag, und zu allem Überfluss auch noch einem seiner eigenen Schüler, dem jungen Marcus Caelius Rufus, der die Anklage vertrat (von ihm wird noch die Rede sein, vgl. S. 162). In seinem Plädoyer ließ Cicero sich zu unbedachten Äußerungen gegen die Triumvirn hinreißen. Caesar und Pompeius reagierten prompt und beschleunigten in ihrer Funktion als Pontifex Maximus bzw. Augur das seit längerem ins Stocken geratene Verfahren der Aufnahme in den Plebejerstand, mit dem Clodius den Zugang zum Tribunat erreichen wollte. Das Mitglied einer alten römischen Adelsfamilie ließ sich zu diesem Zweck pro forma von einem Mitglied einer plebejischen *gens* adoptieren.

Rede für Flaccus

Während sich das Unwetter drohend über ihm zusammenzog, nutzte Cicero noch einmal die Gelegenheit, sein Handeln als Konsul leidenschaftlich zu rechtfertigen. Anlass dazu bot sein Auftreten im Verfahren (abgehalten wahrscheinlich im Oktober 59) gegen Lucius Valerius Flaccus, dessen Verteidigung er übernommen hatte. Flaccus hatte als Prätor im Jahr 63 aktiv an der Niederschlagung der Catilinarier mitgewirkt und an der Verhaftung der allobrogischen Gesandten entscheidenden Anteil gehabt. Anschließend war er Statthalter der Provinz Asia gewesen und stand nun in einem Repetundenprozess wegen Erpressung vor Gericht. Zu den Anwälten der Verteidigung gehörte auch Hortensius, der sich mittlerweile ganz auf die Verteidigung von Optimaten verlegt hatte. Seit dem Verfahren gegen Rabirius wie auch schon in den Prozessen gegen Murena und Sulla und später in den Verfahren gegen Sestius und Scaurus standen die beiden Widersacher von einst mehrfach vor Gericht auf derselben Seite. Ähnlich wie in seinem Plädoyer für Fonteius setzt Cicero in der *Rede für Flaccus* darauf, die Belastungszeugen zu diskreditieren, in diesem Falle als verlogene Orientalen. Cicero erreichte den Freispruch seines Mandanten wohl auch deshalb, weil er den Fall eng mit seiner eigenen Person verband und das Gericht augenscheinlich nicht über Ciceros Handeln als Konsul den Stab brechen wollte. Deutlich wird die Berufung auf die Staatsraison, wenn Cicero vehement darauf hinweist, dass eine Verurteilung seines Mandanten denjenigen subversiven Kräften in die Hände spielen würde, an deren Bekämpfung dieser so effizient mitgewirkt hatte. Die abschließende *peroratio* zählt zu den gelungensten in Ciceros rhetorischem Œuvre. Sie gibt eine packende Schilderung der Schicksalsnacht des Jahres 63, die über die Zukunft der *res publica* entschied. Männer wie Flaccus leisteten in dieser Situation mit der Verhaftung der allobrogischen Gesandten einen entscheidenden Beitrag zur Rettung des Gemeinwesens.

Tribunat des Clodius und Agitation der Massen

Im Jahr 58 bekleidete Clodius das Amt des Volkstribuns. Oft als bloßer Erfüllungsgehilfe Caesars oder Crassus' geschildert, spielte er in Wahrheit wohl eine weit eigenständigere Rolle. Clodius hatte sich einen eigenen Einflussbereich verschafft und stützte sich vor allem auf die Agitation und Organisation der einfachen Massen. Sein Aufstieg kann als Folge der Auflösung des Klientelwesens und der traditionellen Formen der politischen Konfrontation verstanden werden, die durch das erste Triumvirat noch verschärft wurden. Die drei Feldherren gründeten ihre Macht auf die Stärke ihrer Truppen; die Optimaten waren nach wie vor in der Lage, die Wahlversammlungen zu manipulieren – das letzte Feld, das in dieser Situation des Verfalls der *res publica* zu besetzen blieb, war das der Agitation der verarmten Stadtbevölkerung. Diese *plebs* war nicht länger bereit, dem Diktat der herrschenden Klassen bedingungslos zu folgen.

Die Frage, wie sich Clodius' Anhängerschaft zusammensetzte, ist viel diskutiert worden. Cicero stellt sie, wie nicht weiter verwunderlich, als eine große Bande von Habenichtsen mit ausgeprägter krimineller Neigung dar. Besonders hebt er die von Clodius' Bewegung ausgehende Gefahr eines Sklavenaufstandes hervor. Tatsächlich rekrutierten sich die Gefolgsleute des adligen Volkstribuns aus Freigelassenen und aus Arbeitslosen, die durch die massenhafte Zuwanderung aus den ländlichen Gebieten ihre Einkommensquelle verloren hatten. Dazu kamen Arbeiter, Handwerker und kleine Kaufleute, viele von ihnen aus dem Sklavenstand – Angehörige des städtischen Proletariats also, die oft nicht das Nötigste zum Leben hatten und von den Schwankungen der Lebensmittelpreise besonders betroffen waren. Clodius war es anscheinend gelungen, sich die Gefolgschaft derjenigen Schichten zu sichern, auf deren Unterstützung Catilina vergeblich gehofft hatte.

Zu den ersten Amtshandlungen des Volkstribuns gehörte die Wiedereröffnung der *collegia*, die vom Senat vor Jahren als potentielle Unruheherde geschlossen worden waren. Diese Vereinigungen des städtischen Proletariats waren nach Wohnvierteln organisiert (in jüngerer Zeit wurde diese Annahme jedoch in Zweifel gezogen). Anfangs dienten sie offenbar vor allem kultischen und berufsständischen Zwecken und umfassten bedürftige Freie, aber auch Freigelassene und Sklaven. Ihre Schließung durch die Optimaten deutet darauf hin, dass sie sich mit der Zeit zu einer festen Organisationsform der verarmten urbanen Massen entwickelt hatten, die ihren Mitgliedern elementare Formen sozialer Sicherung auf Solidaritätsbasis boten. Falls die *collegia* tatsächlich über ein dichtes ortsbezogenes Organisationsnetz verfügten, ließ sich durch diese Vereinigungen in kürzester Zeit eine große Anzahl Menschen mobilisieren. Unklar ist, welche Rolle die *collegia* bei der Anwerbung von Clodius' Gefolgsleuten, den sogenannten *operae*, spielten (ein Ausdruck, der unter anderem Tagelöhner, aber im negativen Sinne auch so etwas wie »Spießgesellen« bezeichnen kann). Möglicherweise bildeten sie nur das »ideologische Terrain«, aus dem Clodius die Männer für seine paramilitärischen Verbände bezog. Sie verfügten über eine meist improvisierte Bewaffnung, zettelten Tumulte an, waren für Übergriffe auf Magistrate und politische Gegner verantwortlich und störten den geordneten Ablauf von Wahlversammlungen. Auf diese Banden gestützt, brachte Clodius (der darüber hinaus mit den Konsuln Gabinius und Piso paktierte) binnen kurzem faktisch die gesamte Stadt unter seine Kontrolle.

Wie fast alle Verfechter radikaler Reformen sah sich Clodius zur Anwendung von Gewalt als Mittel im politischen Kampf gezwungen, da die bestehenden Strukturen ausschließlich die Interessen der Herrschenden schützten (was im wesentlichen Ciceros Definition der idealen Verfassung in *De re publica* entspricht). Begünstigt wurde die Gewalt auf den Straßen aber auch durch die enorme Bevölkerungsdichte Roms. Große Menschenmassen lebten unter elenden Bedingungen auf engstem Raum. Aufgrund des überkommenen Verbots bewaffneter Milizen innerhalb der Stadtmauern gab es auch keinen Polizeiapparat, der die Massen wirkungsvoll hätte kontrollieren können.

Eine weitere Maßnahme, die in den Beginn seines Tribunats fiel, war das von Clodius eingebrachte Gesetz zur kostenlosen Verteilung von Getreide an alle Bürger der Stadt. Von dieser Maßnahme profitierte nicht nur das römische Proletariat, sondern weite Teile der Bevölkerung. Die Folge war, dass immer mehr Besitzlose aus dem Umland nach Rom abwanderten und das Reservoir, aus dem Clodius seine bewaffneten Gefolgsleute rekrutierte, stetig wuchs. Darüber hinaus trug das Gesetz dazu bei, dass viele Sklaven von ihren Besitzern freigelassen wurden, um sie nicht mehr selbst versorgen zu müssen. Schließlich führte es auch zu einem Nachlassen der ohnehin nicht mehr sehr engen Bindung der einfachen Bevölkerung an ihre adligen Klientelherren. In gewisser Hinsicht stieg nun Clodius selbst zum »Patron« aller Plebejer Roms auf.

Das Getreidegesetz war ein äußerst geschickter Schachzug, denn es verschaffte Clodius die Gunst des einfachen Volkes, wahrte aber gleichzeitig die Interessen des Senats und der Besitzenden, da es keine Landenteignungen vorsah. Damit unterschied es sich von den Ackergesetzen, wie sie zuletzt von Caesar eingebracht worden waren und die eine Umverteilung von Grund und Boden zugunsten des städtischen Proletariats vorsahen. Ziel dieser Reformen war es gewesen, die – politisch unberechenbaren – Massen zur Abwanderung aus der Hauptstadt zu bewegen und in bestimmten Gebieten Italiens eine neue Schicht von Kleinbauern zu schaffen.

Auch nach seinem Ausscheiden aus dem Tribunat konnte sich Clodius auf eine schlagkräftige, gut organisierte Anhängerschaft von beachtlichem Ausmaß stützen und so weiterhin eine führende Rolle in der römischen Politik spielen. Er blieb jedoch an die sozialen Schichten, die seinen Aufstieg ermöglicht hatten, gebunden, denn er verdankte seinen Einfluss hauptsächlich der Verquickung seiner persönlichen Machtinteressen mit der Sache der *libertas*, der Freiheit des Volkes. Clodius bot den urbanen Massen eine Art kollektiver Identifikationsfigur. Der Tribun benannte die Feinde, die es gemeinsam zu hassen galt, und sorgte auch für die angemessenen Formen kollektiver Willensäußerung und politischer Aktion.

So beachtlich das Ausmaß von Clodius' Erfolg war, von so kurzer Dauer war dieser auch. Getrieben von der Notwendigkeit, sich als Führer der römischen *plebs* zu beweisen und gleichzeitig Teile der Senatorenschaft für sich zu gewinnen, griff Clodius noch während seiner Amtszeit die Triumvirn an. Er warf ihnen vor, »falsche Popularen« zu sein, denen es nur um die eigene Macht gehe, deren Politik aber dem römischen Volk kaum Nutzen bringe. Seine Kritik richtete sich vor allem auf die Ordnung der eroberten kleinasiatischen Gebiete durch Pompeius, die Caesar in seinem Konsulat bestätigt hatte. Nicht zufällig war unter Clodius' Gesetzen neben einigen, welche die Macht der Magistrate zugunsten der Volksversammlung einschränkten, auch eines, das deren Befugnisse in außenpolitischen Fragen stärkte. Die Bedrohung, die von Clodius' Anhängern ausging, wurde so akut, dass Pompeius, der größte Feldherr Roms, genötigt war, sich vor ihren Angriffen und Provokationen in seinem Hause zu verschanzen. Aus Sorge, die Kontrolle über Clodius gänzlich zu verlieren, gaben die

Triumvirn schließlich einer politischen Wende ihre Zustimmung, die zur Rückberufung des zwischenzeitlich aus der Hauptstadt verbannten Cicero führte.

Cicero im Exil

Ende Januar des Jahres 58 hatte Clodius ein Gesetz eingebracht, die *Lex Clodia de capite civis Romani*, das mit Verbannung belegte, wer einen römischen Bürger ohne Gelegenheit zur Appellation an die Volksversammlung zum Tode verurteilte. Damit wurde der verfassungsrechtliche Konflikt zwischen der Unverletzbarkeit der bürgerlichen Rechte und der Übertragung unumschränkter Gewalt an die Konsuln durch das *senatus consultum ultimum* auf juristischer Ebene erneut virulent. Cicero musste sich von dieser Entwicklung direkt bedroht fühlen und versuchte anfangs, die Öffentlichkeit für sich zu mobilisieren. Zahlreiche Senatoren und Ritter erschienen in Trauerkleidung, um ihre Solidarität mit dem Retter des Staates zum Ausdruck zu bringen. Einige Optimaten, darunter auch Hortensius, legten Cicero indes nahe, freiwillig ins Exil zu gehen, wohl weil sie den Ausbruch offener Auseinandersetzungen fürchteten. Die Senatsaristokratie konnte kein Interesse an einer solchen Auseinandersetzung haben, denn die Popularen hätten bei dieser Gelegenheit sehr wahrscheinlich die politischen und verfassungsmäßigen Vorrechte des Senats zum Streitgegenstand gemacht.

Die Triumvirn rührten keinen Finger, um Cicero beizustehen. Möglich ist, dass Caesar und Pompeius, da es ihnen nicht gelungen war, Cicero zu einer Unterstützung oder auch nur zu einer Duldung ihrer Politik zu bewegen, bei seiner Verbannung ihre Hände im Spiel hatten. Vielleicht kam Clodius' Aktion den Triumvirn aber auch zuvor. Dieser konnte mit seinem Angriff auf den Konsul des Jahres 63 seine Stellung bei der *plebs* festigen und alte Rachegelüste befriedigen, indem er das Schlagwort der *libertas populi* bediente, die es gegen Übergriffe der Magistrate zu verteidigen galt. Am schwersten ist Caesars Verhalten in der Sache einzuschätzen. Einerseits ließ er erkennen, dass er ein Vorgehen gegen Cicero nicht billigte. Andererseits stand er kurz vor der Abreise nach Gallien, und es war damit zu rechnen, dass Cicero in seiner Abwesenheit versucht hätte, Caesars Ackergesetz aus dem Jahr 59 aufheben zu lassen. Eine Entfernung Ciceros aus der Hauptstadt konnte Caesar also durchaus gelegen sein.

Von Mutlosigkeit ergriffen, verließ Cicero unmittelbar vor der offiziellen Bestätigung der *Lex de capite civis Romani* die Stadt. Kurz darauf wurde zusätzlich eine eigens gegen den ehemaligen Konsul gerichtete *Lex de exsilio Ciceronis* verabschiedet. In ihrer abschließenden Form besagte sie, dass der Verbannte sich nicht weniger als 500 Seemeilen von Rom entfernt aufhalten dürfe. Jeder, der seine Rückberufung verlange, hatte mit schweren Sanktionen zu rechnen. Wahrscheinlich war die Vorlage das Ergebnis eines Kompromisses zwischen Clodius und der Senatsaristokratie. Ihr Text enthält einen Hinweis darauf, warum auch der Senat Cicero seinem Schicksal überließ. Indem das Gesetz die alleinige Verantwortung für die standrechtliche Hinrichtung der Catilinarier dem Konsul zusprach, wurde die Senatsmehrheit, die seine Entscheidung gebilligt hatte, von jeder Mitschuld freigesprochen. Die Autorität des obersten Beschlussgremiums der Republik blieb also nicht unangetastet.

Ciceros Vermögen wurde konfisziert, sein Haus auf dem Palatin dem Erdboden gleichgemacht; zu schweren Verwüstungen kam es auch auf Ciceros Gütern in Formia und Tuskulum. Auf Teilen des Grundstücks auf dem Palatin ließ Clodius einen Gebäudekomplex errichten, in dessen Mitte sich ein Heiligtum der Libertas erhob. Schon früher war man auf diese Weise mit dem Besitz ehemaliger Mitbürger verfahren, die man zu Staatsfeinden erklärt hatte.

Cicero, der unter dem Schutz zahlreicher Freunde stand, verbrachte die Zeit seines Exils in Wirklichkeit in geringerer Entfernung von Rom, als im Gesetz angeordnet war, zunächst vor allem in Thessalonike, dann in Dyrrhachium, am jenseitigen Adriaufer gegenüber Brundisium. Dennoch war das Exil für ihn eine Zeit tiefer Bedrückung, vermehrt durch finanzielle Schwierigkeiten (in denen Atticus ihn unterstützte), sowie der Spannungen im Verhältnis zu Verwandten und Freunden. Cicero begann – ob zu Recht oder Unrecht, sei dahingestellt –, alle, die ihm zum Verlassen der Stadt geraten hatten, als potentielle Verräter zu betrachten. Er bereute, überstürzt aus Rom geflohen zu sein, ohne vorher den Kampf mit Clodius aufgenommen zu haben.

Der Mangel an Haltung, mit dem Cicero sein Exil ertrug, ist seit der Antike immer wieder getadelt worden. Man muss sich jedoch vor Augen halten, in welch nahezu ausweglosen Situation sich der ehemalige Konsul befand, dessen Verdienste um die Republik vergessen schienen. Stattdessen hatte ihn das in römischen Augen besonders schimpfliche Verdikt der Verbannung an die Grenzen des

Imperiums ereilt. Auch Ovid und Seneca bewiesen in vergleichbarer Situation keine größere Seelenruhe.

Wie bereits angedeutet, begann sich die Lage zu entspannen, als Pompeius die Geduld mit Clodius' eigenmächtigem Handeln verlor und, ohne auf den abwesenden Caesar Rücksicht nehmen zu müssen, eine Wiederannäherung an die Optimaten-Partei im Senat einleitete. Zunächst verhinderten die blutigen Unruhen, die von Clodius' Banden angezettelt wurden, die Frage einer Rückberufung Ciceros auf die Tagesordnung zu setzen. Noch brisanter wurde die Lage dadurch, dass ein Anhänger der Optimaten, Annius Milo, in der Auseinandersetzung mit Clodius ebenfalls bewaffnete Verbände aufstellte. Schließlich griff auch der Tribun Publius Sestius zu diesem Mittel, und in den Straßen Roms kam es zu blutigen Scharmützeln zwischen den verfeindeten Lagern.

Den Ausschlag für Ciceros Rückberufung gab wahrscheinlich eine Initiative auf politischer Ebene, die von Cicero selbst und seinen Freunden ausging und von Pompeius wesentlich mitgetragen wurde. Ihr wichtigstes Instrument war ein Appell an die öffentliche Meinung ganz Italiens, eine Instanz, der Cicero schon vor seinem Konsulat stets große Aufmerksamkeit gewidmet hatte. Gegen Clodius und seinen Pöbel wandte der ehemalige Konsul sich nun an die Kräfte, die in seinen Augen das »wahre« römische Volk repräsentierten: die Elite der Besitzenden, Amtsträger und Notabeln in den Munizipien. Die Bürger der Bundesgenossenstädte und einiger Provinzen bekundeten daraufhin ihre Unterstützung für Cicero, und am 4. August 57 wurde ein Gesetz beschlossen, das seine Rückkehr nach Rom und die Rückgabe der konfiszierten

Güter gestattete. Einen Tag später ging Cicero in Brundisium an Land. Binnen eines Monats war er wieder in Rom. Seine Reise durch Süditalien schildert er als einen nicht enden wollenden Triumph. »Auf Italiens Schultern«, so konnte Cicero schreiben, war er zurückgekehrt. In diesen Solidaritätsbekundungen sah der Konsul des Jahres 63 sein politisches Ideal vom *consensus omnium bonorum* Wirklichkeit geworden.

Ciceros neue Politik

Die Reden nach der Rückkehr aus dem Exil

Anfang September 57, unmittelbar nach seiner Rückkehr nach Rom, hielt Cicero zwei Dankesreden, vor dem Senat und vor der Volksversammlung. In der *Oratio post reditum* vor dem Senat dankt er allen, die seine Rückkehr möglich gemacht hatten. Neben Pompeius und dem Konsul Lentulus erwähnt er vor allem die tatkräftige Unterstützung durch Milo und Sestius. Um die Feierlichkeit des Augenblicks zu unterstreichen, trug Cicero anders als gewohnt den Text der Rede nicht frei vor, sondern las vom Blatt (vgl. *Rede für Plancius*, 74). Das *exordium* ist in langen, getragenen Sätzen formuliert und enthält zahlreiche rhetorische Figuren. Im Verlauf der Rede ändert Cicero die Tonlage und greift zum Mittel sarkastischer Ironie, trotz einiger allgemeiner Spitzen gegen den Übereifer der Tribunen greift er Clodius jedoch nicht direkt an. Noch zieht er es vor, Angriffe gegen Gabinius und Piso zu richten, die sich im Tausch gegen die Zuteilung der von ihnen angestrebten Provinzen – in denen sie sich zum Zeitpunkt von Ciceros Rede aufhielten – von Clodius willig hatten instrumentalisieren lassen. Gabinius wird wie ein typischer Anhänger Catilinas präsentiert, dem nicht nur sein Vermögen, sondern auch sein Ehrgefühl abhandengekommen ist. Von Ausschweifungen gezeichnet, vom Weingenuss immerfort benebelt, gilt Gabinius' größte Sorge seinem weibisch eleganten Äußeren. Das genaue Gegenteil verkörpert – zumindest dem Anschein nach – sein Kollege Piso. Mit zur Schau getragener *tristitia* und *gravitas* versuche er dem Bild eines Römers von echtem Schrot und Korn zu entsprechen, sei in Wahrheit aber ein politischer Niemand, der seine privaten Entgleisungen mit der Berufung auf die epikureische Genusslehre bemäntele. Das Bild, das der Redner dabei von der Ethik Epikurs vermittelt, ist – da es satirischen Zwecken dient – grob verzeichnet, entspricht aber Ciceros mehrfach geäußerter ablehnender Haltung gegenüber dem Epikureismus. Wie schon in der *Rede für Murena* zeigt sich hier und in einigen anderen zu dieser Zeit entstandenen Reden sein Interesse für ethisch-philosophische Fragen.

Vor dem Senat lässt Cicero es sich nicht nehmen, ausführlich zu rechtfertigen, warum er freiwillig ins Exil gegangen ist, statt den Kampf gegen seine Gegner aufzunehmen. Mit großer rhetorischer Überzeugungskraft bringt er das eigene Los eng mit dem Schicksal der *res publica* in Zusammenhang und verweist auf die Gefahr allgemeiner Unruhen, die ein bewaffneter Widerstand bedeutet hätte. Vor der Volksversammlung (Rede *Post reditum ad Quirites*) nimmt Cicero die Hauptthemen der Ansprache vor dem Senat mit ähnlichen Worten wieder auf.

Versuche, in den Reden *post reditum* die Merkmale einer »Senats-Rhetorik« bzw. einer »Rhetorik fürs Volk« auszumachen, haben zu keinen konkreten Ergebnissen geführt; im großen und ganzen überwiegen die Ähnlichkeiten, auch wenn Cicero in den Senatsreden ganz allgemein weniger auf die Ausschmückung des Textes Wert legt und eine klare Darlegung im Vordergrund steht. Andererseits nimmt dort persönliche Polemik großen Raum ein (wie im konkreten Fall gegen Gabinius und Piso). Die Angriffe fallen zum Teil ausgesprochen heftig aus. Cicero setzt hier auf eben das Mittel emotionaler Erregung, das man gemeinhin – verleitet von Äußerungen des Theoretikers Cicero – den Reden vor der Volksversammlung zuschreibt.

Selbstverständlich kalkuliert Cicero das Publikum, vor dem er spricht, in die Wahl der rhetorischen Mittel und der anzuschlagenden Tonart sorgfältig ein. So klingt in der Rede vor der Volksversammlung die Polemik gegen Gabinius und Piso gemäßigter als in der Ansprache vor dem Senat; umgekehrt fällt das Lob für Pompeius, welcher im Volk deutlich beliebter war als bei der Mehrheit der Senatoren, dort stärker aus. Gleichzeitig formuliert Cicero dort eine diskrete Aufforderung an den Feldherrn, von den beiden übrigen Triumvirn abzurücken und im Verbund mit den »gesunden« Kräften der *res publica* eine führende Rolle im politischen Geschehen zu übernehmen.

Am Ende der Rede *Ad Quirites* geht Cicero auf das Beispiel eines anderen bekannten Exilierten ein, den er bereits in der Senatsrede zitiert hatte: Gaius Marius – wohl wissend, dass er damit die Sympathien seiner Zuhörerschaft treffen würde. Im Unterschied zu Marius hingegen, der ein Mann der Waffen und des Krieges gewesen sei, gehe es ihm, Cicero, dem nur die Macht der Worte und die Kraft der Überzeugung zu Gebote stünden, zuallererst um *pax* und *otium* – womit noch einmal die Schlagworte aus der Konsulatszeit genannt werden. Anders als Marius es getan hatte, hege Cicero deshalb kein Verlangen nach Rache und wolle seine Person allein in den Dienst des Staates stellen. Auch wenn diese Versicherungen in großem Maße den Umständen geschuldet gewesen sein dürften, widersprachen sie dennoch Ciceros innerster Überzeugung keineswegs. Noch in *De officiis* fordert er von allen Politikern eine

Bereitschaft zum Dienst am Gemeinwesen ohne Ansehen der eigenen Person, wie er sie hier vor der Volksversammlung für sich in Anspruch nimmt.

Die Rede *De domo sua*

Mit dem Ziel, gewalttätigen Protesten gegen einen plötzlichen Anstieg der Lebensmittelpreise zu begegnen, beantragte Cicero mit Erfolg, Pompeius für die Dauer von fünf Jahren die Überwachung der Lebensmittelversorgung (*cura annonae*) zu übertragen. Das Amt wurde einem von Clodius' engsten Verbündeten entzogen, so dass Cicero auch einen Erfolg gegen seinen Intimfeind verbuchen konnte (der ungefähr zur gleichen Zeit öffentlich die Gewährung einer *supplicatio*, eines Dankfestes für die Götter, zur Feier der Siege Caesars in Gallien forderte). Vor allem aber konnte er auf diese Weise seine Dankbarkeit gegenüber Pompeius beweisen, dessen Position im Machtgefüge der Triumvirn mit der Übernahme eines derart wichtigen Amtes gestärkt wurde. Das Manöver erweist sich als besonders geschickt, wenn man bedenkt, dass dieser durch Ciceros Zutun eine zivile Funktion erhielt, während andere seiner Anhänger versuchten, Pompeius' militärische Befugnisse auszudehnen – begreiflich, dass der Senat, der gewöhnlich der Übertragung derartiger Machtvollkommenheiten ablehnend gegenüberstand, im Fall der *cura annonae* Ciceros Initiative widerspruchslos billigte.

Wie es scheint, verbreitete Clodius unterdessen in den Kreisen der Nobilität die Ansicht, Cicero untergrabe mit seiner Politik zugunsten des Pompeius die Autorität des Senats. Cicero trat diesem Verdacht in seiner am 30. September vor dem Priesterkollegium der *pontifices* gehaltenen Rede *De domo sua* (Über das eigene Haus) entgegen. Formaler Anlass der Rede war das Verfahren zur Außerkraftsetzung der durch Clodius vorgenommenen Weihung eines Teils von Ciceros Privatgrundstück auf dem Palatin, das Cicero angestrengt hatte, um sein zerstörtes Haus wieder aufbauen zu können. *De domo sua* zählt zu Ciceros besten Reden und stellt, gefolgt von der *Rede für Sestius*, sein wichtigstes politisches Manifest aus dieser Zeit dar. Aus einem Brief an Atticus (IV, 2, 2) wissen wir, wie viel Cicero daran lag, dass sie von der römischen Jugend gelesen würde. Dies lässt die Bedeutung erkennen, die er den negativen Tendenzen bei einigen Teilen der Jugend beimaß. Mit etwas anderer Akzentsetzung kehrt die Thematik in den kurze Zeit später entstandenen Reden für Sestius und für Caelius wieder.

Bevor Cicero sich der eigentlichen Frage der Rechtsgültigkeit des Weiheaktes zuwendet, verteidigt er seinen Vorschlag, Pompeius die *cura annonae* zu übertragen. Die Verantwortung für die derzeitige Krisenlage sieht er bei Clodius und stellt eingehende Betrachtungen über sein eigenes Exil und dessen Auswirkungen auf die römische Politik an (§ 3–31). Die gesamte Passage gibt sich bewusst als improvisiertes Vorspiel zum Hauptthema der Rede (Quintilian zollte Cicero für Redeauftakte dieser Art später seine Bewunderung). Die Schilderung der Senatssitzung, in der Pompeius die neuen Vollmachten übertragen wurden, ist sicher nicht allein für das anwesende Priesterkollegium bestimmt, sondern für einen breiteren Adressatenkreis (schon zuvor hatte Cicero Dokumente aus seiner Konsulatszeit in Umlauf gebracht und damit in gewisser Hinsicht

Caesars Veröffentlichung von Senatsprotokollen aus dessen Konsulatsjahr 59 vorweggenommen). Er lässt noch einmal Revue passieren, wie es zu der Lebensmittelknappheit kommen konnte, und bezichtigt Clodius, die daraufhin spontan ausgebrochenen Tumulte angeheizt zu haben. Dann erinnert er daran, dass es im Sommer, kurz nachdem der Senat ihn aus dem Exil zurückgerufen hatte, zu Preissenkungen gekommen war. Im Bewusstsein, vor einer religiösen Körperschaft zu sprechen, will er indes hierin nicht eigenes Verdienst, sondern das Wirken der Götter erkennen, die ihre Zustimmung zu seiner Rückkehr kundtun wollten. Andere Beobachter, so fügt er allerdings hinzu, hätten ganz diesseitig darauf hingewiesen, seine Rückkehr nach Rom habe die Aussichten auf Ruhe und Frieden gestärkt, die während seiner Abwesenheit der Angst vor Unruhen und Konflikten gewichen seien; die Ursache des Wiederanstiegs der Lebensmittelpreise sei folglich in Clodius' neuerlichen Angriffen zu suchen.

Gegenüber Atticus beharrt Cicero darauf, in *De domo sua* habe echte Betroffenheit (*animi dolor*) seinen Worten ihre Überzeugungskraft verliehen. Hieraus erklärt sich etwa der hohe Ton in der feierlichen *peroratio* am Schluss der Rede, in der Cicero sich an die Schutzgötter der Stadt Rom wendet. Mit besonderer rhetorischer Vehemenz sind die Angriffe gegen Clodius formuliert. Sie lassen schwerste Zweifel an dessen persönlicher Integrität durchblicken, die bis zum Vorwurf des Inzests mit der eigenen Schwester reichen. Ähnlich engagiert klingen die Passagen, in denen Cicero das Klima allgemeiner Verunsicherung beklagt, das die Folge von Clodius' Auftreten gewesen sei. Cicero stellt Clodius' gesamtes Handeln als illegitim hin, angefangen bei seinem Wechsel in den Plebejerstand bis hin zum Verbannungsdekret gegen ihn selbst, das von Clodius in die Volksversammlung eingebracht worden war. Unter dem Anschein, entsprechende Vorwürfe entkräften zu wollen, geht Cicero schließlich auf Gerüchte ein, Caesar sei in die Pläne des Tribuns eingeweiht gewesen.

Virtuos wechselt Cicero im Verlauf der Rede die Tonlage. Mit rhetorischem Pathos formulierte Passagen stehen neben Abschnitten voll beißendem Sarkasmus gegen Clodius und seine Entourage. Zielsicher macht sich Cicero über die Adoption des fünfunddreißigjährigen Senators durch einen zwanzigjährigen Plebejer lustig, der seinen Adoptivsohn unmittelbar danach schon wieder aus der *patria potestas* entlässt. Mehrfach erinnert er an den *Bona Dea*-Skandal, um Clodius – der sich nun zum Bewahrer geweihten Götterbesitzes aufspiele – als notorischen Kultschänder zu geißeln. Ein Meisterstück literarischer Satire ist die Schilderung des Lucius Pinarius Natta. Aufgrund verwandtschaftlicher Beziehungen zu Clodius hatte dieser sich als jüngstes Mitglied des Priesterkollegiums der *pontifices* dazu hergegeben, die Weihehandlung zu vollziehen, die einen Teil von Ciceros Grundstück dem profanen Gebrauch entzog. Seine Jugend und Unbedarftheit bewahrten ihn nicht vor Ciceros scharfzüngigem Spott.

Mehrfach betont Cicero, dass eine Anerkennung des von Clodius veranlassten Weiheaktes verdeckten Enteignungsverfahren wie diesem Tür und Tor öffnen würde. An manchen Stellen formuliert er seine Mahnung offenbar nicht allein an die Adresse des Kollegiums der römischen *pontifices*, sondern zugleich an das Publikum seiner Leser. Bei allem Respekt für die Kultgesetzgebung und die priesterliche

Würde ihrer Vertreter macht er unmissverständlich klar, dass die formale Einhaltung sakraler Vorschriften keinen Vorrang vor zivilrechtlichen Tatbeständen haben dürfe, hier also der Eigentumsfrage.

Was sein Verbannungsdekret angeht, so vergleicht er es bewusst mit den unter Sulla verfügten Proskriptionen. Offenbar geht es Cicero darum, bei Lesern aus den bürgerlichen Schichten die Angst vor einer Welle ähnlicher Enteignungsmaßnahmen zu schüren. Wenn es schon ihm, dem ehemaligen Konsul, der über ein enges Netz hochgestellter Freunde und Gönner verfügte, nicht gelungen war, sich gegen Clodius' demagogische Angriffe zur Wehr zu setzen, wer sollte Bürger ohne politische Beziehungen vor dergleichen Willkürakten schützen? Was Cicero hier heraufbeschwört, ist das Gespenst der Ausplünderung der Begüterten durch die Masse der Besitzlosen. In Verbindung mit der Unberechenbarkeit rettungslos verschuldeter Adliger hatte diese Bedrohung schon beim Umsturzversuch Catilinas eine gefährliche Mischung ergeben.

Die philosophische Deutung des Exils

Eng verflochten mit Ciceros Angriffen auf Clodius in *De domo sua* ist eine Erklärung, warum er das Exil gewählt habe, wie Cicero sie in den Reden seit seiner Rückkehr so noch nicht formuliert hatte. Sie läuft im wesentlichen darauf hinaus, er sei nie wirklich aus der Stadt verbannt gewesen. Das »wahre« Volk von Rom – das mit Clodius' Kriminellenbanden nichts zu schaffen habe – stand immer auf seiner Seite. Deshalb, so Cicero, sei mit ihm die gesamte *res publica* aus Rom verbannt worden.

Wie schon zuvor stellt Cicero seine freiwillige Abreise als einen Dienst am Staate und an den Gutgesinnten (*boni*) dar, eine Art Opfer (*devotio*) zum Wohle des Gemeinwesens. Wiederum macht er geltend, dass zum damaligen Zeitpunkt eine bewaffnete Auseinandersetzung niemandem genutzt hätte. Die Konsuln hätten auf der Seite der *inprobi* gestanden, höchstwahrscheinlich wäre es zu Unruhen gekommen; schließlich wäre die *res publica* in die Hand der Sklaven geraten (Cicero greift in seiner Auseinandersetzung mit Clodius mehrfach auf dieses Argument zurück, das seine Abschreckungskraft der tiefsitzenden Angst der römischen Oberschicht verdankte). Es ist offensichtlich, dass Cicero mit der rhetorischen Verbrämung seines Verzichts auf den bewaffneten Kampf, die sich in den Reden aus dieser Zeit regelmäßig findet, die politische Isolation zu kaschieren sucht, in die er geraten war. Es war diese Erfahrung, aus der Ciceros Forderung nach einem neuen *consensus* erwuchs, die in der *Rede für Sestius* am deutlichsten formuliert wird.

Von den vorherigen Selbstrechtfertigungsversuchen unterscheidet sich die in *De domo sua* vorgetragene Variante durch die Originalität, mit der Cicero den Vorwurf, er habe den Schicksalsschlag des Exils mit mangelnder Gefasstheit aufgenommen, zu seinen Gunsten wendet. Dabei handelt es sich nicht einfach um eine beliebige rhetorische Volte, sondern um das Ergebnis einer philosophischen Aufarbeitung seiner Exilerfahrung, die auch in seinen späteren Schriften Spuren hinterlassen hat. Das Exil, so Cicero, habe ihn gezwungen, auf alles zu verzichten, was sein erfülltes und abwechslungsreiches Leben bisher ausmachte. Der Schmerz, den er dabei empfand (und der ihm, wie er später an Atticus schrieb, die Worte von *De domo sua* eingab), ließ ihn begreifen, dass er nicht in der Lage war, einen solchen Verlust mit derselben Ungerührtheit zu ertragen, wie sie die Weisheit eines Stoikers verlangt hätte. Cicero betont die Berechtigung, sich in seinen Reaktionen von einem *sensus communis* leiten zu lassen, für den die Wechselfälle des Lebens durchaus nicht »indifferent« sind, wie es die stoische Affektenlehre definierte (Ciceros Ansatz entspricht hier eher der akademisch-peripatetischen Tradition). Im Gegenteil würde es seine Verdienste um die *res publica* schmälern, hätte er sein Exil ungerührt auf sich genommen. Die Größe seines Opfers bemesse sich gerade an der Größe des Verlustes, der in seiner Schwere durch nichts zu leugnen sei. Die Ungerührtheit eines Menschen, der keinen Schmerz fühlt, wenn man ihn verbrennen und in Stücke hauen würde, sei dagegen keine Tugend, sondern ein Zeichen gefühlloser Abgestumpftheit.

Die Erfahrung des Exils löste in Cicero einen Reflexionsprozess aus, der sich nicht nur in seinen philosophischen Schriften niederschlagen wird. Schon kurz nach *De domo sua* nimmt er das Thema in der *Rede für Caelius* wieder auf, wo in halb scherzhaftem Ton die Unzeitgemäßheit der strengen stoischen Ethik aufs Korn genommen wird. In einer den Freuden des Lebens gegenüber aufgeschlossenen Gesellschaft hat sie ihre Brauchbarkeit verloren.

Die politischen Wirren des Jahres 56

Der Wiederaufbau von Ciceros Anwesen auf dem Palatin kam nur schleppend voran, wozu auch die Überfälle von Anhängern des Clodius auf die Baumannschaft ihren Teil beitrugen. Im November 57 wurde Cicero selbst Ziel eines Angriffs auf offener Straße, dem er sich nur durch die Flucht in ein nahe gelegenes Haus entziehen konnte. Ende Januar 56 wurde Clodius zum Ädilen gewählt; seine Bemühungen, Milo, der während seines Tribunats Anführer der optimatischen Straßenbanden gewesen war, vor Gericht zu bringen, führten zu einer weiteren Verschärfung der Auseinandersetzung.

Ungefähr zur selben Zeit entzündete sich eine Debatte über die römische Ägypten-Politik: König Ptolemaios Auletes, der von seinen eigenen Untertanen aus dem Land gejagt worden war, hatte in Rom Zuflucht gesucht, weil er hoffte, durch eine römische Militärintervention auf seinen Thron zurückkehren zu können; als Kommandeur eines solchen Unternehmens wurde Pompeius gehandelt. Ägypten verfügte über reiche Ressourcen: Wer das Land am Nil unter seine Kontrolle brachte, konnte erheblichen Einfluss auf das politische Kräfteverhältnis in Rom gewinnen. Die Bedenken der Senatsaristokratie verhinderten deshalb vorerst eine Entscheidung, doch wurden die Diskussionen von gewaltsamen Einschüchterungsversuchen und Übergriffen auf eine ägyptische Gesandtschaft von Gegnern des Ptolemaios überschattet. Erheblichen Anteil an den undurchsichtigen Machenschaften dieser Monate hatte Marcus Caelius Rufus, der möglicherweise im Auftrag des Pompeius handelte und den Cicero bald darauf vor Gericht vertreten sollte.

Die erste Hälfte des Jahres 56 war von extremer politischer Unübersichtlichkeit geprägt. Die Spannungen zwischen den Triumvirn spitzten sich zu. Besonders der Dissens zwischen Caesar und Pompeius trat nun offen zutage.

Die Optimaten wirkten auf eine Verschärfung der Konflikte hin, in der Hoffnung, so die inoffiziellen Machthaber gegeneinander ausspielen zu können. Unterdessen wurde die Stadt von Tumulten und Demonstrationen gegen Pompeius erschüttert, die auf Clodius' Konto gingen. Im Gegenzug rief der Feldherr seine auf dem Land angesiedelten Veteranen zu den Waffen, damit sie die Aktionen Milos unterstützten. Im Februar ging Pompeius, in ständiger Angst vor einem Anschlag auf sein Leben, mit dem Verdacht an die Öffentlichkeit, Crassus wollte ihn mit Hilfe von Clodius ermorden lassen, hinter beiden aber stünden einflussreiche Kreise der Nobilität. In den Briefen aus dieser Zeit registriert Cicero mit Sorge, wie die Geschlossenheit der Optimaten mehr und mehr schwindet. Auch der Senat verfolge eine schwankende Politik; da er nicht mehr in der Lage sei, den Willen seiner Mitglieder zum Ausdruck zu bringen, verliere auch er seine politische Würde (*dignitas*).

Rede für Sestius

Den Versuch, zu einer grundlegenden Klärung der Verhältnisse zwischen den politischen Lagern zu gelangen und die konkurrierenden Gruppen innerhalb der römischen Gesellschaft eindeutig zu benennen, unternimmt Cicero in der *Rede für Sestius.* Publius Sestius, der seit dem Konsulat mit Cicero verbunden war, wurde von einem Strohmann aus Clodius' Umfeld vor Gericht zitiert, um seine Verstrickung in gewaltsame Vorfälle im Zusammenhang mit der Rückrufung Ciceros aus dem Exil zu klären, für die Sestius sich als Tribun stark gemacht hatte.

Fast die gesamte Senatsaristokratie stand hinter Sestius.

Zu seinen Verteidigern gehörten neben Cicero auch Crassus, Hortensius und Licinius Calvus, Persönlichkeiten, die politisch nicht unbedingt der Optimatenpartei im engeren Sinne zuzurechnen waren. Gerade die heterogene Zusammensetzung von Sestius' Unterstützerkreis schien die Chance zu einem breitangelegten Vermittlungsversuch zu bieten und eine Neudefinition der Aufgaben und Verpflichtungen der herrschenden Klasse in ihrer Gesamtheit zu ermöglichen.

Wie er es häufig tat, hielt Cicero das Schlussplädoyer, das ersparte ihm, auf die juristischen Details des Falles näher einzugehen; stattdessen konnte er die großen politischen Themen aufgreifen, die dem Verfahren seine besondere Relevanz verliehen. In einem *exordium*, das durch seine feierlich getragenen Satzperioden zu beeindrucken sucht, lässt er den Gefühlen des Schmerzes (*dolor*) und der gerechten Entrüstung ostentativ freien Lauf. Er beklagt die Schwäche derer, die die verfassungsmäßige Ordnung schützen wollten, und beschwört die Gefahr allgemeiner Einschüchterung herauf, die vom ungebremsten Agitationswerk des Clodius ausgehe, den er als »scheußliche und entmenschte Bestie« (§ 16) bezeichnet. Wer sich ihm in den Weg stelle, wie Sestius es gewagt habe, könne auf keine Unterstützung zählen. Im Zusammenhang mit der Schilderung von dessen bisherigem Verhalten kommt Cicero erneut auf sein Exil zu sprechen. Noch einmal bringt er die bekannten Vorwürfe gegen Clodius vor und greift Gabinius und Piso an, letzteren wegen seiner »epikureischen« Lebensweise. Ziemlich unverblümt macht Cicero deutlich, dass seines Erachtens das Bündnis der drei Triumvirn die Entstehung einer Situation begünstigt hat, in welcher

Gesetzlosigkeit und Gewalt zu alltäglichen Erscheinungen werden konnten. Da der Redetext wahrscheinlich erst einige Monate später in Umlauf gebracht wurde, als Cicero bereits vor den Triumvirn »kapituliert« hatte, ist davon auszugehen, dass die Kritik vor allem an Caesar in der ursprünglichen Fassung noch schärfer ausfiel.

Aus einigen Stellen der *Rede für Sestius* spricht das große Interesse, auf das die Verhandlung in der Öffentlichkeit stieß. Cicero schenkt der öffentlichen Meinung allenthalben große Aufmerksamkeit. So erinnert er an die Unmutsbekundungen gegen Clodius, zu denen es im Jahr 57 in den Theatern der Hauptstadt kam. Sie ließen sich als Forderung nach einer Rückrufung Ciceros aus dem Exil interpretieren, und vieles spricht dafür, dass sie von den Ädilen im Einvernehmen mit Pompeius und der Senatsmehrheit lanciert wurden. Man hatte Stücke auf den Spielplan gesetzt – einige von ihnen über hundert Jahre alt –, die an manchen Stellen auf die aktuelle Situation anzuspielen schienen. Diese Passage (§ 115–126) der *Rede für Sestius* stellt eine der wichtigsten Quellen zur gesellschaftlichen Funktion des Theaters im antiken Rom dar. Sie zeigt, dass das römische Publikum immer bereit war, potentielle Anspielungen auf das Tagesgeschehen in seinen Reaktionen aufzugreifen.

In der *peroratio*, dem Teil der Reden, in dem Cicero seine Kunst oft besonders zur Geltung bringt, griff er diesmal einen Aspekt auf, der sich unmittelbar auf das Verfahrenspublikum bezog. Wie einleitend geschildert (s. o. S. 22–26), gehörte es zu den Gepflogenheiten eines römischen Gerichtsverfahrens, dass der Angeklagte und seine Angehörigen mit den äußeren Zeichen der Trauer, vernachlässigter Kleidung, ungeschorenem Bart und ungepflegtem Haar zur

Verhandlung erschienen. Die von Sestius und seiner Familie zur Schau getragene Anfechtung überlagert sich in den Worten seines Verteidigers mit dessen eigener Stimmungslage im aufgezwungenen Exil. Am Ende hat es den Anschein, als sei es Cicero selbst, der vor Gericht stehe. Entsprechend pathetisch erklärt er seine Bereitschaft, das Schicksal derer zu teilen, die während seiner Verbannung für ihn eingetreten sind, und, wenn nötig, mit ihnen erneut ins Exil zu gehen.

Optimaten und Popularen

Jenseits solcher rhetorischen Bravourstücke hat die *Rede für Sestius* in der Forschung vor allem wegen des ausführlichen Exkurses über die Politik der Optimaten Interesse gefunden. Er enthält die wohl ausdrücklichste Formulierung von Ciceros neuem politischem Programm angesichts der Auflösung der *concordia ordinum* und der Erfahrung des Exils. Äußerer Anlass für seine Ausführungen ist der Wunsch, jungen Adligen oder Aufsteigern aus anderen Schichten, die in Gefahr geraten könnten, den Weg zum politischen Erfolg in der Aufwiegelung der Massen zu suchen, eine Mahnung zuteilwerden zu lassen. Aus Ciceros Worten ergibt sich, dass schon sein Vorredner Hortensius die Gelegenheit für eine ähnliche Ermahnung genutzt hatte – ein weiterer Hinweis, welches Gewicht die Frage der politischen und moralischen Erziehung der Jugend für das konservative Denken der späten Republik besaß. Das Thema spielt, wie erwähnt, in Ciceros Reden aus dieser Zeit eine zentrale Rolle; auch in *De re publica* wird Cicero der Erziehung des *princeps* große Bedeutung beimessen.

Seine Darstellung geht von einer von alters her bestehenden Aufteilung der römischen Bürgerschaft in *optimates* und *populares* aus, mit anderen Worten von der Entgegensetzung zwischen den Bewahrern der Ordnung und der Leitungsfunktion des Senats auf der einen und notorischen Unruhestiftern und Volksverführern auf der anderen Seite. Ob diese Frontstellung historisch tatsächlich »schon immer« bestand oder ob sie eine Rückprojektion der Zustände zur Zeit Ciceros darstellt, ob also mit den Begriffen *optimates* und *populares* gesellschaftliche Lager benannt wurden, die über die Epochen hinweg einen Grundbestand an politischen Zielen verfolgten, ist in der Forschung äußerst umstritten. Für unsere Zwecke genügt es, darauf hinzuweisen, dass zumindest Cicero es ganz offenkundig so gesehen hat.

Wie üblich blendet der Senator die ökonomischen und sozialen Motive der Aufwiegelung der Massen durch die Popularen vollständig aus. In seinen Augen ist sie nicht mehr als das Ergebnis einer selbstverschuldeten Bedürftigkeit derer, die nicht in der Lage sind, sich aus dem Elend zu erheben, und mit Neid auf den Wohlstand der anderen blicken. Möglicherweise spiele auch ein mehr oder weniger angeborener *furor* eine Rolle oder die Hoffnung, nur durch einen allgemeinen Umsturz der Verhältnisse die eigenen Verbrechen vergessen machen zu können. Cicero beschreibt den unaufhörlichen Kampf, der die Geschichte Roms durchzieht, als den Widerstreit zwischen der »Begehrlichkeit des Volkes« (*popularis cupiditas*) und der »Vernunft der führenden Staatsmänner« (*consilium principium*; *Pro Sestio* § 104). Als Kennzeichen der Politik der Popularen aller Zeiten betrachtet er Maßnahmen wie die Ackergesetze oder die Verteilung von Grundnahrungsmitteln durch die öffentliche Hand, die seines Erachtens nur das Nichtstun der *plebs* beförderten und zu einer Schwächung der Staatsfinanzen führten.

Bei aller grundsätzlichen Ablehnung einer Politik zugunsten der breiten Masse unterscheidet Cicero zwischen Popularen wie den Gracchen oder Saturninus und denjenigen, mit denen er es aktuell zu tun hat. Jene griffen die echten Bedürfnisse und Forderungen der untersten Bevölkerungsschichten auf und konnten deshalb auf eine verlässliche Unterstützung durch das einfache Volk setzen. Zur Zeit Ciceros hingegen habe der Lebensstandard der *plebs* ein zufriedenstellendes Niveau erreicht, und Agitatoren wie Clodius oder Catilina könnten sich nur noch auf Banden bezahlter Krimineller stützen. Cicero geht also davon aus, das einfache Volk stünde inzwischen auf der Seite der Optimaten (in dem Sinne, wie er unten erörtert wird), und alle, die sich als *populares* bezeichneten, verdienten diesen Namen nicht länger (hier ist eine direkte Linie zu Ciceros Selbstdefinition als »wahrer Freund des Volkes« zu erkennen, als er im Amt des Konsuls die Landreform des Rullus zu Fall brachte).

Gegen diese Sicht der Dinge ließe sich einiges einwenden, angefangen bei der Tatsache, dass das Vorgehen der Oberschicht gegen Gaius Gracchus und Saturninus, wie es per Senatsbeschluss angeordnet wurde, nur mit der schweigenden Zustimmung eines Großteils des städtischen Proletariats erfolgreich sein konnte. Dagegen hatte Clodius – auf welche Weise auch immer – die städtischen Unterschichten sehr viel enger an sich binden können. Überdies war zur Zeit Ciceros die Entfremdung der Bevölkerung von der politischen Klasse so weit fortgeschritten, dass der Senat weder den Mut noch die Möglichkeiten besaß, den Mob wirksam in seine Schranken zu weisen. Noch deutlicher wird diese Entfremdung, wenn man an die ungewöhnlich heftigen Ausschreitungen denkt, zu denen es nach Clodius' Ermordung kam und wie es sie weder beim Tod der Gracchen noch bei dem Attentat auf Saturninus gegeben hatte. Dennoch trifft Ciceros Analyse, selbst wenn man ihre Parteilichkeit in Rechnung stellt, den Kern des Problems, der in einem tiefgreifenden Verfall der Beziehungen der einfachen Bevölkerung zum politischen Führungspersonal bestand. Nur vor diesem Hintergrund erklärt sich der Aufstieg eines Mannes wie Clodius.

Einer radikalen Neubestimmung unterzieht Cicero in der *Rede für Sestius* den Begriff der »Optimaten«. Traditionell waren damit allein die politisch aktiven Angehörigen der konservativen Senatsaristokratie gemeint. Cicero dehnt ihn bewusst provokativ auf ein breites Spektrum verschiedener Schichten und gesellschaftlicher Gruppen aus, deren gemeinsames Merkmal darin besteht, ökonomisch und moralisch »gesund« (*integri et sani et bene de rebus domesticis constituti*; § 97) zu sein: Der Adel und der Ritterstand in ihrer Gesamtheit, aber auch die herrschenden Familien der Bundesgenossenstädte und die Landbevölkerung sowie »anständige« Arbeiter, kleine Handwerker und sogar Freigelassene gehörten dazu (eine Definition, die Cicero in dieser Breite jedoch später fallenließ). Bei aller Kontinuität zur Politik des Konsulatsjahres betont Cicero die gesamt-italische Dimension dieses *consensus*-Programms hier mit einem Nachdruck, den man in den Reden des Jahres 63 vergeblich sucht und der sich ohne Frage der landesweiten

Unterstützung verdankt, die er bei der Rückkehr aus dem Exil erfahren hatte.

Ciceros Definition des Verhältnisses von Senat und Volk bietet dagegen auf den ersten Blick nicht viel Neues. Die Aufsicht über die Staatsgeschäfte bleibt Privileg des Adels. In seiner Verantwortung liegt es, die Interessen der niederen Schichten zu wahren – und zwar so, wie er es für richtig hält. Das einfache Volk politisch zu mobilisieren oder auch nur der Versuch, es über das eigene Schicksal selbst entscheiden zu lassen, werden als Störmanöver dargestellt. Sie stören nur die Einhaltung des rechten Kurses, auf dem das Staatsschiff von seinen Lenkern in den Hafen der sozialen Ruhe geführt wird. Die Hauptaufgabe der politischen Akteure ist demnach defensiver Natur. Sie besteht darin, die Auflehnungsversuche der *inprobi* zu unterdrücken.

Es wurde zu Recht darauf hingewiesen, dass diese Neudefinition des Begriffs »Optimat« nichts mit einer Demokratisierung zu tun hat und auch keine Gleichstellung der verschiedenen sozialen Gruppen bedeutet. Verpflichtung aller Beteiligten ist es vielmehr, das Handeln einiger weniger *principes*, die das politische Leben bestimmen, durch Konsens zu tragen. Was Ciceros Position indes von der eines Optimaten im herkömmlichen Sinne unterscheidet, ist die Tatsache, dass seiner Ansicht nach die *principes* gehalten sind, auf die »öffentliche Meinung« einzugehen und ihr eine Richtung zu geben. Diese wird von den *optimates* des gesamten Landes gebildet, ihr schulden die führenden Politiker Rechenschaft. Durch die Erfahrungen während des Exils in seinem Misstrauen gegenüber der alteingesessenen Senatsaristokratie bestärkt, drängt Cicero nun auch auf die Zulassung von Angehörigen anderer Stände zum Senat.

Selbst ein *homo novus*, macht er sich zum Fürsprecher einer schon seit längerem zu beobachtenden »sozialen Mobilität« innerhalb der römischen Gesellschaft. Anerkennung fordert Cicero aber auch für die Bürger, denen ein Aufstieg in die politische Klasse verwehrt bleibt, selbst wenn ihre *dignitas* derjenigen der *principes* in manchem nachsteht. Ciceros Würdigung der unterschiedlichsten Tätigkeiten und Funktionen, die von den *boni*, den »anständigen Leuten« ganz Italiens ausgeübt werden, ist ein wichtiger Schritt zur Anerkennung der Pluralität der Lebensformen, wie sie in *De officiis* formuliert wird.

Cicero fasst das politische Programm dieser Optimaten unter dem Stichwort *cum dignitate otium* zusammen – eine recht vage Formel, über deren genaue Bedeutung Uneinigkeit besteht, zumal Cicero sie in anderen Zusammenhängen in einem von der *Rede für Sestius* abweichenden Sinne verwendet. Entscheidend ist weniger, ob wir es hier mit einem Schlagwort zu tun haben, das seine Entstehung in erster Linie dem politischen Zeitgeschehen verdankt, oder mit einem auf philosophischen Erwägungen gründenden Programm (auch eine Verortung primär im politischen Kontext muss nicht zwingend eine Reduzierung seiner Inhalte auf die tagespolitische Dimension zur Folge haben). Die Kernfrage ist vielmehr, ob die Begriffe *otium* und *dignitas* auf den einzelnen Bürger oder Politiker zu beziehen sind oder aber auf das Gemeinwesen in seiner Gesamtheit. Wahrscheinlich liegt in der *Rede für Sestius* eine Bedeutungsüberschneidung vor, und gemeint ist dort grob gesagt eine Situation gesellschaftlichen Friedens, in der sich die Würde jedes einzelnen entfalten kann. *Dignitas* wäre hier also als die Einordnung des einzelnen in die vorgegebene politische und gesellschaftliche Ordnung zu verstehen. Zunächst betrifft dies die privilegierte Stellung der *principes*; wer wie Cicero die vorgeschriebene Ämterlaufbahn absolviert hat, dem garantiert sie Respekt vor seinem Wort in der Senatsversammlung auch ohne die Mühen eines konkreten politischen Amtes. Verfassungsmäßige Grundlagen des *otium cum dignitate* sind die korrekte Ausübung des Götterkultes, Unterordnung unter die Amtsgewalt der Magistrate, die Autorität des Senats, die Gesetze und der *mos maiorum* sowie die Bewahrung des Staatsschatzes – also die Grundbestandteile der traditionellen Herrschaftsform Roms mit der bezeichnenden Ausnahme der vom Volk ausgeübten Amtsgewalt und Rechte.

Es liegt auf der Hand, dass die Merkmale von *otium* und *dignitas* teilweise entgegengesetzter Natur sind; es gilt, das Gemeinwesen mit der richtigen Mischung aus beiden zu regieren. Ein übertriebenes Streben nach Ruhe – sei es vonseiten einzelner Politiker, sei es in der öffentlichen Meinung der »Anständigen« – birgt die Gefahr, dass Aufrührer den so entstehenden Freiraum für ihre Interessen nutzen (was ungefähr der Situation entsprach, die zu Ciceros Verbannung geführt hatte). Umgekehrt kann das übertriebene Beharren einzelner auf der eigenen *dignitas* (möglicherweise sind hier die Triumvirn gemeint) zu einer Gefährdung des sozialen Friedens führen.

Wie Cicero klarstellt, setzt der Konsens, den er mit seinem Programm anstrebt, eine feste Rangordnung der einzelnen Schichten voraus. Die Pflichten der einzelnen gesellschaftlichen Gruppen ergeben sich aus ihrer Stellung innerhalb des Gemeinwesens. Sache des einfachen Volkes ist es, nach Ruhe und Frieden zu streben, ohne sich von umstürzlerischen Tendenzen verleiten zu lassen, und die *dignitas* der Führungsschicht billigend anzuerkennen. Von den Besitzenden verlangt Cicero, die Ungestörtheit der eigenen Belange nicht den Interessen des Gemeinwesens überzuordnen, sondern dieses mit umso größerer Entschlossenheit zu fördern. An die Adresse der Politiker, der *principes optimatium*, schließlich richtet sich die explizite Forderung, nicht allein das eigene *otium*, sondern ein selbstbezogenes Beharren auf der eigenen *dignitas* und das persönliche Prestige den Belangen der Allgemeinheit vorbehaltlos zu opfern. Die Mühen der *principes*, so die Logik, sind Gewähr für das *otium* aller anderen Bürger.

Im Mittelpunkt der Mahnungen, die Cicero in diesem Exkurs an die römische Jugend richtet, steht die Aufforderung, sich selbstlos dem Dienst am Gemeinwesen zu widmen. Dazu appelliert er an den Mut der Jungen und verurteilt jede Form von Zögern, Trägheit und Bequemlichkeit. Unter Rückgriff auf die Kritik an Pisos Epikureismus empfiehlt er allen, denen es nur um ein angenehmes Leben gehe, sich aus der Politik herauszuhalten. Auch diese Ermutigungsrhetorik ist indes nicht ganz widerspruchsfrei. Einerseits ruft er die Jungen dazu auf, sich vom Beispiel seiner Exilierung nicht abschrecken zu lassen und zu bedenken, wie rasch er seine Würde wiedererlangt habe. Sie sollten daran denken, dass in der Vergangenheit meist die *boni* die Oberhand hatten, während die *inprobi* mit Tod oder Verbannung bestraft wurden; er erinnert daran, dass die Politik der Optimaten von allgemeiner Zustimmung getragen sei und nur einige Kriminelle versuchten, diese zu untergraben. In einem gewissen Widerspruch zu dem hoffnungsfrohen Bild, das Cicero hier zeichnet, steht allerdings die Warnung, dass der Dienst am Gemeinwesen große Gefahren mit sich bringen und zu gewalttätigen Anfeindungen führen könne. Er rät deshalb denjenigen, die in die Politik streben, sich an den Großen der Vergangenheit zu orientieren, die ihre *dignitas* niemals ihrem persönlichen *otium* geopfert hätten. Cicero reißt hier Fragen an, die er in *De re publica* und den folgenden theoretischen Schriften vertiefen wird. In das traditionelle aristokratische Leitbild vom Dienst am Staate fließen so Elemente des griechischen Denkens ein, etwa die Idee einer unerschütterlichen Charaktergröße, *magnitudo animi*, und die Vorstellung eines wahren Ruhms, der nach dem Vorbild der stoischen *eudoxia* als »Ansehen bei den Gutgesinnten« begriffen wird. Ein Politiker, der sich nach diesen Maximen richtet, wird Schicksalsschläge verkraften können und die Freuden der Gegenwart dem Ruhm der Nachwelt hintanstellen, um in dieser *gloria* eine Form der Unsterblichkeit zu erlangen. Dass Cicero sein eigenes Schicksal in den Briefen jener Jahre wiederholt im Lichte dieser Erwägungen betrachtet, zeigt, dass sie mehr sind als reine Rhetorik oder politische Propaganda.

Sestius wurde mit einstimmigem Votum des Richterkollegiums freigesprochen. Außer Ciceros eigentlichem Plädoyer hat sich auch die *Interrogatio in Vatinium* erhalten, der Text seiner Ansprache anlässlich der Befragung des Vatinius, eines Zeugen der Anklage. In einem rhetorischen Frontalangriff unterminierte Cicero die Glaubwürdigkeit dieses Zeugen. Später rühmte Cicero sich in einem Brief, er habe Vatinius, der eher dem Umkreis Caesars als dem des Clodius zuzurechnen ist, regelrecht »zerfetzt«.

Rede für Caelius

Die Frage der Erziehung der Jugend steht ebenfalls, wenn auch in anderer Tonlage, im Mittelpunkt einer weiteren Rede dieser Zeit. Gut einen Monat nach dem Verfahren gegen Sestius übernahm Cicero die Verteidigung des Marcus Caelius Rufus. Caelius, der wegen gewaltsamer Übergriffe vor Gericht stand, war ein begabter junger Redner (als solcher Ciceros Schüler). Er hatte sich zunächst Catilina angenähert, hatte aber seine Bereitschaft signalisiert, in das Lager der Gemäßigten zurückzukehren. Die Anklage warf ihm vor, an den Übergriffen auf die ägyptische Gesandtschaft und der Ermordung ihres Leiters aktiv beteiligt gewesen zu sein (wie erwähnt hatte möglicherweise Pompeius hier seine Hände im Spiel). Bis vor kurzem war Caelius außerdem einer der Liebhaber Clodias, der Schwester des Clodius (und Catulls »Lesbia«) gewesen. Diese machte nun Anstalten, gegen Caelius zusätzlich zu den ohnehin bereits schwerwiegenden Vorwürfen Anklage wegen versuchter Vergewaltigung zu erheben.

Das Verfahren fand in den Tagen der *Megalensia*, eines Festes zu Ehren der Magna Mater, statt. Cicero nahm die ausgelassene Feststimmung zum Anlass für eine der unterhaltsamsten und brillantesten Reden, die wir von ihm besitzen. Zunächst galt es, den Verdacht einer Verwicklung von Caelius in die Catilinarische Verschwörung auszuräumen. Noch einmal zeichnet Cicero ein prägnantes Charakterbild seines großen Widersachers und verweist auf dessen enorme Fähigkeit, sein wahres Gesicht vor anderen zu verstellen. Dank dieser Fähigkeit sei es ihm gelungen, nicht nur Kriminelle und Asoziale an sich zu binden, sondern –

zumindest für eine gewisse Zeit – auch anständige Menschen wie den jungen Caelius.

Den Rest der Angelegenheit behandelt Cicero mit unverhohlener Ironie. Clodia verspottet er als verschmähte Liebhaberin, die aus reiner Eifersucht die Kampagne gegen seinen Klienten ersonnen habe. Sehr zur Erheiterung des Publikums zieht er über ihr freizügiges Liebesleben her. Auch einige von Ciceros Standardvorwürfen gegen Clodius tauchen in diesem Zusammenhang auf, etwa der des Inzests mit der Schwester und die Klage, wie sehr die degenerierten Nachkommen der einst so ruhmreichen *gens Claudia* aus der Art schlügen. Um Clodia ihre zweifelhafte Moral vorzuhalten, beschwört Cicero ihren ehrwürdigen Ahnen Appius Claudius Caecus auf die Bühne – lässt ihn aus Sorge, dieser könne in seine Moralpredigt auch Ciceros Mandanten mit einbeziehen, dann jedoch unvermittelt wieder verschwinden (ein Passus, der zeigt, wie sich das Mittel der Personifizierung ironisch und einzig zum Zwecke einer gesteigerten Wirkung einsetzen ließ).

Seinen Klienten zeichnet Cicero durchweg als tugendhaften jungen Mann, der nur durch die Verlockungen eines Weibes kurzzeitig vom rechten Weg abgekommen sei. Bei dieser Gelegenheit entwickelt er eine – zwischen Scherz und Ernst gehaltene – Erziehungsidee, die sich gegenüber den kleinen Extravaganzen und zeitweisen Abirrungen der römischen Jugend seiner Tage nachsichtig erweist. Ungeachtet des elegant-ironischen Tonfalls, mit dem er die ethischen Reflexionen der Rede auflockert, gehört die Forderung nach einer Moral jenseits der Sittenstrenge der Altvorderen zu den Themen, die Cicero immer wieder beschäftigten.

In der *Rede für Caelius* versucht Cicero darüber hinaus, dem hohen Ideal vom Dienst am Gemeinwesen, das er der Jugend kurz zuvor in der *Rede für Sestius* vor Augen gestellt hatte, ein menschlicheres Ansehen zu geben. Die Sache der Optimaten, so führt er aus, könne nicht allein auf die zählen, die schon immer unbeirrbar nach der *vera gloria* gestrebt hätten, sie müsse sich auch für solche jungen Männer offen zeigen, die aus jugendlichem Leichtsinn und einem Übermaß an drängenden Talenten auf Abwege geraten seien.

Die Kapitulation

Ciceros Unterwerfung unter die Triumvirn

Noch Anfang des Jahres 56 hatte Cicero gehofft, wieder eine selbständige Rolle auf der politischen Bühne spielen zu können. Im Vertrauen auf die Uneinigkeit zwischen den Triumvirn versuchte er, Pompeius für einen Vorstoß gegen die von Caesar erlassenen Ackergesetze zu bewegen. Aber Cicero hatte sich getäuscht: Mitte April kamen die drei Machthaber im etrurischen Luca zusammen und bekräftigten ihr Bündnis. Pompeius und Crassus sicherten Caesar die Verlängerung seines Oberbefehls in Gallien zu; im Gegenzug sollten beide als Konsuln des Jahres 55 gewählt werden. Nutznießer dieser Abmachung war in erster Linie Caesar. Er konnte seine Truppen behalten und mit Unterstützung für seine Landreform rechnen. Dies war besonders wichtig, da er durch seinen Beistand für Milo beim städtischen Proletariat an Popularität verloren hatte und sein Drängen auf die Übertragung eines neuen Militärkommandos in den Kreisen der Senatsaristokratie ablehnend aufgenommen worden war.

Cicero musste erkennen, dass Pompeius ihn benutzt hatte, um seine Verhandlungsposition gegenüber Caesar zu stärken. Schon kurze Zeit später begann Pompeius Druck auf ihn auszuüben, alle Äußerungen zu den Ackergesetzen des Jahres 59 zu unterlassen. Ciceros Abwesenheit bei der Senatssitzung, in deren Verlauf die Frage erneut behandelt werden sollte, war das erste Zeichen seiner Kapitulation vor den Triumvirn.

Wie ist Ciceros Kurswechsel zu bewerten? In seinen

Briefen bezeichnet er selbst ihn oft als schmachvolles Zurückweichen. Zur Begründung führt er die Sorge um die eigene Sicherheit an, die er seit seiner Rückkehr aus dem Exil bedroht sah, ohne dass die Optimaten ihn ausreichend geschützt hätten. Darüber hinaus gibt Cicero in einigen Reden und Briefen aus dieser Zeit (die wie das Schreiben an Lentulus [*Ad fam.* I, 9] für eine breitere Öffentlichkeit bestimmt waren) auch eine politische Erklärung für sein Verhalten, die durchaus Beachtung verdient. Er beruft sich dort auf theoretische Überlegungen, inwieweit ein Staatsmann sein politisches Handeln den Gegebenheiten anpassen dürfe. Wie ein guter Steuermann von widrigen Winden dazu gezwungen sein kann, mehrfach den Kurs zu ändern, um in den Hafen zu gelangen, hat auch der Politiker das Recht, neue Bündnisse zu schließen, wenn veränderte Verhältnisse in der *res publica* dies zur Erreichung seiner Ziele erforderlich machen. Es würde sicher zu weit führen, hierin einen Beleg für die Überwindung der römischen Gentilpolitik durch Cicero zu sehen, die auf dem Muster eines starren Freund-Feind-Denkens gegründet war. Unter den damaligen Verhältnissen konnten neue politische Ideen nur nach der alles bestimmenden Maßgabe machtpolitischer Opportunität zum Tragen kommen. Ein Wechsel der politischen Verbündeten war ohne substantielle inhaltliche Korrekturen nicht möglich. Indem Cicero auf eine erneute Opposition gegen Caesars Ackergesetz verzichtete, verriet er – zumindest für den Moment – Interessen, für deren Schutz er noch bis vor kurzem eingetreten war; indem er (wovon noch die Rede sein wird) die Verlängerung von Caesars Oberbefehl in Gallien befürwortete, trug er zur Entstehung einer Machtkonzentration bei, die das politische Gleichgewicht innerhalb der Senatsaristokratie empfindlich stören konnte. Zieht man diese Einschränkungen jedoch in Rechnung, zeigt sich, dass Cicero auch nach seiner Unterwerfung unter die Triumvirn bemüht war, Spielräume für eine Politik der Verständigung und des *consensus* zwischen den gesellschaftlichen Gruppen auszuloten.

Aus Ciceros Briefen jener Jahre spricht seine tiefe Verbitterung über den desolaten Zustand der *res publica* und das eigene politische Scheitern. Er muss zur Kenntnis nehmen, dass die Vorrangstellung, von der er geträumt hatte, seit er ein junger Mann war, in unerreichbare Ferne gerückt war. Der Überdruss am politischen Leben und seiner Tätigkeit als Anwalt, wie er schon in einigen Schreiben des Jahres 59 angeklungen war, kommt immer stärker zum Ausdruck. Nun tritt die Sehnsucht nach einem Leben für die Philosophie, die ihm mehr und mehr als eigentliche Berufung erscheint, in den Vordergrund. Dann wieder gewinnt die Unzufriedenheit angesichts der Flucht in die literarische Tätigkeit die Oberhand. Gleichzeitig versucht Cicero der Devise vom *otium in dignitate* neue Bedeutung zu verleihen. Man gewinnt den Eindruck, als wolle er die Bewahrung dessen, was von der eigenen *dignitas* geblieben ist, in die Verantwortung der Triumvirn stellen, die mit ihrer Macht Ciceros *otium* zu beschirmen hätten. Andererseits kommt ihm schmerzlich zu Bewusstsein, wie wenig unter den gegebenen Umständen von der Würde eines von seinem Standpunkt überzeugten Senators geblieben war. Die Verantwortung für diese Beschneidung der politischen Handlungsfreiheit sieht Cicero allerdings bei den Optimaten, denen er vorwirft, durch ihre Kompromisslosigkeit einen Keil zwischen Senat und Ritterschaft getrieben und gleichzeitig Pompeius zum Abrücken bewogen zu haben.

Rede über die konsularischen Provinzen

Schon bald nutzten die Triumvirn Cicero als politisches Sprachrohr (und bewiesen damit, wie wichtig ihnen die Beeinflussung der öffentlichen Meinung durch eine Persönlichkeit war, von der sie wussten, dass ihre Stimme gehört wurde). Im Mai 56 plädierte Cicero vor dem Senat für eine Verlängerung von Caesars Oberbefehl in Gallien. Anlässlich der Entscheidung stellte sich die Frage, welche Provinzen die Konsuln des Jahres 55 im darauffolgenden Jahr als konsularische Provinzen erhalten sollten. Den Absprachen der Triumvirn in Luca zufolge waren dies Caesar und Crassus. Wäre die Wahl auf die beiden gallischen Provinzen gefallen, hätte Caesar zuvor von dort abziehen müssen. In Absprache mit den Triumvirn machte Cicero den Vorschlag, Syrien und Makedonien als konsularische Provinzen des Jahres 54 zu bestimmen, die auf diese Weise seinen Kontrahenten Gabinius und Piso entzogen würden, deren Misswirtschaft er in der Rede *De provinciis consularibus* anprangert. Hauptgrund des Manövers war es jedoch, Caesar die Fortsetzung seiner Eroberungspolitik in Gallien zu ermöglichen.

Cicero bemüht sich, sein Überlaufen ins Lager der Caesar-Anhänger ohne Gesichtsverlust zu vollziehen (die ablehnenden Reaktionen der Senatoren auf diesen unerwarteten Richtungswechsel sind in den Text der Rede eingeflossen). Ohne den früheren Dissens zwischen ihm und

Caesar zu leugnen, begründet er seine Annäherung an Caesar mit dessen Erfolgen als Feldherr im Dienste Roms. Gleichzeitig fordert er ihn auf, ein für alle Mal von den Popularen abzurücken und sich den Zielen des Senats anzuschließen. Ciceros Rede ist gespickt mit versteckten Angriffen auf die Optimaten. Er bekennt sich dazu, dass sein politischer Richtungswechsel auch vom Wunsch nach Rache bestimmt sei: Diejenigen, die ihm seine Versöhnung mit Caesar vorhielten, sollten nicht vergessen, dass sie selbst schon längst ihren Frieden mit dem Popularenführer Clodius gemacht hätten.

Rede über das Gutachten der Opferbeschauer

Kurze Zeit später kam es zu einer erneuten Konfrontation zwischen Clodius und Cicero. Nachdem sich in Mittelitalien mehrere Erdstöße ereignet hatten, veröffentlichten die römischen Vorzeichendeuter (*haruspices*) ein Gutachten (*responsum*), in dem diese als Zeichen des Zorns der Himmlischen über die Entweihung heiliger Stätten gedeutet wurden. Das Gutachten, das wahrscheinlich auf Veranlassung der Triumvirn zustande gekommen war, enthielt auch eine Mahnung, Zwistigkeiten unter den Optimaten beizulegen. Clodius behauptete nun, mit der Entweihung sei der Wiederaufbau von Ciceros Haus auf dem Palatin gemeint. In einer zwischen Sarkasmus und Drohgebärden changierenden Rede vor dem Senat (*De haruspicum responso*) lastete Cicero umgekehrt Clodius den Frevel an, da er mit einer Kundgebung, die er als Ädil abgehalten hatte, den Ablauf der Megalensien gestört habe. Was Clodius zu solchen aufrührerischen Aktionen treibe, sei sein *furor*, sein verblendeter Zorn. Cicero fasst diesen *furor* ganz wörtlich wie in der Tragödie als göttliche Strafe für die Entweihung des *Bona Dea*-Festes durch Clodius auf. Er selbst, der sich zwar als gebildeten, »aufgeklärten« Menschen bezeichnet, bekundet bei dieser Gelegenheit dennoch seinen Respekt vor der Religion der Väter und weist jeden Verdacht, er könne an ihrer Gültigkeit zweifeln, weit von sich (Ciceros Einlassungen zum Thema machen seine bekannte Abneigung gegen die »atheistische« Lehre Epikurs verständlich). Der Redner macht sich allerdings ganz unverkennbar über die Leichtgläubigkeit der Leute lustig, wenn er vorführt, wie das Gutachten der Opferbeschauer nach Belieben in alle Richtungen ausgelegt werden kann. Wenn dort von Zwietracht unter den Optimaten die Rede ist – ausgezeichnet! Auch für sie trägt Clodius die Verantwortung, denn erst hat er sich in der Frage der Verbannung Ciceros gegen den Senat gestellt und sich dabei auf die Unterstützung der Triumvirn berufen, und dann hat er diese angegriffen, um die Gunst der Optimaten zu gewinnen. Mit der »Zwietracht unter den Optimaten« kann also nichts anderes gemeint sein als die durch Clodius verschärften Spannungen zwischen Senat und Triumvirn (die Cicero ganz selbstverständlich zu den Optimaten rechnet). Die Aufforderung, diesen Zwistigkeiten ein Ende zu setzen, deutet er im Sinne der Politik seiner neuen Beschützer; gleichzeitig sucht er eine gemeinsame Frontlinie gegenüber Clodius zu errichten, um eine widernatürliche Vereinigung zwischen *plebs* und Adel gegen die Triumvirn zu verhindern.

Die *Rede für Balbus* und das Verhältnis zu Caesar

Vom Sommer 56 an übernahm Cicero auf Geheiß der Triumvirn mehrfach die Verteidigung eines ihrer Gefolgsleute (dass diese vor Gericht zitiert werden konnten, zeigt, wie begrenzt die Kontrolle der Mitglieder des Dreierbündnisses über die römische Politik im Einzelfall war). Die Rolle, die man ihm damit zuwies – ohne die Möglichkeit, selbst zu entscheiden, ob er ein Mandat annehmen wollte –, verstärkte seine Abneigung gegen die Anwaltstätigkeit. Er erschien immer seltener im Senat und widmete sich seinen Studien und dem Schreiben (in den folgenden Jahren entstanden die Dialoge *De oratore* und *De re publica*).

Im Juli oder August 56 fand das Verfahren zur Aberkennung des Bürgerrechtes gegen Balbus statt, der von Cicero verteidigt wurde. Balbus, der aus Gades in Spanien stammte, hatte während des Krieges gegen Sertorius von Pompeius das römische Bürgerrecht erhalten und war später ein enger Mitarbeiter Caesars geworden. Ciceros emphatische Würdigung des Pompeius in der *Rede für Balbus* wirkt recht bemüht; überzeugender klingt sein Plädoyer für die Gewährung von Aufstiegschancen für talentierte Männer wie Balbus, dessen Karriere er Revue passieren lässt. Auch hier ergreift Cicero die Gelegenheit, seine politische Richtungsentscheidung zugunsten der Triumvirn zu rechtfertigen, und fordert die Optimaten auf, im Interesse des Gemeinwesens ihre Abneigung gegen die drei Machthaber abzulegen.

In den Jahren 55 und 54 kam es zu einer Annäherung zwischen Cicero und Caesar. Dieser nahm Ciceros Bruder Quintus als Heereslegat mit nach Gallien, eine Stellung, die beiden Brüdern auch finanzielle Vorteile einbrachte; vor allem aber – so wird man Caesars Kalkül einschätzen können – ließ sich Cicero mit Hilfe seines Bruders besser kontrollieren. Cicero und Caesar tauschten Briefe über literarische Themen und Vorhaben aus. So schickte Cicero dem Feldherrn ein von ihm selbst verfasstes Epos mit dem Titel *De temporibus suis*, in dem er sein Wirken vom Konsulat bis zur Rückkehr aus dem Exil schildert, das bei Caesar jedoch auf wenig Interesse stieß. Eine damals begonnene Dichtung über die Eroberung Galliens durch Caesar brachte Cicero im Jahr 54 nur mit Mühe zu Ende.

Rede gegen Piso

Als vergleichsweise unabhängig erwies sich Cicero im Sommer 55 in der Auseinandersetzung mit Piso, dem Schwiegervater Caesars, den er im Senat heftig attackierte. Piso machte Cicero für seine Abberufung als Statthalter der Provinz Makedonien verantwortlich. Er warf ihm vor, sich nur an die Schwächeren zu halten, während er die Mächtigen wie Pompeius und Caesar, die ihre Hand bei Ciceros Verbannung ebenfalls mit im Spiel hatten, nicht anzugreifen wage. Ciceros Entgegnung ist in der *Rede gegen Piso* enthalten, deren Text er im Jahr darauf veröffentlichte. Die Rede bietet alle Register der klassischen Invektive, vom Naserümpfen über die niedere Herkunft des Gegners, seine äußere Erscheinung und exzentrische Art, sich zu kleiden, bis hin zum Vorwurf der moralischen Verkommenheit und unstillbaren Habsucht. Ciceros Tiraden gegen Piso enthalten Schmähungen aller Couleur. Nur gelegentlich sind sie wirklich komisch, so wenn er Pisos finstres Auftreten karikiert, mit dem dieser *gravitas* und *severitas* zu heucheln suche. Auch der erneute Vorwurf, Piso missdeute die epikureische Genusslehre zur Rechtfertigung seiner vulgären Vorlieben, fehlt nicht. Cicero lässt durchblicken, die eher konventionellen erotischen Epigramme Philodems, eines Epikureers aus Pisos nächster Umgebung, zeichneten ein getreues Bild von dessen haltlosem Lotterleben (er kannte Philodem persönlich und zollt seinen philosophischen Fähigkeiten in *De finibus* Tribut).

Aufschlussreicher als diese im Grunde banale Polemik ist indes Ciceros Standortbestimmung gegenüber den Triumvirn, wie sie im Vergleich des eigenen politischen Handelns mit dem Pisos zum Ausdruck kommt. Rhetorisch geschickt überlässt er es allein der öffentlichen Meinung, Pisos Verhalten moralisch zu beurteilen (in einer Zeit rücksichtsloser, oft blutiger politischer Auseinandersetzungen keine Selbstverständlichkeit). Auch das Urteil über Pompeius' schwankendes Verhalten stellt Cicero der Öffentlichkeit anheim, um ihn in Zukunft zu größerer Verlässlichkeit und Kohärenz zu bewegen; andernfalls drohe dem Triumvirn allgemeine Missbilligung.

Piso antwortete auf Ciceros Invektive, soviel man weiß, mit einer in Redeform abgefassten Gegenschrift. Gelegenheitsschriften dieser Art sind ein äußerst interessantes, aber bisher wenig erforschtes Phänomen der römischen »Publizistik«. Cicero verzichtete auf eine Erwiderung. Da er sich des Erfolgs seiner eigenen Schrift sicher sein konnte, hätte ein erneutes Eingehen auf seinen Gegner einzig dem Interesse an dessen Pamphlet gedient.

Reden für Plancius, für Rabirius Postumus und *für Scaurus*

Im Sommer 54 verteidigte Cicero den Ritter Gnaeus Plancius in einem Verfahren wegen Wahlbetrugs. Plancius hatte sich während des Exils für Cicero eingesetzt, und angesichts der persönlichen Verbindung der beiden – Plancius stammte aus einem Ort in der Nähe von Arpinum – waren es in diesem Fall wohl nicht die Wünsche der Triumvirn, die Cicero zur Übernahme des Mandats bewogen hatten. Da Plancius' Ankläger ihm mangelnde politische Geradlinigkeit vorwarfen, nutzte Cicero auch diesen Prozess als Bühne für politische Propaganda in eigener Sache.

Auf Betreiben Caesars und Pompeius' musste er in einem weiteren Verfahren wegen Wahlbetrugs die Verteidigung des von ihm zutiefst verachteten Vatinius übernehmen, und unmittelbar im Anschluss sah er sich erneut gezwungen, gegen seine innere Überzeugung zu handeln. Nach der Rückkehr aus Syrien war gegen Gabinius ein Verfahren wegen unwürdigen Verhaltens (*crimen minutae maiestatis*) eröffnet worden, weil er seine Provinz verlassen hatte, um mit seinen Truppen die Wiedereinsetzung des Königs von Ägypten, Ptolemaios Auletes, zu erzwingen (eine Aktion, die Caesar und Pompeius ausdrücklich befürwortet hatten). Offenbar wollte Cicero sich anfangs um die Anklage bewerben, verzichtete dann aber auf starken Druck vonseiten des Pompeius darauf, der Cicero angedroht haben soll, ihm andernfalls Clodius auf den Hals zu hetzen. Nach einem Freispruch in diesem Verfahren wurde Gabinius kurz darauf noch einmal der Prozess gemacht, nun mit dem Vorwurf des Amtsmissbrauchs verbunden mit der Forderung, das Geld, das er von Ptolemaios für die militärische Unterstützung bekommen hatte, zurückzuzahlen. Diesmal wurde auf schuldig erkannt, und Gabinius musste ins Exil gehen. Das Verfahren hatte ein juristisches Nachspiel im Vorgehen gegen Rabirius Postumus, den Bankier, der Ptolemaios' und Gabinius' Militäraktion finanziert und anschließend für kurze Zeit in Ägypten als Finanzminister (*dioiketes*) des Königs fungiert hatte. Da der Staat seinen Kredit nur teilweise von Gabinius zurückbekommen hatte, forderte er nun den Rest von Rabirius. Cicero nahm das Verfahren zum Anlass, beim Ritterstand und bei den Zollpächtern um Zustimmung zu werben. Er lobte in seinem Plädoyer die unternehmerische Energie Rabirius' und seines Vaters, die er zu einem Ausdruck der *magnitudo animi*, charakterlicher Größe, stilisiert. Aus den Geldgeschäften des Kreditgebers wird eine Art Freigebigkeit im Dienste der Allgemeinheit. Damit nicht genug: Caesar, der Rabirius offen unterstützte, obschon dieser der Adoptivsohn eben des Rabirius war, gegen den er selbst im Jahr 63 ein Verfahren wegen Hochverrats angezettelt hatte, wird ausführlich und nicht ohne Berechnung gelobt.

Bald darauf trat Cicero im Prozess gegen Aemilius Scaurus als dessen Verteidiger auf (Die *Rede für Scaurus* ist nur bruchstückhaft überliefert). Scaurus, aus altem römischem Adel, bewarb sich um das Konsulat, sah sich aber mit einer Klage wegen Unterschlagung während seiner Amtszeit in Sardinien konfrontiert. Unter den Triumvirn herrschte keine einheitliche Linie, wie in dem Fall zu verfahren war: Caesar stand Scaurus feindlich gegenüber, Pompeius äußerte sich uneindeutig, so dass Cicero einen gewissen Freiraum hatte. Zur Ironie der Geschichte gehört, dass sich unter den Anwälten der Verteidigung auch Ciceros Intimfeind Clodius befand.

De oratore

Das literarische Gedenken an große Redner

Ciceros umfangreichste Schrift zur Rhetorik, der Dialog *De oratore*, entstand innerhalb weniger Monate des Jahres 55. Cicero befand sich zu dieser Zeit in der für ihn höchst unbefriedigenden Lage, als Erfüllungsgehilfe der Triumvirn auftreten zu müssen. Schon das Proömium zum ersten Buch lässt die Missstimmung des Autors durchblicken, in der Vorrede zum dritten Buch wird sie vollends deutlich, und zwar in dem Vergleich zwischen den aktuellen politischen und gesellschaftlichen Spannungen und der Lage in der Zeit unmittelbar vor dem Ausbruch der Bundesgenossenkriege, in der die Rahmenhandlung angesiedelt ist. Hauptunterredner des Dialogs sind Antonius und Crassus. Cicero hebt das düstere Ende der beiden Männer, die ihn in seiner Jugend als Lehrer nachhaltig geprägt hatten, mit aller Schärfe hervor. Ihr Schicksal bildet einen starken Kontrast zu der heiter-gelösten Stimmung des eigentlichen Dialogs. Insbesondere das Los des Crassus, den ein unerwarteter Tod darum gebracht habe, die Früchte der *dignitas* eines Staatsmannes zu genießen, der die höchsten Staatsämter bekleidet hatte, bietet Cicero Gelegenheit, seine eigenen Erfahrungen im Lichte dieser Betrachtungen zu deuten (§ 13). In der Schilderung von Crassus' Sterben finden sich Anklänge an Platons Erzählung vom Tod des Sokrates im *Phaidon*. Ein wenig von diesem zweifachen Licht der griechischen Philosophie und der römischen Tradition fällt mithin auch auf den Autor des Dialogs und seine politischen Kämpfe und Niederlagen.

Einer der Gründe, die Cicero zur Abfassung des Dialogs bewogen hatten, war der Wunsch, die Erinnerung an die großen Redner der vorangehenden Generation, die selbst kaum Zeugnisse hinterlassen hatten, schriftlich zu fixieren. Die Überzeugung von der Überlieferungswürdigkeit ihres Wirkens hängt eng mit dem erstarkenden Bewusstsein für den literarischen Charakter der römischen Rhetorik zusammen, die sich an ein immer größeres Publikum wandte und nach dauerhaften Wirkungsmöglichkeiten strebte, um zu einer Form literarischer »Unsterblichkeit« zu gelangen. Aus der Vorrede zum zweiten Buch geht indes auch hervor, wie stark das Vorhaben, Antonius' und Crassus' (und vor allem natürlich Ciceros eigene) Ansichten zur Rhetorik schriftlich festzuhalten und zugänglich zu machen, von der Auseinandersetzung um den Wert der literarischen Bildung geprägt ist, die damals in der römischen Gesellschaft geführt wurde. Die Dialogpartner etwa verfügen durchaus über ein hohes Maß eben dieser Bildung, ziehen es aber vor, dies nicht offen zu zeigen. Als Grund gibt Cicero an, als Redner der alten Schule hätten sie nicht den Argwohn auf sich ziehen wollen, den die Römer gegen zu viel »geistige« Beschäftigung hegten. Seine Kenntnis der griechischen Rhetorik und ihrer Regeln zu verleugnen hatte aber noch einen weiteren – selbst wiederum eminent rhetorischen – Grund: Wer seine Redekunst als das Ergebnis formaler Gestaltungsarbeit zu erkennen gab, setzte ihre emotionale Ursprünglichkeit und damit ihre Überzeugungskraft aufs Spiel.

Aus anderen Schriften Ciceros geht eindeutig hervor, dass Crassus und noch viel weniger Antonius über durchaus keine so weitgefasste Bildung verfügten, wie er ihnen in *De oratore* zuschreibt. Ganz offensichtlich projiziert der Autor hier den eigenen kulturellen Horizont in seine Dialogfiguren (nicht zufällig erinnert er seinen Bruder Quintus, dem der Dialog gewidmet ist, an die Feindseligkeit, mit der bestimmte Leute dem Bildungsdrang der beiden Brüder seinerzeit begegnet waren); wohl deshalb bemüht Cicero sich in den Vorreden umso mehr, den Leser im Vertrauen auf die Glaubwürdigkeit seines Zeugnisses über die beiden Redner zu bestärken.

Literarische Form und Rahmenhandlung

Cicero kleidet die Erörterung über das Wesen und die Funktion der Rhetorik in die literarische Gestalt eines Dialogs. Wichtigstes Vorbild sind die Dialoge Platons und Aristoteles'; auf letzteren verweisen die ausführlichen Darlegungen lehrhaften Charakters aus dem Mund der Hauptunterredner, die vom zweiten Buch an das Bild von *De oratore* bestimmen. An Platons Dialogkunst erinnert dagegen die Rahmenhandlung, die gesamte »Inszenierung«, die das Gespräch in den Park und die Außenanlagen von Crassus' Villa in Tuskulum versetzt. Ein direkter Verweis auf Platons *Phaidros* ist auch die Erwähnung einer Platane, unter der sich die Teilnehmer zur ersten Gesprächsrunde niederlassen. Im weiteren Fortgang verlagert sich das Gespräch in den Wandelgang einer Säulenhalle, das Halbrund einer Exedra und schließlich in den eigentlichen Park, die *silva*. Anspielungen auf Platon verbergen sich zudem in einigen besonderen Merkmalen, die Cicero seinen Dialogfiguren verleiht. Im ganzen hat Ciceros Dialogtechnik jedoch wenig Gemeinsamkeiten mit der Platons. Selbst die Elemente der

Rahmenhandlung, die Cicero von Platon entlehnt, werden einer Umformung im Geist der römischen Aristokratie unterzogen. Crassus' Landgut ist ein idyllischer, aber in sich abgeschlossener Ort, und die Teilnehmer des Gesprächs sind seit langem politisch oder persönlich miteinander verbunden. Das alles hat wenig mit dem bewegten Leben auf den Straßen Athens und seiner Umgebung zu tun, wo die Dialogfiguren sich mehr oder weniger zufällig begegnen und miteinander ins Gespräch kommen wie in manchen Dialogen Platons. Echte Meinungsverschiedenheiten sind in den Dialogschriften Ciceros schon durch die gesellschaftliche Nähe der beteiligten Personen von vornherein ausgeschlossen. Die Unterhaltung wird in höflichem Ton geführt und folgt der unausgesprochenen Devise, keinen Beteiligten über Gebühr zu reizen oder in Verlegenheit zu bringen. Anders als bei Platon existiert ein Grundbestand allgemein geteilter Überzeugungen, der unangetastet bleibt. Den Gesprächskontrahenten durch »maieutische« Befragung vom Gegenteil zu überzeugen oder ihn mit den Mitteln der Dialektik schachmatt zu setzen, wie in den Platonischen Dialogen durchaus üblich, hätte gegen die gesellschaftliche Etikette der römischen Oberschicht verstoßen und womöglich das *decorum* und die *auctoritas* desjenigen Mitunterredners beschädigt, der die unterlegene These vertreten hatte.

Aufbau des Dialogs

Cicero umgeht diese Schwierigkeit, indem er die Technik der *disputatio in utramque partem* anwendet, die abwechselnde Erörterung der Gründe, die für oder gegen eine Sache sprechen, wie sie Karneades für die Neue Akademie entwickelt hatte. Zunächst lässt er Antonius eine ausgesprochen simple Vorstellung vom Tun des Redners vortragen, nach der dieser ein Gewerbe ausübt wie jeder andere. Diese Ansicht gibt aber nur die notwendige Kontrastfolie ab zu der von Crassus entwickelten Idealvorstellung vom Wesen der Rhetorik. In seiner Erwiderung distanziert sich Antonius ohne viel Federlesens von seinen anfänglichen Ausführungen. Sie seien rein provokativer Natur gewesen, ein dialektisches Gedankenspiel, um Crassus' Argumente auszuhebeln.

Im ersten Teil des Dialogs gehen die Meinungen hin und her, nähern sich einander an und entfernen sich wieder voneinander. Mit Hilfe der *disputatio in utramque partem* werden die Positionen der einzelnen Sprecher einer Klärung und Relativierung unterzogen, so dass sie ihren dogmatischen Charakter verlieren. Nachdem man sich auf ein grundsätzliches Verständnis geeinigt hat, können im zweiten Buch Einzelfragen der Rhetorik behandelt werden. Die Rollenverteilung dient nun nicht mehr dazu, gegensätzliche Positionen hervorzuheben, vielmehr entspricht sie der persönlichen Eigenart der Figuren und damit dem Grundsatz der »Wahrscheinlichkeit« des Dialoggeschehens. So legt Cicero die Ausführungen über die *inventio*, die Stofffindung, und die *dispositio*, die argumentative Gliederung, Antonius in den Mund, der für seine Fähigkeiten auf diesem Gebiet bekannt war. Crassus' überlegene stilistische Fähigkeiten spiegeln sich in der Tatsache, dass ihm die Aufgabe zufällt, über die Themen der *elocutio*, der konkreten Formulierung und Wortwahl, und des *ornatus*, des Redeschmucks, zu sprechen. Große Aufmerksamkeit verdient seine ausführliche Darlegung zu Fragen der *actio*, des rednerischen Vortrags.

De Oratore und das rhetorische Handbuchwissen

Die literarische Form von *De oratore* war in der römischen Literatur ein Novum. Cicero signalisiert damit nicht nur seine Distanz gegenüber der ablehnenden Haltung der Senatsaristokratie gegenüber einer schriftlichen Verbreitung der Regeln und Techniken der Redekunst. Die dialogische Struktur zeigt auch, wie sehr sich sein Werk von den verbreiteten Rhetorikhandbüchern in griechischer oder lateinischer Sprache unterschied. In *De oratore* werden die Elemente der Rhetorik nicht wie sonst üblich systematisch belehrend abgehandelt. Auch wenn sie in weiten Teilen den entsprechenden Handbüchern entlehnt ist, ist die Darstellung der Rhetorik bei Cicero in das Gespräch der Dialogfiguren eingebettet. Cicero überwindet damit den trockenen Ton der Rhetoriktraktate und richtet die Wahl der Themen, die von den einzelnen Dialogfiguren dargelegt werden, nach der Eigenart der jeweiligen Figur. Mehr als theoretisches Fachwissen zählt die Erfahrung als Redner vor Gericht oder im Senat und vor der Volksversammlung, so dass sich der Gestaltung ein reicher Vorrat an Beispielen eröffnet. Der starke Akzent, der damit auf der konkreten Gestalt des Redners liegt, erklärt die Wahl des Titels *De oratore* für Ciceros Schrift. Im Mittelpunkt steht eine bestimmte Art Mensch mit ihren besonderen Fähigkeiten, nicht die Darlegung einer sprachlichen Technik.

Aufbauend auf seiner langen Erfahrung als Redner, vertritt Cicero mit Nachdruck die Ansicht, nach der die praktische Redekunst nicht das Ergebnis der Anwendung rhetorischer Theorien sei, sondern umgekehrt die Rhetorik Frucht der Reflexion über die rednerische Praxis. Hier wirken offenbar aristotelische Gedanken zum Begriff der *techne* nach; die *ars dicendi* besitzt demnach nicht den Status der Wissenschaftlichkeit, sondern besteht in der Systematisierung empirischer Beobachtungen. Damit bleiben ihre Erkenntnisse vorläufig und der Überprüfung an der Wirklichkeit unterworfen. Die *ars dicendi* kann dem Redner eine grundsätzliche Orientierung an die Hand geben, aber sie kann keine Anweisungen auf Grundlage unumstößlicher Regeln formulieren. Ein Beispiel bietet die Behandlung der Elemente von *ethos* und *pathos* durch Antonius. Dieser war für die starke emotionale Wirkung seiner Reden bekannt und beharrt in seinen Ausführungen dementsprechend auf der Notwendigkeit, die rationalen Abwehrinstanzen des Publikums zu überwinden. Um dies zu erreichen, scheut er sich auch nicht, die traditionellen Schemata, nach denen in der klassischen Rhetorik die Argumentation einer Rede aufzubauen war, auf den Kopf zu stellen (möglicherweise gehen diese Ausführungen auf ein älteres aristotelisches Schema zurück). Die Pathos-Thematik spielt bei Cicero, der in seinen Reden stark auf die Erregung emotionaler Reaktionen bei seinen Zuhörern setzt, ein große Rolle. Einige Jahre nach *De oratore* entstanden die *Partitiones oratoriae*, eine Art kurzgefasstes Rhetoriklehrbuch für angehende Redner. Auch dort bemüht Cicero sich darum, das überkommene Lehrgerüst zugunsten einer praxisnahen Darstellung zu modifizieren.

Die Figur des Redners zwischen Ideal und Wirklichkeit

Der literarische Reiz von *De oratore* beruht nicht zuletzt auf dem Wechselspiel der Ansichten, die Cicero von Antonius und Crassus vortragen lässt. Es dient nicht nur dazu, den jeweiligen Gesprächsgegenstand von möglichst vielen Seiten zu betrachten, Rede und Gegenrede tragen auch viel zu einer überzeugenden Figurenzeichnung der beiden Protagonisten bei und verleihen dem Dialog große Lebendigkeit. Um der Gefahr einer Verwirrung des Lesers durch den ständigen Perspektivwechsel vorzubeugen, ergreift Cicero in den Proömien zu den einzelnen Büchern selbst das Wort und liefert eine Interpretationsrichtung für die folgenden Debatten. Dies unterscheidet die Vorreden in *De oratore* von den Proömien der späteren Dialoge Ciceros, in denen meist nur sehr allgemein auf das Dialogthema eingegangen wird.

Von den beiden Hauptfiguren ist es ganz offensichtlich Crassus, der Ciceros Ideal des Redners vertritt. Er verfügt über eine breitgefächerte Bildung, welche die Kenntnis der Dichtung, der Geschichtsschreibung, der Jurisprudenz und der verschiedensten Wissensgebiete umfasst. Demgegenüber sind Antonius' Ausführungen nicht einfach als Gegenentwurf zu verstehen, sondern mehr als die notwendige Korrektur des Ideals. Antonius' Standpunkt verrät den Skeptiker, der auf dem Boden der Tatsachen steht. Seine Äußerungen beweisen eine realistische Einschätzung der zahlreichen Bedingungen, denen die Ausübung der Redekunst in der römischen Gesellschaft unterworfen war. Antonius' Position stößt an ihre Grenzen, wo sein Realitätssinn ihn daran hindert, anders als Crassus ein wirklich neues Konzept für die Rolle der Rhetorik und des Redners zu entwickeln. Die Zweifel, die Antonius an der Möglichkeit einer umfassenden philosophisch-rhetorischen Ausbildung des Redners hegt, lassen einen Rhetorikbegriff erkennen, der in der Kunst der Rede vor allem ein ethisch neutrales Mittel der Überzeugung sieht. Antonius ist letztlich nicht mehr als ein wortgewaltiger Gerichtsredner. Als solcher genießt er Ciceros Anerkennung, der damit zugleich eine Seite seiner eigenen Persönlichkeit zur Sprache bringt. Crassus' Verweis auf die ethischen Grundlagen der Ausbildung des Redners ermöglicht es ihm dagegen, die Bedeutung der Rhetorik für Politik und Gesellschaft zu unterstreichen, die bei Antonius etwas ins Hintertreffen gerät.

Rhetorik und Philosophie

Das Bild des idealen Redners, das Cicero in *De oratore* zeichnet, stimmt in vielen Punkten mit dem des idealen Staatsmannes in *De re publica* überein. Nun gab es in der hellenistischen Geisteswelt eine langwierige Auseinandersetzung zwischen den Philosophen und den Rhetoren um den Vorrang ihrer jeweiligen Disziplinen und ihren Nutzen für die Erziehung des Staatsmannes. Ciceros Standpunkt in diesem Streit scheint von der Lehre der Neuen Akademie beeinflusst, bei deren Lehrern er in Athen studiert hatte. Diese versuchten der Rhetorik ein philosophisches Fundament zu geben, und diesen Versuch erkennt man auch bei Cicero, allerdings in einer stark auf die Verhältnisse der römischen Gesellschaft zugeschnittenen Form. In den Augen des ehemaligen Konsuls musste der

Redner vor allem deshalb über ein umfassendes Wissen verfügen, damit er in der Lage war, in allen Lebensbereichen mit der Kraft seines Wortes Einfluss auszuüben. Eine privilegierte Sonderstellung innerhalb der universellen Bildung des Redners nimmt deshalb die Kenntnis der Moralphilosophie und Ethik ein. Durch sie lernt er, die Beweggründe des menschlichen Handelns richtig einzuschätzen und damit auch die seiner Zuhörer. Außerdem vermittelt sie Achtung vor den Werten des Gemeinwesens. Die Kenntnis des Sachverhaltes allein reicht nicht aus, um die Entscheidung der Zuhörer in die gewünschte Richtung zu lenken. Es bedarf einer sicheren Beherrschung der Kunst der Überzeugung. Diese aber ist nur durch eine Redekunst auf höchstem Niveau zu erreichen, deren Methoden und Inhalte eine grundlegende Erneuerung durchgemacht haben.

Cicero war einer der wenigen – wenn nicht der einzige – seines Jahrhunderts, der nicht nur über eine profunde Kenntnis und Erfahrung in den Bereichen der Rhetorik und Politik verfügte, sondern darüber hinaus in der Lage war, seinen Gegenstand philosophisch zu durchdringen. Die Klage über das Auseinanderbrechen der Einheit von intellektueller Reflexion und bürgerlichem Engagement ist ein wiederkehrendes Thema der griechischen wie der römischen Geisteswelt. Auf der einen Seite ist damit eine Redekunst auf niedrigem intellektuellem Niveau gemeint, die allein ihrer praktischen Ziele wegen betrieben wird und keinerlei ethisch-politisches Fundament besitzt (wie sie etwa in der Rhetorenschule des Plotius Gallus gelehrt wurde, die der Zensor Crassus aus »gesellschaftspädagogischen« Gründen hatte schließen lassen). Auf der anderen Seite hatte die philosophische Spekulation jeden Bezug zur politischen Praxis verloren (auch wenn zumindest Elemente der akademischen und der peripatetischen Lehre eine wichtige Rolle in der Ausbildung des Redners spielen sollten, wie Cicero sie forderte).

In gewisser Hinsicht stellt Ciceros Rhetorikbegriff die Rückkehr zu einem Ideal dar, das Isokrates vertreten hatte. Sein Einfluss auf Cicero zeigt sich in der Bedeutung, die dieser der Beredsamkeit im politischen Kontext zuschreibt, ebenso wie in dem universellen Bildungsanspruch, dem der Redner idealerweise genügen soll. Es ist dieses politische Ethos isokrateischer Prägung, das Ciceros Ideal des vollendeten Redners, der über jedwedes Thema zu sprechen in der Lage ist, vom sophistischen Virtuosentum eines Gorgias unterscheidet, mit dem es dennoch oft verglichen wird. Gleichwohl unterscheidet sich Ciceros Lösung der Frage nach dem Verhältnis von Rhetorik und Philosophie von der des Isokrates. Anders auch als in seinen späteren großen Dialogen besitzt die Beschäftigung mit der Philosophie in *De oratore* keinen Wert an sich. Noch spricht Cicero sich mit einer gewissen Zurückhaltung für die Anerkennung von Bildung und Philosophie aus. Obschon sie in seinem eigenen Schaffen eine immer größere Rolle zu spielen beginnen, kann er den bildungsfeindlichen Wertekanon der römischen Gesellschaft noch nicht ganz verleugnen. Mehrfach betont Cicero in *De oratore* deshalb die Notwendigkeit, die Beschäftigung mit der – vor allem griechischen – Kultur um ihrer selbst willen nicht zu übertreiben. Vorrang gebührt der pragmatischen, politisch-ethischen Dimension dieser Beschäftigung. Kulturelle und philosophische Bildung gilt Cicero hier vor allem als Mittel zur Erlangung von *humanitas* und *virtus*; mit der Adoleszenz sollte diese Propädeutik abgeschlossen sein.

Die Funktion, die Cicero der Philosophie in *De oratore* zubilligt, liegt vor allem in ihrer Anwendung auf dem Feld der Rhetorik. Insbesondere bei Verwendung der sogenannten *quaestiones infinitae*, die den Einzelfall auf ein allgemeingültiges Problem zurückführen, profitiert der Redner von den Argumentationsformen der Philosophie. Seine Analysefähigkeit wächst, je mehr er sich in der Technik der *disputatio in utramque partem*, des Pro und Contra, übt, wie sie von der Neuen Akademie entwickelt wurde. Diese Technik bildet ein wertvolles Hilfsmittel für die rhetorische *inventio*, insofern sie Argumente bereitstellt, die für oder gegen eine Sache sprechen. Der Redner, der sich diesem Argumentationstraining unterzieht, erweitert dadurch nicht nur seinen intellektuellen Horizont, sondern auch sein Ausdrucks- und Darstellungsrepertoire und damit letztlich seine Möglichkeiten, den Hörer zu überzeugen.

Die Kunst der Rede

Das Bildungskonzept, das Cicero seinen Lehrer Crassus in *De oratore* entwickeln lässt, umfasst die Kultur in ihrer Gesamtheit, insofern sie dazu beitragen kann, die Machtstellung der Senatsaristokratie aufrechtzuerhalten. Der ideale Redner ist zugleich Philosoph, Jurist und Staatsmann, um die eigene *auctoritas* und die überkommene Regierungs- und Gesellschaftsform verteidigen zu können. Dennoch würde es zu kurz greifen, Ciceros Dialog über den Redner ausschließlich in politischen Kategorien zu interpretieren.

Mindestens ebenso wichtig ist dem Autor der kulturelle und »künstlerische« Aspekt der Rhetorik. Vor diesem Hintergrund ist die Betonung des ästhetischen Genusses zu verstehen, den der Hörer aus der Kunst des Redners bezieht. Mehrfach wird diese mit der des Schauspielers verglichen, naturgemäß vor allem bei der Behandlung der rednerischen *actio* (Crassus geht ausführlich auf den stimmlichen Vortrag, die Gestik und Mimik des Redners ein), aber nicht nur dort. Künstlerisch-ästhetischer Natur sind auch die Ausführungen zur *elocutio* oder der unterhaltsame Exkurs, den eine der Nebenfiguren des Dialogs der Rolle von Witz und Humor in der Redekunst widmet. Sicherlich dienen diese Elemente ebenfalls der Wirkung der Rede und damit letztlich der Überzeugung des Hörers vom eigenen Standpunkt. Der Blick in den Text zeigt jedoch auch, dass etwa in Crassus' Ausführungen viel von Kunst, Kultur und Philosophie die Rede ist, von Politik dagegen sehr viel weniger.

Der Prozess gegen Milo

Der Mord an Clodius

Im Jahr 53 brachten die sich immer weiter verschärfenden inneren Spannungen die Republik an den Rand eines Machtvakuums. Mehr als ein halbes Jahr war vergangen, ohne dass eine Wahl der Konsuln für das Folgejahr stattgefunden hatte. Im Juni kam Crassus auf dem Feldzug gegen die Parther in Mesopotamien ums Leben. Mit dem Tod von Caesars Tochter Julia, die Pompeius geheiratet hatte, entfiel ein wichtiges Bindeglied zwischen den beiden Machthabern. Cicero hatte sich derweil aus dem politischen Leben weitgehend zurückgezogen und arbeitete an der Niederschrift von *De re publica*. Gleichwohl unterstützte er in der Hoffnung, damit die Stellung der Triumvirn zu schwächen, nach Kräften Milos Kandidatur für das Konsulat. Für Clodius, der sich um die Prätur bewerben wollte, hätte Milos Wahl eine Einschränkung seines Handlungsspielraums bedeutet, so dass er seine Pläne vorerst aufgab und sich ganz darauf konzentrierte, Milos Wahl zu verhindern. Binnen kurzem nahmen die Straßenkämpfe zwischen den Anhängern der beiden verfeindeten Bandenführer immer gewalttätigere Formen an.

Da es sich als unmöglich erwies, die Wahlversammlungen in geordneten Bahnen abzuhalten, ging das Jahr 53 zu Ende, ohne dass neue Konsuln gewählt worden waren. Am 20. Januar 52 kam es zu einem zufälligen Aufeinandertreffen von Clodius und Milo. Clodius befand sich mit einigen seiner Männer auf dem Rückweg vom nahen Aricia nach Rom, Milo war an der Spitze eines größeren Trupps Gefolgsleute ebenfalls auf der Via Appia unterwegs. Bei dem sich ergebenden Scharmützel wurde Clodius nur leicht verletzt und zog sich in eine nahe gelegene Herberge zurück. Milo, vielleicht weil er die Rache seines Widersachers fürchtete, befahl seinen Männern, ihm nachzusetzen und ihn totzuschlagen.

Ein in seiner Wucht und Gewalttätigkeit noch nie da gewesener Ausbruch des Volkszorns war die Folge. Die Massen wollten Clodius eine ganz besondere Begräbnisfeier ausrichten und trugen seine grausam zugerichtete Leiche in die Kurie, den Versammlungsort des Senats. Dort schichteten sie aus den Bänken der Senatoren und in der Kurie aufbewahrten Archivrollen einen Scheiterhaufen auf und setzten ihn in Brand. Das Feuer verwüstete die Kurie und griff auf anliegende Gebäude über, Clodius' nur halb verbrannter Leichnam wurde nächtens von streunenden Hunden zerrissen (zumindest behauptet dies Cicero in der *Rede für Milo*; es ist jedoch nicht auszuschließen, dass dieses Detail ein Produkt seiner Phantasie darstellt, das den Gegner noch im Tode bloßstellen sollte).

Die Machtübertragung an Pompeius

Pompeius nutzte die angespannte Situation, um sich uneingeschränkte Machtbefugnisse einräumen zu lassen. Am 5. Februar wurde er zum alleinamtierenden Konsul, zum *consul sine collega*, ernannt (ein formaler Umweg, der vermied, ihm offiziell die Diktatur zu übertragen). Der Senat erteilte die Erlaubnis zu Truppenaushebungen auf italischem Gebiet mit dem Ziel der Wiederherstellung der Ordnung in der Hauptstadt. Die Mobilisierung der »anständigen Bürger« durch ein *senatus consultum ultimum* (wie es seit der Zeit der Gracchenunruhen mehrfach angewandt worden war) schien angesichts der unüberbrückbaren Distanz der urbanen Massen zur politischen Klasse unmöglich. Die Senatsaristokratie sah also keine Möglichkeit mehr, der Empörung des einfachen Volkes zu begegnen, als eines der Grundprinzipien der republikanischen Verfassungsordnung zu opfern, das von alters her den Einsatz regulärer Truppen innerhalb der Stadtmauern verbot. Die Übertragung einer faktisch diktatorischen Gewalt an Pompeius bedeutete einen entscheidenden Schritt in Richtung auf einen Bürgerkrieg. Noch war Caesar jedoch mit der Niederschlagung der Aufstände in den gallischen Gebieten zu beschäftigt, um in die innerrömischen Verhältnisse aktiv eingreifen zu können.

Mit Clodius' Ermordung hatte Milo faktisch einen Beitrag zur Vereinfachung der politischen Verhältnisse geleistet. Nun brauchte Pompeius nur noch ihn selbst aus dem Weg zu räumen, um in der Stadt unbeschränkt schalten und walten zu können. Die Gesetze, die er beschließen ließ, um die Ordnung wiederherzustellen, führten schon Anfang April zur Anklageerhebung gegen Milo. Da sie zugleich ein beschleunigtes Verfahren vorsahen, blieb der Verteidigung wenig Zeit. Milos Lage wurde immer prekärer.

Das Verfahren gegen Milo

Obschon offensichtlich war, dass Pompeius eine Aburteilung Milos erreichen wollte, entschloss sich Cicero, seine Verteidigung zu übernehmen. Milo war ihm seit langem verbunden und hatte energisch zu seiner Rückberufung aus dem Exil beigetragen. Ciceros Plädoyer war auf den letzten Prozesstag angesetzt. In den Wochen zuvor hatten die Popularen ihn scharf angegriffen. Um jedem Risiko aus dem Weg zu gehen, ließ er sich in einer Sänfte zum Verhandlungsort bringen. Nach den Ausschreitungen der letzten Tage hatte Pompeius den Ort, wo das Gericht tagte, von einer starken bewaffneten Wachmannschaft umstellen lassen. Cicero, der schon immer unter Lampenfieber litt, verlor diesmal offenbar völlig die Nerven. Plutarch berichtet, er habe geschwankt und nur mit gebrochener Stimme seinen Redetext vortragen können. Die Zuhörerschaft wurde unruhig, es kam zu Tumulten, und der Redner musste seinen Vortrag mehrfach unterbrechen. Von der aufgeheizten und feindseligen Atmosphäre verunsichert, hielt Cicero eine seiner uninspiriertesten Reden; Milo wurde schuldig gesprochen und ging nach Marsilia ins Exil. Der Ausgang des Prozesses war jedoch gewiss weniger auf Ciceros schwaches Plädoyer zurückzuführen als auf die Einschüchterung der Richter durch Pompeius. Auch der allgemein spürbare Wunsch, dass endlich Schluss sein sollte mit der Gewalt auf den Straßen, wird eine Rolle gespielt haben.

Rede für Milo – Wortlaut des Vortrags und veröffentlichter Text

Ciceros Zeitgenossen äußerten die Ansicht, man hätte Clodius' Ermordung als Tat im Interesse des Staates rechtfertigen sollen. In diesem Sinne argumentierte etwa Marcus Brutus in einer fiktiven Verteidigungsrede für Milo, die einige Zeit nach dem Prozess in Umlauf kam, aber Ciceros Strategie war eine andere. Politisch umsichtiger, dafür in der Sache fragwürdiger, entschied er sich, auf Totschlag zu plädieren und den Vorfall als Akt legitimer Notwehr darzustellen. Bei dieser Linie blieb es auch in der später veröffentlichten Textfassung der *Rede für Milo*, auch wenn Cicero dort mit dem Aspekt des »Tyrannenmordes« Motive der alternativen Verteidigungsstrategie aufzugreifen scheint.

Der antike Leser hatte die Möglichkeit, die nachträglich redigierte offizielle Fassung mit dem Text einer Mitschrift der tatsächlich gehaltenen Rede zu vergleichen. In der auf uns gekommenen Form gehört die *Rede für Milo* sicher nicht zu den literarischen Meisterleistungen ihres Autors – ein Zeugnis seiner Gewieftheit als Anwalt ist sie allemal. Als wolle er seinen Aussetzer vor Gericht entschuldigen, beginnt Cicero sein Plädoyer in der Schriftfassung damit, das Klima der Einschüchterung zu schildern, das den Prozess begleitete. Lange lässt der Verteidiger seinen Blick auf den Scharen Bewaffneter ruhen, die das Gericht umstellt hielten. Unter dem Deckmantel einer Respektsbekundung für Pompeius erteilt er diesem einen kaum verhohlenen Tadel wegen seiner unentschlossenen Haltung und deutet an, dass er die allgemeine Unsicherheit zur Vermehrung der eigenen Macht missbrauche.

Die eigentliche Darlegung des Falles wird von einer ganzen Reihe von Bemerkungen verzögert, die eventuelle »Missverständnisse« ausräumen und die Richter gewogen stimmen sollen. Wie schon Quintilian voller Bewunderung anmerkt, setzt Cicero sich hier souverän über die von der rhetorischen Tradition geforderte Anordnung der Redeteile hinweg. Zur Untermauerung der Notwehrthese legte Cicero eine eigene Version der Ereignisse vor, die vom wahrscheinlichen Hergang der Tat stark abwich (wie er sich aus dem Kommentar des Asconius Pedianus rekonstruieren lässt, der in der Mitte des ersten nachchristlichen Jahrhunderts entstand). Ciceros Darstellung zufolge war es Clodius, der seinen Mandanten überfallen hatte. Während Milo nichtsahnend und friedlich durch die römische Kampagna ritt, in seinem Gefolge eine Schar ebenso friedliebender Begleiter, hatte Clodius sich mit seinen Bewaffneten an einem vorher ausgesuchten Ort auf die Lauer gelegt, um im richtigen Augenblick zuzuschlagen. Mit Ausdrücken, die zu einem großen Teil dem Alltagsvokabular entlehnt sind, beschreibt Cicero, wie Milo in aller Seelenruhe seinen Beschäftigungen nachgeht, bis plötzlich Clodius' Männer über ihn herfallen. Die Schilderung des Überfalls geschieht in wenigen knappen Worten – den Geschworenen blieb kaum Zeit, ihre Glaubwürdigkeit zu prüfen. Geschickt verlagert Cicero die Aufmerksamkeit von seinem Mandanten Milo auf dessen Begleiter. Sie sind es, die in dem Glauben, ihr Anführer sei einem Anschlag zum Opfer gefallen, aus eigenen Stücken Jagd auf Clodius machen und ihn ums Leben bringen. Keine Rede von dessen Verwundung im Handgemenge, seinem Rückzug in den nahe gelegenen Gasthof, wo er schließlich aufgespürt und ermordet wird. (Quintilian hat die Verdunkelungsstrategie, die *ars occulta*, die Ciceros Schilderung der Ereignisse bestimmt, gebührend gewürdigt, siehe *Institutio oratoria* IV, 2, 58.)

Auf die Entlastung seines Mandanten lässt Cicero eine Invektive gegen dessen Opfer folgen. Bis über den Tod hinaus gibt Cicero sich Clodius gegenüber unversöhnlich. Auf einem merklich höheren Stilniveau als zuvor werden nun die zurückliegenden Jahre der Anarchie ins Gedächtnis gerufen. Während der Senat ohnmächtig zusah, wie Clodius' Banden die Stadt unsicher machten, stellte Milo sich ihm mutig in den Weg. Dann geht Cicero auf das Schreckensszenario ein, das seiner Ansicht nach von Clodius' Prätur zu erwarten war. Vermutlich bezieht sich dies auf Clodius' Pläne, die Verteilung der Freigelassenen auf die Wahlcomitien neu zu regeln, was eine Vergrößerung seines eigenen Stimmenpotentials bedeutet hätte (umstritten ist, ob Clodius in Einzelfällen den Freikauf von Sklaven finanziert oder entsprechende Mittel in Aussicht gestellt hat). Cicero nimmt dies zum Anlass, noch einmal das Schreckgespenst eines allgemeinen Umsturzes an die Wand zu malen. Clodius hätte demnach geplant, fremder Leute Sklaven in seinen Besitz zu bringen, um ihnen die Freiheit zu schenken und ihre ehemaligen Herren in die Sklaverei zu zwingen. In der Erhebung der Sklaven gegen ihre Herren gipfelt für Cicero der Umsturzversuch der Popularen unter Clodius' Führung. Noch vom toten Clodius geht eine Gefahr aus. Cicero beschwört die Feuersbrunst, die von seinem Scheiterhaufen aus um sich griff; noch als Leichnam habe er die Kurie, den Versammlungsort des Senats, in Schutt und Asche zu legen vermocht, die er als Lebender durch seine Taten immer wieder hatte erzittern lassen. Dass Clodius' Einäscherung nur bis zur Hälfte gediehen und seine verkohlten Überreste von Hunden zerrissen wurden, sei ein handgreifliches Zeugnis für die Bestrafung des Frevlers durch die Unsterblichen.

Im Schlussteil der Rede kommt Cicero auf Milos Weigerung zu sprechen, vor Gericht in der üblichen Trauerkleidung zu erscheinen oder die Geschworenen um ein mildes

Urteil zu bitten. Selbst diese Halsstarrigkeit, die nah an eine Provokation reichte, wird zu einem Argument zugunsten seines Mandanten umgemünzt. Wie ein furchtloser Gladiator, der auch im Angesicht des Todes nicht um Gnade bettelt, behauptet Milo standhaft seine Würde. An seiner Stelle ruft sein Verteidiger unter Tränen die glorreichen Verdienste seines Mandanten um die *res publica* ins Gedächtnis. In einer Art Figurenrede lässt Cicero ihn in einer Passage voller emphatischer Ausdrücke und stilistischer Raffinessen feierliche Abschiedsworte an seine Mitbürger richten, die den Wunsch verkünden, das Vaterland möge auf ewig leben (eine Stelle, die das Wissen um den Ausgang des Verfahrens und damit ihre nachträgliche Abfassung erkennen lässt). Gleichzeitig weist Cicero hier noch einmal auf die enge Verbindung zwischen der Sache seines Mandanten und seiner eigenen hin und wirft zur Verteidigung seines Mitstreiters die eigene *auctoritas* in die Waagschale. Die Ermahnungen, die Cicero in der schriftlichen Fassung am Ende der Rede an die Geschworenen richtet, wirken wie eine nachträgliche Kritik ihres tatsächlichen Verhaltens, während die Versicherung, Milo niemals seine Unterstützung entzogen zu haben, wie ein Rechtfertigungsversuch Ciceros angesichts des negativen Prozessausgangs klingt. In ihrer veröffentlichten Form vereint die *Rede für Milo* das taktische Geschick des Anwalts mit der Wortgewalt des Redners Cicero. Antiken Gewährsleuten zufolge soll Milo in seinem Exil in Marsilia die Lektüre der Rede mit sarkastischen Bemerkungen kommentiert haben.

Politische Schriften

De re publica

Die Abfassung von *De re publica*, die sich vom Jahr 54 bis ins Jahr 51 erstreckte, nahm mehr Zeit in Anspruch als die Arbeit an *De oratore*, dessen Niederschrift nur wenige Monate gedauert hatte. Neben der Einarbeitung in eine komplexe Materie und der damit verbundenen Quellenlektüre führte auch die Beanspruchung durch Politik und Anwaltstätigkeit zu Verzögerungen. Der schwierige Entstehungsprozess schlug sich in einer mehrfachen Änderung der Dialogdisposition nieder, die zwischenzeitlich vorsah, dass der Autor selbst im Kreise zeitgenössischer Gesprächsteilnehmer als Hauptfigur auftreten sollte. Diese Idee ließ Cicero jedoch wieder fallen und beließ es bei der Ansiedlung des Dialogs in den Tagen Scipios des Jüngeren, der im Gespräch mit hochgestellten Freunden auftritt.

Soweit sich dies angesichts der bruchstückhaften Überlieferung des Textes (Teile des Dialogs wurden erst 1820 in einem Palimpsest der Vatikanischen Bibliothek entdeckt) beurteilen lässt, ist die literarische Gestaltung des Dialograhmens weniger gelungen in *De oratore*. In *De re publica* herrscht ein vornehmer, aber nichtsdestoweniger streng hierarchischer Gesprächston. Die Charakterisierung der Dialogpartner ist zu sehr den Idealen der Tugend und des Einsatzes für das Gemeinwesen verpflichtet, als dass die Figuren dieselbe Lebendigkeit und Individualität entwickeln könnten wie die Protagonisten des Dialogs über den Redner.

Schauplatz des Gesprächs sind die Gärten von Scipios vor der Stadt gelegener Villa, Zeitpunkt die *feriae Latinae*, das Fest des latinischen Städtebundes, im Jahr 129 v. Chr., wenige Tage vor Scipios Tod. Wahrscheinlich hat Cicero, wie schon in *De oratore*, das Motiv des baldigen Todes einer der Hauptfiguren als dramatisches Element in einer der Vorreden eingesetzt, die den drei Teilen des Dialogs vorangestellt waren; jeder der drei Teile enthält jeweils zwei Bücher, in denen die Gespräche jeweils eines der insgesamt drei Tage wiedergegeben werden.

In den Vorreden zum ersten und dritten Buch wird die Notwendigkeit und Legitimität diskutiert, sich dem Wirken für den Staat zu widmen. Philosophischen Positionen, die einen solchen Einsatz ablehnen, erteilt Cicero eine deutliche Absage (neben dem Epikureismus sind damit alle philosophischen Richtungen betroffen, welche die *vita contemplativa* über die *vita activa* stellen). Andererseits betont er die Bedeutung einer umfassenden philosophischen Bildung als Fundament und Wegweiser für das politische Handeln. Sprache und Denken haben es dem Menschen ermöglicht, sich aus seiner anfänglichen Schwäche gegenüber den übrigen Lebewesen zu befreien und eine Überlegenheit zu erreichen, die sich vor allem im gemeinschaftlichen Zusammenwirken des Menschen bekundet. Am Ursprung dieser Fähigkeiten sieht Cicero einen göttlichen Funken; so gelangt er vom Bild der Natur als »Amme« zum Gedanken des Waltens der Vorsehung im Wirken der Natur.

Die Quellen dieser Verhältnisbestimmung von politischem Handeln und philosophischem *otium* konnten bisher nicht eindeutig bestimmt werden, unter anderem weil der fast vollständige Untergang der philosophischen Literatur des Hellenismus auch hier nur hypothetische Annahmen zulässt. Autoren wie Dikaiarch oder Antiochos von Askalon werden ebenso als direkte Gewährsmänner Ciceros ins Spiel gebracht wie die akademisch-peripatetische Lehrtradition im allgemeinen. Dabei sollte man sich stets vor Augen halten, dass Cicero Material, welches er den Quellen entnahm, nachträglich überarbeitet hat, und zwar nicht nur in begrifflich-theoretischer Hinsicht, sondern auch indem er sie den Gegebenheiten und Bedürfnissen der römischen Gesellschaft und der italischen Oberschicht anpasste. Der Antagonismus zwischen politischer Pflichterfüllung und einem zurückgezogenen Gelehrtendasein war zudem Teil von Ciceros eigener Persönlichkeit – was mehr über sein Werk sagt als die Frage, bei welchen griechischen Philosophen er Anleihen gemacht hat, um diesen Konflikt darzustellen.

Deshalb verwundert es nicht, wenn Scipio ein Leben, das sich allein den Studien und der Betrachtung widmet, als glücklicher betrachtet, den größeren Nutzen für die Mitmenschen aber darin sieht, auf die Erforschung wissenschaftlicher Detailfragen zu verzichten und sein Wissen in den Dienst des Gemeinwesens zu stellen. Diese Unterordnung der theoretischen Forschung unter die Ansprüche des politischen Lebens erinnert an Formulierungen in *De oratore*. Neu ist hingegen, dass der instrumentelle Charakter des Wissens ausdrücklich mit dem Gedanken des Dienstes an der Gemeinschaft und des Verzichts des Politikers auf persönliche Interessen verbunden wird. Der Akt schmerzhafter Selbstverleugnung, mit dem Ciceros Staatsmann sich von den um ihrer selbst willen betriebenen Studien losreißen muss, enthält zugleich einen Hinweis auf die Größe des Verzichts.

Dieser Verzicht rechtfertigt eine jenseitige Belohnung des Staatsmannes. Nach dem Vorbild von Platons *Politeia*, die mit dem Mythos des aus dem Totenreich zurückgekehrten Helden Er beschlossen wird, setzt auch Cicero eine Vision ans Ende von *De re publica*. Um ihr eine größere Glaubwürdigkeit zu verleihen, kleidet er sie in die Gestalt eines Traumgesichts, das unter dem Titel *Somnium Scipionis* bekannt geworden ist. Ähnlichkeiten bestehen darüber hinaus zu den Sendungsträumen der römischen Epik, etwa der Erscheinung Homers vor Ennius, oder zu Orakelträumen, wie sie Teil des hellenistischen Herrscherbildes waren. In diesem Zusammenhang ist auch an die angeblichen nächtlichen Erscheinungen zu erinnern, mit denen die Hauptfigur der Traumerzählung, Scipio Africanus der Ältere, sich schon zu Lebzeiten die Aura des Charismatischen gegeben hatte. In der kosmischen Jenseitsvision seines Protagonisten, des jüngeren Scipio, gelingt es Cicero, das Dilemma aufzulösen und zu überwinden, das die Eingangsfrage des Dialogs bestimmt hatte, ob ein Leben der philosophischen Betrachtung dem der politischen Aktion vorzuziehen sei.

Der Dialogauftakt

Das Gespräch, wie es im ersten, nur lückenhaft erhaltenen Buch von *De re publica* wiedergegeben wird, nimmt seinen Ausgang bei einem Naturphänomen: dem Erscheinen zweier Sonnen am Himmel über Rom (wohl infolge einer besonderen Form der Lichtbrechung unter Wolkeneinfluss; die sinnbildliche Dimension, die auf die damalige Spaltung der römischen Gesellschaft durch die Gracchenunruhen hindeutet, ist offensichtlich). Anders als Quintus Aelius Tubero, der dem Phänomen auf naturkundlicher Ebene nachspürt, scheint Scipio zunächst gewillt, nach Sokrates' Vorbild den Himmel Himmel sein zu lassen und sich dem Menschen und seinen Problemen zuzuwenden. Nachdem die anschließende Diskussion – auf dem üblichen Wege der *disputatio in utramque partem* – schließlich zu dem Ergebnis gelangt ist, die wahre Heimat des Menschen sei das Universum, gesteht auch Scipio ein, dass angesichts von dessen Unermesslichkeit menschliche Größe und irdischer Ehrgeiz verblassen. Demgegenüber beharrt Laelius darauf, nach alter römischer Auffassung das Philosophieren auf ein Minimum zu begrenzen. Stattdessen bringt er die Frage nach dem Wesen des Staates ins Spiel, indem er fordert, wer sich mit der Weisheit der Griechen beschäftige, solle den nützlichsten Teil der Philosophie wählen, die Theorie des politischen Handelns.

Das *Somnium Scipionis*

Die Erwähnung der »zwei Sonnen« und die damit verbundene Diskussion bereitet die Wiederaufnahme des Motivs des Kosmischen im Traumgesicht des Scipio am Ende des Dialogs vor. Das *Somnium Scipionis* gehört zu den erhabensten Stücken der lateinischen Literatur und ist in der Kühnheit seiner Vorstellungskraft durchaus mit den visionären Passagen in Lukrez' *De rerum natura* vergleichbar, wenn auch von der Grundausrichtung her sehr verschieden. Jenseits aller menschlichen Leidenschaften blickt die Seele des Staatsmannes vom Himmel aus auf die Erde in ihrer ganzen Winzigkeit. Weite Wüsteneien trennen die wenigen bewohnbaren Zonen des Planeten voneinander und machen einen Austausch zwischen den Menschen unmöglich. Jede *gloria*, wie sie die römische Aristokratie gemeinhin verstand, verliert damit an Wert, denn wer wird Scipios Ruhm und Namen jenseits von Ganges und Kaukasus je vernehmen? (Ein Aspekt, den die Dichtung der augusteischen Zeit bei ihrer Verherrlichung Roms völlig ausblendet.) Auch die Sterblichkeit der Nachlebenden und die Endlichkeit des Universums setzen dem irdischen Ruhm eine Grenze. Aussagen wie diese widersprechen ganz offensichtlich einem anderen Grundmotiv des Dialogs: der Suche nach Verfassungsformen, die dem Staat dauerhaften, wenn nicht ewigen Bestand verleihen (man sollte nicht versuchen, diesen Widerspruch mit der Verwendung unterschiedlicher Quellen für die verschiedenen Teile des Dialogs zu erklären. Die Vorstellung von der Vergänglichkeit des Ruhms nimmt wahrscheinlich auf Aristoteles' Jugendschrift über die Philosophie, den *Protreptikos*, Bezug). Wie ein roter Faden durchzieht das Bewusstsein der Vergänglichkeit und das Streben nach Beständigkeit und Dauer Ciceros gesamtes Werk. In der *Rede für Archias* ist es die Dichtung, die den Taten des Menschen Unsterblichkeit verleiht, in der Vorrede zu *De oratore* die Erinnerung an die großen Redner der Vergangenheit, die diese vor dem Vergessen bewahren soll. In *De senectute* schließlich stellt der achtzigjährige Cato nüchtern fest, dass nichts im Leben eines Menschen von Dauer ist. Aus dem gleichen Geist heraus beklagt Cicero in der Vorrede zum fünften Buch von *De re publica*, das Gemeinwesen der römischen Vorfahren sei vergangen wie die Farben auf einem prächtigen, doch mit der Zeit verblassten Gemälde.

Innerhalb der argumentativen Gesamtökonomie des Dialogs soll der Gedanke der Vergänglichkeit des Irdischen den politisch Handelnden von allen persönlichen Ambitionen und Interessen befreien. Er soll sein Tun als einen Dienst am Gemeinwesen begreifen und als Verpflichtung gegenüber der Gottheit erkennen, die ihm sein irdisches Dasein auferlegt hat. Die Verheißung von Unsterblichkeit für die Seelen der großen Staatsmänner speist sich aus verschiedenen philosophischen Quellen; auch der hellenistische Herrscherkult spielt hier eine Rolle. Sie soll den Staatsmann dazu bewegen, selbst angesichts von Unverständnis und Anfeindungen seiner Zeitgenossen im Dienst an der Gemeinschaft auszuharren, und wird als Ausgleich für ein entfremdetes Dasein der Pflichterfüllung verstanden. Nicht zufällig ist die allumfassende Schlussvision des Dialogs in die Form eines Traumgesichts gekleidet (dies sollte bedenken, wer noch immer die Frage zu beantworten sucht, ob Cicero an die Unsterblichkeit der Seele »geglaubt« habe oder nicht).

Die Theorie der »gemischten Staatsform«

Um die Existenzbedingungen eines dauerhaften Staatswesens zu definieren, greift Cicero die von verschiedenen griechischen Philosophen und Historiographen entwickelte Theorie der gemischten Staatsform auf. In ihr werden die Elemente des monarchischen, aristokratischen und demokratischen Systems zu einem Ausgleich gebracht, ihre Auswüchse aber verhindert. Die Quellenfrage beschäftigt die Forschung auch hier, obschon eigentlich keine Veranlassung besteht, an Scipios Aussage, die Theorien der Griechen seien unzureichend, oder an Laelius' Verweis auf die Neuartigkeit der Konzeption seines Gesprächspartners zu zweifeln.

Die Definition der römischen Republik als gemischter Staatsform ist unter anderem im Geschichtswerk des Polybios überliefert, der nach Laelius' Worten ebenso wie der Stoiker Panaitios zu Scipios Gesprächspartnern gehörte. Dies schließt nicht aus, dass Cicero sie aus verschiedenen Quellen kannte. Da es historisch wenig plausibel gewesen wäre, die Angehörigen des Scipionenkreises als eifrige Leser philosophischer Abhandlungen zu schildern, bot der Hinweis auf den Umgang mit gelehrten Griechen, die tatsächlich in diesem Kreis verkehrt hatten, eine elegante Erklärung, um die umfassenden Kenntnisse der Dialogfiguren auf dem Feld der politischen Theorie glaubhaft zu machen. Wichtig ist in diesem Zusammenhang zudem die Tradition, nach welcher die Staatsform Roms das Ergebnis einer geschichtlichen Entwicklung und nicht das Werk eines einzelnen Verfassungsgebers darstellte, für die Cicero vor allem Cato als Quelle nennt.

Der Begriff der gemischten Staatsform hatte schon bei den von Cicero verwendeten griechischen Autoren eine konservative Tendenz. Die bestehenden Macht- und Besitzverhältnisse sollten gewahrt, den Unterschichten ein gewisses, oft rein symbolisches Mitspracherecht eingeräumt werden. Vermutlich hat Cicero diesen Aspekt in *De re publica* noch verstärkt. Gegenüber Polybios' Version bestehen ebenfalls Unterschiede: Wie dort repräsentieren in *De re publica* die Konsuln das monarchische Element, der Senat das aristokratische und die Volksversammlung das demokratische. Aber anders als bei Polybios erklärt Cicero das institutionelle Gleichgewicht nicht als das Ergebnis eines ausgewogenen Systems einander entgegengesetzter politischer Kräfte. So deutet Scipio etwa die *tribunicia potestas* nicht als ausgleichende Macht, die dem Konsulat gleichberechtigt gegenübersteht, sondern als eine Art Zügel, der das Walten der Konsuln auf ein gerechtes Maß zurückführt. In seinem Verfassungsmodell legitimiert sich die Macht nicht aus verschiedenen Quellen: *Auctoritas* und *imperium* liegen einzig in den Händen der Oberschicht. Die Dreiteilung in Konsuln, Senat und Volk erweist sich faktisch als eine Form der Zweipoligkeit von Aristokratie und Unterschichten. Ebenso weitgehend wie Ciceros Auslegung der Kompetenzen des Senats reicht infolgedessen die Einschränkung der Machtbefugnisse des Volkes.

Die Mischverfassung garantiert laut Scipio besser als alle anderen Staatsformen die gesellschaftliche Hierarchie. Den verschiedenen Ständen kommen unterschiedliche politische Rechte zu. Dagegen basiert die Demokratie – auch in ihren besten Verwirklichungsformen – auf dem Prinzip der

Gleichheit, das jede hierarchische Ordnung zunichtemacht. Es verwundert also nicht, wenn Scipio die Entartung der demokratischen Staatsform als die schlimmstmögliche Degenerationsstufe des Politischen schildert. Natürlich geht es Cicero nicht einfach darum, die herkömmliche Form der römischen Oligarchie zu rechtfertigen. Ähnlich wie in der *Rede für Sestius* schwebt ihm offenbar eine erneuerte politische Klasse vor, die sich aufstrebenden Talenten öffnet und in der Lage ist, den Konflikt zwischen den gesellschaftlichen Gruppen vermittelnd zu steuern (wobei die Interessen der Besitzenden im Vordergrund stehen). Ciceros Positionen ähneln an dieser Stelle den Ansichten der gemäßigten Kreise um Isokrates im Athen des 4. Jahrhunderts.

Scipios erklärte Absicht ist es, den abstrakten Charakter des platonischen Idealstaates, aber auch den bloßen Empirismus der Peripatetiker zu überwinden, die sich damit begnügt hätten, bestehende Staatsordnungen zu untersuchen, ohne eigene Verfassungsmodelle zu entwickeln. Dagegen wendet Laelius ein, Scipio schreibe Einrichtungen, die Laelius' Ansicht nach das Ergebnis des Zufalls oder der Notwendigkeit sind, der Weitsicht der ersten römischen Gesetzgeber zu. Mit Hilfe dieser »teleologischen« Deutung der römischen Verfassungsgeschichte kann Scipio ihre Stationen zwanglos als eine fortschreitende Annäherung an das ursprüngliche Ideal erklären.

Neu gegenüber Polybios ist auch die Unterscheidung zwischen dem einfachen Nebeneinander von Bestandteilen der drei Staatsformen, wie sie Scipio in Rom von Beginn an gegeben sieht, und der langsamen Vermischung ihrer Elemente bis hin zur Erreichung eines harmonischen

Gleichgewichts, wie es zuerst um die Mitte des 5. Jahrhunderts hergestellt wurde. Die Ursprungsidee der gemischten Verfassung geht demnach auf Romulus zurück. Schon der Gründer Roms hatte also dem *imperium* und der *potestas* des Königs die *auctoritas* des Senats an die Seite gestellt und dem Volk gewisse Zugeständnisse gemacht, um die negativen Auswirkungen der Entscheidungen eines ungerechten Königs zu verhindern. Auf Romulus wird auch die Einführung des Klientelwesens und der Auspizien zurückgeführt, die beide dazu dienen sollen, das Volk an die Führungsschicht zu binden bzw. durch religiöse Scheu dieser unterworfen zu halten. Die Figur des ersten Königs erhält damit bei Cicero einen Stellenwert, den sie schon zur Zeit der Gracchen-Unruhen und vor allem unter Sulla besaß. Der römische Traditionalismus wurde schon damals dazu benutzt, den mythischen Gründer und ersten Gesetzgeber der Stadt als den Urheber eines Verfassungsgedankens in Anspruch zu nehmen, der eine starke, zentralisierte Staatsführung forderte. Vor diesem Hintergrund erklärt sich, warum Scipio unter den Grundformen des Staates dem Königtum vor allen anderen den Vorzug gibt. Ein weiterer Grund für den Vorrang des monarchischen Prinzips ist die Herrschaft des einen göttlichen Geistes über den Kosmos.

Polybios zufolge verlaufen das Leben und die Aufeinanderfolge der Staatsformen nach einem unentrinnbaren Zyklus von Geburt, Wachstum, Niedergang und Auflösung. Auch die Mischverfassung kann diesen naturgegebenen Ablauf nur verlangsamen, nicht jedoch aufhalten. Ciceros Position unterscheidet sich in dieser Frage ebenfalls von der des Polybios. Zwar hängt auch er keiner Fortschrittstheorie an, nach der, abgesehen vom Einfluss äußerer Faktoren, die natürliche Entwicklung zielstrebig zur Herausbildung eines Gleichgewichts in Form der gemischten Verfassung führen würde. Cicero vertritt vielmehr eine abgeschwächte Form der Zyklustheorie, die dem politischen Handeln größeren Spielraum lässt. Der Staatsmann, der die kommenden Entwicklungen voraussieht, hat die Chance, Maßnahmen zur Kurskorrektur zu ergreifen und so das politische Gleichgewicht und den Bestand der Verfassung möglichst lang aufrechtzuerhalten. Diesen Gedanken hatte Cicero wahrscheinlich schon im Sinn, als er gegenüber Lentulus (*Ad fam.* I, 9) zur Rechtfertigung seines Schwenks in das Lager der Triumvirn das Bild des klugen Steuermanns bemühte, der den Kurs des Schiffes ständig korrigieren muss, um es in den Hafen zu führen.

Die Rolle des *princeps*

Aufgabe des idealen Staatsmannes ist es, als unparteiischer Richter die unterschiedlichen gesellschaftlichen Interessen in Einklang zu bringen. In der modernen Forschung wird in diesem Zusammenhang der Ausdruck *princeps* gebraucht; Cicero verwendet – soweit dies aus den wenigen erhaltenen Stellen erkennbar ist, an denen die Erziehung und Ausbildung des Staatsmanns beschrieben werden – eher die Begriffe *rector* oder *gubernator rei publicae.* Der Gebrauch in der Einzahl darf nicht fehlinterpretiert werden: Gemeint ist der *princeps* als Typus (wie im Titel von *De oratore* der Redner). *Princeps* ist in diesem Sinne jeder führende Repräsentant der nach Ciceros Vorstellungen reformierten politischen Klasse. Dies schließt nicht aus, dass unter außergewöhnlichen Umständen ein einzelner zum herausgehobenen Vertreter der Elite aufsteigen kann, der durch seine Autorität zum Garanten der verfassungsmäßigen Ordnung wird. Falls Cicero tatsächlich eine solche Konstellation als Lösung für die Probleme seiner Zeit ansah, dachte er dabei jedoch gewiss nicht an eine Herrscherfigur, die sich über die republikanischen Verfassungsformen hinwegsetzte, sondern an einen Bewahrer ebendieser Ordnung im Augenblick höchster Gefahr. Die römische Geschichte bot viele Beispiele für Krisensituationen, die durch einen oder mehrere *principes* bewältigt worden waren, ohne dafür besondere Amtsvollmachten in Anspruch zu nehmen; der jüngste Fall war Ciceros eigenes Handeln als Konsul des Jahres 63, als es ihm gelungen war, durch seine vermittelnden Gaben die *concordia omnium*, die Eintracht aller anständigen Bürger, zu erreichen und Catilinas Umsturzversuch zu vereiteln.

Der Begriff des *princeps* wird in *De re publica* in einem abstrakt-funktionalen Sinne gebraucht, um verschiedene konkrete Verwirklichungsformen zu benennen. Aus diesem Grund sind alle Versuche, bestimmte Akteure der römischen Politik hinter dem Begriff zu vermuten, von vornherein zum Scheitern verurteilt. Ciceros Interesse gilt der Erziehung und Bildung einer Elite, aus der sich die politischen Akteure rekrutieren, die zur Lenkung des Staates ausersehen sind. Die Aussage, der *princeps* solle »von Ruhm genährt« sein, widerspricht nur auf den ersten Blick der Forderung, das politische Handeln müsse in einer Moral der Selbstbeherrschung und Selbstverleugnung verankert sein, und der Relativierung der *gloria* im *Somnium Scipionis*. Mehr denn je geht an dieser Stelle der Versuch, den angeblichen Widerspruch zwischen einzelnen Texten Ciceros aus der Verwendung unterschiedlicher Quellen zu erklären, ins Leere. Sowohl das Streben nach Ruhm als auch das Wissen um dessen Nichtigkeit gehören zur inneren Dialektik des großen Politikers (ähnlich wie zum Wesen der *magnitudo animi*, der Seelengröße, in *De officiis*). Das Verlangen nach Anerkennung lässt den Staatsmann Mühe und Anstrengungen auf sich nehmen. Selbstgenügsame Verachtung der *gloria* hindert ihn daran, sich zum Tyrannen aufzuschwingen. Um diese Gegensätze in sich zu vereinen, bedarf der Politiker einer umfassenden philosophischen und literarischen Bildung. In manchen seiner Briefe lässt Cicero anklingen, dass er selbst sich dem Ideal des *princeps* zwar nahe glaubte, dass ihn jedoch seine Leidenschaften noch zu sehr daran hinderten, diesem Ideal vollständig zu entsprechen.

Die ›Antilogien‹ der Gerechtigkeit

Bei der Frage nach der ethischen Grundlage des politischen Handelns verstricken sich die Dialogfiguren in eine Debatte über das Wesen der Gerechtigkeit. Schon ein Vierteljahrhundert vor dem fiktiven Datum des Gesprächs, das in *De re publica* wiedergegeben wird, hatte Karneades mit seinen Vorträgen über ebendieses Thema in Rom großes Aufsehen erregt. Getreu der von ihm entwickelten Methode der *disputatio in utramque partem* hatte der Begründer der akademischen Skepsis zunächst mit Argumenten der aristotelischen und der stoischen Philosophie die Existenz objektiver Kriterien der Gerechtigkeit bewiesen – um diese Argumente daraufhin in einem zweiten Vortrag eines nach dem anderen zu widerlegen. Woher genau Cicero seine Kenntnisse über diese Episode bezog, muss uns hier nicht interessieren; wahrscheinlich verwendete er Aufzeichnungen, in denen Kleitomachos, ein Schüler des Karneades, dessen Lehren verarbeitet hatte, auch wenn diese nicht im einzelnen den Wortlaut der römischen Vorträge wiedergeben.

Als Argument gegen die Existenz allgemeingültiger Gerechtigkeitsvorstellungen hatte Karneades offensichtlich auch die Expansion des römischen Reiches ins Feld geführt (Zweifel hieran sind nicht stichhaltig). Im dritten Buch von *De re publica* bitten die Freunde den anwesenden Furius Philus nun, die Argumente des Philosophen noch einmal durchzugehen, was dieser nur widerstrebend tut. Demnach hatte Karneades in der Tradition der sophistischen Aufklärung damit begonnen, die Glaubensvorstellungen, Sitten und Rechtsvorschriften der Völker als relativ zu erweisen, um die Existenz eines allgemeingültigen Naturrechtes zu bestreiten und den rein auf Konvention beruhenden Charakter von Recht und Gerechtigkeit zu behaupten. Grundlage des Rechts seien Macht und Gewalt. Auch die gemischte Verfassungsform sei das Ergebnis eines Ringens, in dem keine der gesellschaftlichen Gruppen ihre Herrschaft uneingeschränkt durchsetzen konnte. Dieselben Kräfteverhältnisse bestimmen das Völkerrecht. Entweder man entschied sich für eine ungerechte, aber machtbewusste Klugheit oder aber für eine gerechte, aber törichte Achtung fremden Eigentums und fremder Rechte. An dieser Stelle führt Cicero das vielzitierte Beispiel an, nach dem die Römer, wollten sie in Gerechtigkeit handeln, sämtliche eroberten Gebiete zurückgeben und wieder wie zu Romulus' Zeiten in Hütten leben müssten.

Man kann sich leicht vorstellen, dass Karneades' Thesen bei der konservativen römischen Oberschicht auf wenig Begeisterung stießen. Möglicherweise hatte der Philosoph aber ähnlich wie Platon in der *Politeia* die Fragen des Völkerrechts in erster Linie als Beispiele im Großen für ein grundsätzliches Problem der Moralphilosophie aufgeführt, bei dem sich das Individuum im Widerstreit zwischen persönlichem Vorteil und Gerechtigkeit konfrontiert sieht. Es ist daher nicht auszuschließen, dass die Fokussierung auf die zwischenstaatlichen Beziehungen, also auf die Frage, ob das Imperium Romanum auf Recht oder auf Gewalt gegründet war, erst durch Cicero vollzogen wurde. Bezeichnenderweise gibt der Autor von *De re publica* Karneades' Argumentation in umgekehrter Reihenfolge wieder und lässt Laelius mit einem Plädoyer *für* die Gerechtigkeit schließen (ein Indiz für die untergründige Tendenz der vordergründig objektiven *disputatio in utramque partem*). In Laelius' Argumentation kommen zwei Traditionsstränge zusammen: auf der einen Seite Elemente der Philosophie Platons und Aristoteles' sowie der des Panaitios, die für die Existenz des Naturrechtes sprachen, auf der anderen die typisch römische Überzeugung von der »Unsterblichkeit« des Staates, die gemeinhin zur Rechtfertigung von Verteidigungskriegen zur Sicherung der eigenen Existenz oder zum Schutze der Verbündeten herangezogen wurde. Roms »gerechte Kriege«, so die Logik, führten zur Unterwerfung fremder Völker. Da diese nicht in der Lage waren, sich selbst zu regieren, geschah ihre Unterjochung durch die Römer zu ihrem eigenen Vorteil. Zwar gesteht Laelius einzelne Fehler in diesem Expansionsprozess zu, doch sieht er die Herrschaft Roms prinzipiell als auf Recht und

Gerechtigkeit gegründet an. Schon den frühchristlichen Autor Laktanz, der die Kernpunkte von Laelius' Argumentation überliefert hat, konnte diese Widerlegung der von Karneades formulierten Bedenken nicht überzeugen. Gerechtigkeit wird hier als bloße Staatsraison verstanden.

Die Kritik der Moral in *De re publica*

Durch die ausgesprochen bruchstückhafte Überlieferung, insbesondere des zweiten Teils von *De re publica*, ist das Bild, das wir uns vom Inhalt des Dialogs machen können, sehr unvollständig. Neben der Figur des *princeps* bzw. *rector* beschäftigte Cicero sich in den verlorenen Teilen wahrscheinlich mit der schwierigen politischen Lage seiner eigenen Zeit sowie mit Fragen der Wirtschaft und der Gesellschaft. Außerdem formulierte er vermutlich eine tiefgehende Kritik der Sitten, ähnlich seiner Analyse der staatlichen Verhältnisse. Die wenigen erhaltenen Fragmente lassen erkennen, dass er dabei – wohl unter dem Einfluss Platons – immer stärker in autoritäres Denken zurückfiel, etwa wenn die Sittenstrenge der alten Römer gegenüber dem Laisser-faire der Griechen gepriesen und die Bedeutung der Zensoren für die Überwachung der öffentlichen Moral betont wird. Verblüffend ist die Einstellung zur Kunst, die in den erhaltenen Fragmenten zum Ausdruck kommt. Diese enthalten Hinweise auf eine Debatte über die persönlichen Angriffe in der Alten attischen Komödie, deren Tenor lautet, die moralische Beurteilung der Mitbürger sei Sache der Beamten, nicht der Dichter! Getadelt wird auch die dramatische Dichtung, da sie die Leidenschaften aufwühle. Ein besonders harsches Urteil trifft die Musik –

mit Ausnahme der traditionellen Kultmusik –, den Tanz und das Theater überhaupt. Schon die Antike wusste nicht recht, wie sie sich eine derartige Kritik gerade aus Ciceros Mund erklären sollte. Hatte nicht derselbe Cicero in seiner Jugend zu den Bewunderern des Schauspielers Roscius gehört und in der *Rede für Caelius* ausgiebig aus dem Fundus des Theaters geschöpft, um den Gegensatz zwischen der sauren Moral vergangener Tage und der Toleranz moderner Zeiten ironisch herauszuarbeiten? Geradezu unglaublich wirkt aus Ciceros Feder schließlich die Forderung nach Sanktionen gegen Redner, die mit ihrer Kunst die Richter »korrumpieren«. Auch wenn hier mutmaßlich Platons Verwerfung der Rhetorik im Namen der Wahrheit im Hintergrund steht, ist schwer nachzuvollziehen, warum gerade der große Gerichtsredner Cicero derart rigide Positionen formuliert.

De legibus

Ebenso wie Platon seine Schrift über den Staat um eine Sammlung von Gesetzen, die *Nomoi*, ergänzte, ließ auch Cicero auf *De re publica* einen Dialog mit dem Titel *De legibus* folgen. Als er 51 v. Chr. nach Kilikien aufbrach, unterbrach er die Arbeit an diesem Werk, von dem er bis zu diesem Zeitpunkt mindestens fünf Bücher zu Papier gebracht hatte (nur die ersten drei sind fast vollständig erhalten; auf wie viele Bücher das Werk insgesamt angelegt war, ist unbekannt).

Als Gesprächspartner treten diesmal Persönlichkeiten der Gegenwart auf: neben Cicero selbst sein enger Freund Atticus sowie sein Bruder Quintus. Literarisch besonders reizvoll ist der Rahmen des Dialogs, der in der Umgebung von Ciceros elterlichem Anwesen in Arpinum spielt und zunächst in einem Wäldchen, dann auf einer idyllischen Insel inmitten des Flüsschens Fibrenus geführt wird. Eingängig wirkt auch die Charakterisierung der Dialogfiguren, die ins Gespräch vertieft durch die Wälder und Fluren der alten Heimat streifen. Cicero gibt interessante Einblicke in sein inneres Verhältnis zum Schreiben. Atticus und Quintus werden als kompromisslose Optimaten geschildert, die auf die moderaten Ansichten Ciceros mit lebhaftem Widerspruch reagieren – ein Hinweis, dass es dem Autor nicht darum ging, endgültige Antworten auf die von den dreien diskutierten Fragen zu formulieren.

Aufschlussreich ist, wie die Freunde auf das Thema der Gesetze zu sprechen kommen. Auf ihrem Spaziergang erblicken sie die »Marius-Eiche«, die Cicero in einem seiner Verswerke erwähnt hatte. Daraus ergibt sich eine Debatte über historische Dichtung und Geschichtsschreibung. Atticus' Vorschlag an die Adresse Ciceros, sich als Historiker zu betätigen, lehnt dieser ab und verweist auf die Vielzahl seiner Verpflichtungen und auf eigene Pläne, im Alter als Rechtsberater zu wirken. Atticus bringt daraufhin die Idee ins Spiel, Cicero solle seinem Vorbild Platon folgen und auf die Behandlung des Staates in *De re publica* eine des Rechtes und der Gesetze folgen lassen. Die Einlösung dieses Vorschlags – so die »metaliterarische« Pointe – hat Cicero mit der Schrift *De legibus* vorgelegt.

Der Dialog behandelt zunächst Fragen der Rechtsphilosophie. Cicero hält ausdrücklich fest, dass nur solche Theorien erörtert werden sollen, die – unabhängig von ihrer philosophischen Letztbegründung – mit den Notwendigkeiten des Staatslebens in Einklang zu bringen sind. Aus diesem Grunde scheiden die Lehren Epikurs aus, aber auch die der Neuen Akademie, die gebeten wird, »in Schweigen zu verharren« und mit ihrer Skepsis keine Verwirrung in eine Debatte zu tragen, deren Gegenstand an sich klar geordnet ist (gemeint ist hier wohl die These, Rechtsprechung und Gesetzgebung beruhten allein auf menschlichem Übereinkommen).

Grundlage der staatlichen Gesetze ist das Naturrecht. Dieses stellt einen Ausfluss des göttlichen Geistes dar, der die Welt lenke und die einzige Richtschnur menschlicher Gesetzgebung sein dürfe. Daraus folgt die Nichtigkeit aller »ungerechten« Gesetze – für Cicero selbstredend solche zugunsten des Volkes, Landreformen und andere »demagogische« Erlasse. Das beste Beispiel für ein positives Recht in Übereinstimmung mit dem Naturrecht sind die Gesetze Roms, insoweit sie auf den *mos maiorum*, die traditionellen Grundsätze der Vorfahren, zurückgehen. Um aber nicht in einen rückwärtsgewandten Traditionalismus zu verfallen und den *mos maiorum* wie einen fest definierten Normenkatalog misszuverstehen, bedarf es seiner Ausdeutung als Quelle des positiven Rechts. Innerhalb dieser Deutung ist eine Weiterentwicklung des Rechtes der Alten nicht ausgeschlossen (eine Tendenz zur Neuordnung des überlieferten Wissens ist zu dieser Zeit auch in anderen Bereichen der römischen Kultur zu beobachten, etwa in der systematischen Beschäftigung mit den römischen Altertümern). Diese Einschränkung verhindert nicht, dass Cicero dem repressiven Charakter der Gesetzgebung von Platons *Nomoi* nachzueifern versucht. Die Bewunderung für den *mos maiorum* kommt in einer gewollt archaisierenden

Sprache zum Ausdruck, in der die Gesetze von *De legibus* formuliert sind.

Die Religion dient der Aufrechterhaltung der öffentlichen Moral. Der Glaube an die Bestrafung rechtlosen Verhaltens muss bestärkt werden, Einrichtungen wie das Augurenamt müssen erhalten bleiben. Dies gilt auch für die Auspizien und andere Wahrsageformen. Um sie von dem Verdacht frei zu halten, bloße Mittel der politischen Kontrolle zu sein, geht Cicero so weit, eine Art »mantisches Glaubensbekenntnis« abzulegen, das zu den später in *De divinatione* geäußerten Ansichten in einem kaum zu erklärenden Widerspruch steht.

Auf der anderen Seite bemüht sich Cicero, den Götterkult zu »rationalisieren«. Für die Ausübung der Riten verlangt er Lauterkeit der Absichten – Forderungen, die der archaischen Religion fremd waren und auf eine philosophische Konzeption zurückgehen. Praktiken, die diesem Grundsatz widersprechen, werden verworfen; ebenso kultische Strafen: Die Furcht vor der Bestrafung durch die Götter müsse genügen. Als Zeichen aufgeklärter »Modernität« kann auch Ciceros Bemühen gedeutet werden, wirtschaftlich unverzichtbare Tätigkeiten wie den Landbau – hier gegen das Vorbild Platons – von religiösen Skrupeln zu befreien.

Die innere Erneuerung der Politik in *De legibus*

Die Maßnahmen, die Cicero in *De legibus* diskutiert, sollen einer moralischen Erneuerung des politischen Lebens dienen. Er spricht sich für eine Ausweitung der Kontrollbefugnisse des Senats gegenüber den Amtsträgern, der Volksversammlung und den Volkstribunen aus. Rangniedere Magistrate sind aus dem Senat auszuschließen. Eine wesentliche Rolle kommt der Kontrolle durch die Zensoren zu. Diese Vorstellungen verraten eine konservative Handschrift, setzen jedoch ausdrücklich die Erneuerung der herrschenden Klasse voraus. Anders als die Aristokratie, mit der Cicero es in der politischen und administrativen Realität seiner Tage zu tun hatte, sollte sie ideell und moralisch in der Lage sein, ein Verhaltensvorbild für die gesamte Bevölkerung zu geben. Der feierlichen Würde der Amtsträger entspricht das – Cicero selbst eher fremde – Ideal einer Beredsamkeit, die wenige, aber gewichtige Worte macht und nur im Ausnahmefall zu Pathos und rhetorischer Fülle greift.

Ciceros moderate Haltung kommt besonders in der bemerkenswerten Auseinandersetzung mit Atticus und Quintus über die Rolle des Tribunats zum Ausdruck. Cicero fordert ausdrücklich, das Volk zu »zähmen« und einen offenen Konflikt zu vermeiden. Mit überlegener Einsicht legt er dar, wie das Tribunat der quasi königlichen Machtvollkommenheit der Konsuln im Verlauf der Geschichte eine wirksame Grenze gesetzt hat. Auf diese Weise war das Tribunat der Senatsaristokratie durchaus von Nutzen, da es eine unkontrollierbare Machtballung in den Händen einzelner verhindert hat. Seine wichtigste Funktion sieht Cicero darin, die Führer der Popularenpartei institutionell einzubinden und ihnen mit dem Amt der Volkstribunen eine mäßigende Rolle zur Eindämmung unkontrollierter Umsturzbestrebungen der Massen zuzuweisen. Die Überschreitung der Machtbefugnisse eines einzelnen Tribuns wird durch das Vetorecht seiner Kollegen verhindert. Als noch wichtiger betrachtet Cicero festgefügte Klientelstrukturen, die das einfache Volk an die Vertreter der herrschenden Klasse binden. Der Stärkung dieser Abhängigkeit dient unter anderem die Beibehaltung der geheimen Abstimmung in schriftlicher Form – verbunden mit der Verpflichtung seitens der einfachen Leute, die Stimmtafel von ihrem Klientelherrn kontrollieren zu lassen.

Der Untergang der Republik

Cicero als Prokonsul in Kilikien

Um Ordnung in die Provinzverwaltung zu bringen, wurde im Jahr 52 die Entsendung derjenigen Amtsträger als Statthalter beschlossen, die bisher keine prokonsularische bzw. proprätorische Stelle bekleidet hatten. Cicero erhielt für das folgende Jahr die Statthalterschaft von Kilikien in Kleinasien. Obschon er Rom nur sehr ungern verließ und wenig Neigung für die Verwaltungsarbeit besaß, wie er selbst immer wieder betonte, zeigte er sich in dem Jahr an der Spitze der Provinz Cilicia von seiner besten Seite. Er setzte sich für die Rechte der dortigen Bevölkerung ein und trat den teilweise überzogenen Forderungen der römischen Steuerpächter entgegen (zu denen auch der später so hochgelobte Marcus Brutus gehörte). Mit vergleichsweise geringem Truppeneinsatz gelang es ihm, gegen Aufständische und kriminelle Banden vorzugehen (der Triumphzug, den er sich dafür erhoffte, wurde nie bewilligt). Im Rahmen dessen, was die römischen Eroberer bei der Ausbeutung einer Provinz als legal ansahen, verhalf ihm das Amt schließlich auch zu ansehnlichen Einkünften.

Der Bürgerkrieg

Im November des Jahres 50 kehrte Cicero nach Rom zurück. Seit Monaten zeichnete sich ab, dass es zwischen Caesar und Pompeius zu einer bewaffneten Auseinandersetzung kommen würde. Die Ursachenkette, die zum Ausbruch des Bürgerkrieges führte, war lang. Seit Jahrzehnten hatte sich die herrschende Klasse Roms allen Bemühungen verweigert, der Not der verarmten Landbevölkerung Abhilfe zu schaffen. Doch aus dieser Schicht rekrutierte sich der harte Kern der Legionen. Diese Situation hatten sich die politischen Großakteure, von keinerlei verfassungsrechtlichen Bedenken gehindert, zunutze gemacht, um an die Macht zu gelangen. Der Großteil der römischen Militärkräfte war unter Caesars Kommando in Gallien stationiert. Seine Truppen waren von einem enormen Korpsgeist durchdrungen und ihrem Feldherrn, der sie besoldete und von Sieg zu Sieg führte, treu ergeben. Außerdem hatte Caesar in der Phase unmittelbar vor dem Ausbruch des Bürgerkrieges dafür gesorgt, dass er als Sachwalter der Rechte des Volkes gegenüber der Senatsaristokratie wahrgenommen wurde, die diese Rechte regelmäßig mit Füßen trat. Gleichzeitig hatte er den besitzenden Schichten Italiens glaubhaft machen können, dass sein Kampf nicht auf den Umsturz der bestehenden Verhältnisse zielte. Dass er keine blutigen Repressalien zuließ, war ein weiterer Faktor, der Caesars Erfolg im Kampf gegen Pompeius begünstigte.

Aus Ciceros Briefen geht hervor, dass er sich erst nach langem Zögern entschließen konnte, in diesem Konflikt die Partei des Pompeius zu ergreifen. Der Grund hierfür war, dass keiner der beiden Kontrahenten seiner Ansicht nach im Interesse des Gemeinwesens handelte, sondern jeder von ihnen allein den eigenen Machtzuwachs im Auge hatte. Pompeius und dem Senat wirft er vor, Caesars Aufstieg faktisch befördert zu haben, statt ihm Einhalt zu gebieten. Cicero war sich von Anfang an im klaren, dass Caesars Politik Aufsteiger aus den untersten sozialen

Schichten auf den Plan rufen würde und schmerzhafte soziale Umschichtungsprozesse zu befürchten waren. Im Verlauf des Bürgerkrieges zeigte sich aber, dass Caesar, indem er Ruhe und Frieden versprach, auch die Unterstützung weiter Teile der italischen Oberschicht für sich gewinnen konnte. Umgekehrt warf Cicero Pompeius vor, gerade diese Klientel politisch aufgegeben und den angestrebten *consensus* verraten zu haben, weshalb es zu einer Verlagerung des Konfliktes von der italienischen Halbinsel ins östliche Mittelmeer gekommen war. Cicero hatte Pompeius deshalb schon bald im Verdacht, gestützt auf die Gebiete im Osten, eine Monarchie nach hellenistischem Vorbild errichten zu wollen, und begann, in ihm einen zweiten Sulla zu erblicken, der seine Hand nach dem Vermögen seiner politischen Gegner ausstrecken würde, was er jedoch auch von Caesar und seinen Anhängern erwartete. Schon bald nach Ausbruch des Konflikts wurde Cicero klar, dass weder Pompeius noch die Senatspartei in der Lage waren, Caesar militärisch und politisch die Stirn zu bieten – was sich unter anderem in ungeschminkt defätistischen Bemerkungen zur Lage äußerte. Nach der Katastrophe von Pharsalos im Jahre 48 zog er sich deshalb aus dem Kriegsgeschehen zurück und setzte von Dyrrhachium, wo er sich gerade befand, nach Brundisium über. Dort blieb er, bis Caesar ihm seine Begnadigung mitteilen ließ. In der verhältnismäßig langen Zeit, die er unter dessen Herrschaft abseits des politischen Geschehens zubrachte, wandte Cicero sich wieder seinen Studien zur Rhetorik zu und verfasste den Großteil seiner philosophischen Schriften.

Rede für Marcellus

In der Zeit der Abstinenz von der politischen Macht gab Cicero sich mehr als einmal der Illusion hin, Caesar – selbst noch unentschieden, welchen Kurs es einzuschlagen galt – werde schließlich doch die Republik in ihrer rechtmäßigen Form wiederherstellen. Mit wechselndem Erfolg setzte er sich deshalb für die Rückkehr einiger Caesar-Gegner ins politische Leben ein. Nach Jahren des Schweigens ergriff er im September 46 zum ersten Mal wieder das Wort im Senat und dankte Caesar in einer Rede für die Rückberufung des Marcus Marcellus aus seinem jahrelangen Exil in Mytilene auf Lesbos. Marcellus hatte Caesar nicht einmal um diesen Gnadenakt bitten müssen, denn der Diktator wollte ganz einfach einen der wichtigsten Köpfe des Widerstandes im Ausland neutralisieren (Marcellus kam dennoch unter ungeklärten Umständen auf der Reise nach Rom ums Leben).

Den Ton der von ihm propagierten *dignitas* hat Cicero in der *Rede für Marcellus* allerdings noch nicht getroffen; zu offenkundig überwiegen, wie oft angemerkt wurde, Schmeichelei und rhetorische Effekthascherei (vgl. § 12: mit seiner Milde habe Caesar einen »Sieg über sich selbst« errungen). Der wenig taktvolle Vergleich zwischen Caesar und dem toten und besiegten Pompeius – der wie zu erwarten zugunsten des ersteren ausfällt – bringt Cicero in die missliche Lage, seinen eigenen früheren Standpunkt widerrufen und den neuen Machtverhältnissen Legitimität und moralische Überlegenheit attestieren zu müssen. Im ganzen betrachtet ist die *Rede für Marcellus* jedoch mehr als ein Zeugnis servilen Herrscherlobs. Allein die Tatsache, dass Caesars Entscheidung gelobt wird, Marcellus in seine Funktion als Senator wiedereinzusetzen, kann als Forderung verstanden werden, den Senat wieder zu einem Ort öffentlicher Debatten zu machen, an dem nicht mehr die Günstlinge des Diktators das Sagen haben. Mehr noch: Cicero greift eine Äußerung Caesars auf, als dieser einen Mordanschlag einiger amnestierter Gegner fürchten musste. Caesar soll damals gesagt haben, er habe lange genug gelebt, lange genug auch, um ewigen Ruhm zu ernten. Cicero erwidert nun, für diesen Ruhm müsse er noch mehr leisten – und übergeht damit den epikureischen Hintergrund der Äußerung (Caesars Epikureismus war allseits bekannt). Nicht bald vergessene Kriegstaten würden ihm ewigen Ruhm verschaffen, sondern eine friedliche Neuordnung des Staatswesens. Erst wenn Caesar eine Verfassungsreform in Angriff nehme, könne er damit rechnen, dass sein Name auf ewig mit dem eines neugeborenen Rom verbunden bleiben werde (worin diese Neuordnung – abgesehen von der Rückkehr zu zivilen Verhältnissen – bestehen könnte, lässt Cicero allerdings offen).

Rede für Ligarius

Im Winter 46 trat Cicero das erste Mal seit dem Prozess gegen Milo wieder als Anwalt vor Gericht auf. Sein Mandant war Ligarius, ehemaliger Pompeianer und praktisch schon von Caesar begnadigt, als er im letzten Moment von ehemaligen Parteigenossen beschuldigt wurde, in Afrika an der Seite des Numiderkönigs Iuba gegen die Caesarianer gekämpft zu haben. Caesar selbst, seit 48 Diktator, hatte den Vorsitz des Verfahrens übernommen. Cicero legt deshalb den Akzent auf das *ethos*, den Charakter und die menschlichen Eigenschaften Caesars, wie er es in den an Caesar gerichteten Reden dieser Jahre regelmäßig tut (womit er ein Merkmal der kaiserzeitlichen Rhetorik vorwegnimmt). Caesars Milde und Menschlichkeit wird zum Maßstab, an dem das Verhalten der anderen gemessen wird, angefangen beim Angeklagten und seinem Verteidiger.

Der Diktator wird als gütiger Vater apostrophiert, um ihn zu bewegen, dem Bild des milden, verzeihenden Vaters auch in seinem Urteil zu entsprechen. Der Ton der *Rede für Ligarius* ist im ganzen nüchtern und würdevoll. Schärfer wird er, wo Cicero den Vorwurf der Caesarfeindschaft gegen Ligarius' Ankläger wendet. Mit Entschiedenheit werden die in Schutz genommen, die während des Krieges treu zum Senat gestanden hatten: Indem Ligarius den rechtmäßigen Befehlen der Staatsführung gehorchte, tat er nichts anderes als seine Pflicht. Ciceros Plädoyer verfehlte seine Wirkung nicht. Ligarius wurde begnadigt. Abschriften der *Rede für Ligarius* machten schon bald die Runde; Caesar ließ sich ein Exemplar nach Spanien schicken, wohin er bald nach dem Prozess abgereist war.

Politische Desillusionierung und private Schicksalsschläge

Seine letzten Illusionen über die wahren Absichten des Diktators verlor Cicero spätestens im Frühjahr 45. Unter anderem auf Atticus' Betreiben hin hatte er einen offenen Brief verfasst, in dem er Caesar dazu aufforderte, die rechtmäßige republikanische Ordnung wiederherzustellen. Als er den Text einigen Mitgliedern des engeren Kreises um den Diktator vorlegte, wurde ihm beschieden, das Schreiben möglichst in der Schublade verschwinden zu lassen. Im selben Jahr veröffentlichte Cicero seine (verlorene) Lobschrift auf Cato den Jüngeren. Mit seinem Selbstmord in Utica hatte der kompromisslose Optimat Caesar um die Chance gebracht, ein neuerliches Exempel seiner Großmut zu statuieren. Um seine Persönlichkeit entbrannte eine literarische Auseinandersetzung, die Catos Ruhm als Verfechter der republikanischen Freiheit bis weit in die Kaiserzeit und darüber hinaus begründen sollte. Caesar selbst griff mit seinem *Anticato* in den Streit ein, ebenso wie sein militärischer Vertrauter Aulus Hirtius. Erstaunlicherweise hat Cicero die Entstehung und Verbreitung von Hirtius' Pamphlet gegen Cato begrüßt und gefördert, obschon dieser dort offen diffamiert wurde (während er selbst sehr gut wegkam).

Zu den unschönen Erfahrungen auf politischem Gebiet kamen solche im Privaten: zunächst die Scheidung von Terentia, dann die neue, vor allem aus finanziellen Gründen eingegangene Ehe mit der jungen Publilia, von der er sich nach kurzer Zeit wieder trennte. Der schwerste Verlust ereilte ihn jedoch im Februar 45 mit dem Tod seiner über alles geliebten Tochter Tullia. Cicero hat diesen Verlust nie ganz verwunden, das Echo der schmerzlichen Erfahrung reicht bis in seine philosophischen Schriften.

Rede für König Deiotarus

Im November des Jahres 45 vertrat Cicero den Tetrarchen von Galatien Deiotarus, dem ein Komplott gegen Caesar zur Last gelegt wurde. Seine jahrzehntelange Treue gegenüber Rom und seine Unterstützung für Pompeius im Krieg gegen Mithridates hatten ihm den Ehrentitel *rex* eingetragen (daher die Bezeichnung der Rede *Pro rege Deiotaro*). Im Bürgerkrieg stand Deiotarus zunächst auf Pompeius' Seite, war aber nach Pharsalos ins Lager der Caesarianer gewechselt. Cicero kannte er seit dessen Amtszeit als Prokonsul in Kilikien.

Die Verhandlung fand in Caesars Privathaus statt; nur wenige Zeugen waren anwesend. Ungeachtet der einschüchternden Umstände bringt Cicero ohne Umschweife seine hohe Meinung von Pompeius' Verdiensten und Fähigkeiten zum Ausdruck. Wer sich ihm, wie Deiotarus, angeschlossen hätte, hätte dies mit voller Berechtigung getan. Cicero spricht das Verstörende der Situation, als Anwalt vor einem einzigen Zuhörer sprechen zu müssen, der Richter und Partei in einer Person sei, offen aus. Auch bezeichnet er es als ungewöhnlich, dass einem König der Prozess gemacht werde und ein solches Verfahren unter Ausschluss der Öffentlichkeit stattfinde. Die fehlende Publikumsunterstützung sei der Grund, warum er sich für eine zurückhaltende und eher sachliche Ausdrucksweise entschieden habe (allerdings hatte Cicero schon in der *Rede für Ligarius* eine vergleichbar schlichte Diktion verwandt und in *De legibus* bemerkt, seine Vorliebe gelte einer schlichteren und bescheideneren Redeweise als früher).

Die Verteidigungsstrategie zielte darauf ab, die Anklage

als Frucht korrupter Verhältnisse an einem kleinasiatischen Fürstenhof zu diskreditieren. Schwieriger war es, den Angeklagten, der sicher nicht besser war als sein Hof – machtgierig, grausam, wetterwendisch und obendrein ein halber Barbar –, als würdigen Greis erscheinen zu lassen, der in allem, was er tat, nur den edlen Idealen der Freundestreue gefolgt sei.

Die Verhandlung endete vorerst ohne Urteilsspruch und wurde nach den Iden des März nicht wieder aufgenommen. Im Herbst des Jahres 45 schien es, als hätte der überzeugte Republikaner Cicero seine Karriere als Anwalt, in der er Dutzende römische Bürger verteidigt hatte, mit einem Plädoyer für einen Barbarenkönig beendet, über dessen Schicksal allein die Großzügigkeit eines Diktators zu entscheiden hatte.

Stildebatten und Rhetorikgeschichte

Cicero und die Attizisten

Im Jahr 46 hatte Cicero seine theoretische Beschäftigung mit der Rhetorik wieder aufgenommen. Seit einiger Zeit sah er sich der Kritik einer Gruppe jüngerer Redner ausgesetzt, die sich selbst als »Attizisten« bezeichneten und sich Cicero zufolge an der Nüchternheit eines Lysias oder dem spröden Stil eines Thukydides orientierten. Sie warfen dem bekanntesten Redner Roms vor, sich nicht klar genug von der Sprachdekadenz des Asianismus distanziert zu haben. Ciceros Stil schien ihnen zu kraftlos, aufgebläht von unnötiger Wortfülle und übertriebenem Gebrauch rhetorischer Figuren und zu sehr auf Rhythmus und Wohlklang aus. Das Aufkommen des Attizismus mit Lysias als rhetorischem Leitbild erklärt sich zum Teil aus den veränderten Gegebenheiten. Caesars Alleinherrschaft hatte die große politische Rede, die das eigentliche Anwendungsfeld der effektvollen Rhetorik des hohen Stils bildete, praktisch zum Erliegen gebracht.

Ciceros Erwiderung auf die Kritik der Attizisten ist im *Brutus*, deutlicher noch im *Orator* und schließlich in einer kurzen Schrift mit dem Titel *De optimo genere oratorum* enthalten. Die beiden erstgenannten Werke sind Marcus Junius Brutus gewidmet, der als Vertreter einer strengen, auf Reinheit und Schlichtheit bedachten Redekunst galt, die dem Ideal der Attizisten recht nahekam. Den jungen, vielversprechenden Redner ihrem Einfluss zu entziehen war offenbar Ciceros Absicht.

Rhetorik und Geschichte in Ciceros *Brutus*

Im Verlauf des nach dem Widmungsträger *Brutus* betitelten, im Frühjahr 46 fertiggestellten Dialogs skizziert Cicero sein rhetorisches Stilideal im Zusammenhang einer Geschichte der Redekunst bei Griechen und Römern. Die Entwicklung der römischen Rhetorik sieht er vom Grundgegensatz zwischen einer auf emotionale Wirkung zielenden, mitreißenden Beredsamkeit und einem eher schlichten, unemotionalen Stil bestimmt. Obgleich er von übertriebener Kürze wenig hält, räumt Cicero ein, dass beide Richtungen gute Redner hervorgebracht hätten. Weder die Beschränkung auf die Sache noch der rhetorische Effekt dürften übertrieben werden.

Im *Brutus* steht die Stildebatte noch nicht im Vordergrund. Kernanliegen des Dialogs, dessen Entstehung vor dem Hintergrund des erwachenden Interesses für die Vergangenheit Roms gesehen werden muss, ist die Darstellung der Geschichte der römischen Rhetorik. Damit betrat Cicero Neuland. Direkte Vorbilder für eine Schrift, die die Entwicklung einer *ars*, eines Wissensgebietes und seiner Anwendung, nachzeichnet, sind nicht bekannt.

Die großen Redner, die Cicero von der Zeit der Punischen Kriege bis zum Bürgerkrieg Revue passieren lässt, waren zugleich die wichtigsten politischen Akteure ihrer Epoche, mehrfach weist er auf die überragende Rolle hin, welche die öffentliche Rede jahrhundertelang in der römischen Gesellschaft spielte. Gleichzeitig liegt über dem gesamten Dialog, der mit der Erinnerung an den erst wenige Jahre zuvor verstorbenen Hortensius beginnt, eine Atmosphäre des Bedauerns angesichts verlorener Größe. Die

Geschichte der römischen Rhetorik wird zum Abgesang auf die glorreiche Vergangenheit der freien Rede in den Zeiten der Republik. Seit den Bürgerkriegen, so beklagt Cicero, sei das Forum verwaist, viele der besten Redner seien abgetreten. Die wenigen, die Krieg oder Alter noch nicht zum Opfer gefallen seien, sähen sich zum Schweigen verurteilt, denn die Herrschaft Caesars habe jede Form der freien politischen Auseinandersetzung ausgelöscht. Nun bestimmten inkompetente Emporkömmlinge die Szene, die ihren Aufstieg den Wirren der Bürgerkriege und den Machtinteressen des Diktators verdankten. Der Tod der Redekunst, den Cicero im *Brutus* so wortreich beklagt, hatte hingegen Gründe, die weiter zurückreichten. Sie lagen in der Krise der späten Republik, die zu einer Verschiebung der Machtverhältnisse zugunsten der großen Feldherren führte. Die freie Rede als Mittel der politischen Vermittlung und Überzeugung trat dabei mehr und mehr in den Hintergrund.

Für das chronologische Grundgerüst seiner Darstellung konnte Cicero auf die *Annalen* (*Liber annalis*) zurückgreifen, die sein Freund Atticus kurz zuvor veröffentlicht hatte. Der Gang des Dialogs entspricht der Abfolge der einzelnen Rednerpersönlichkeiten, da jede Epoche nicht mehr als einen oder zwei herausragende Redner hervorbringt. Die Charakterisierung der großen Redner macht den Kern der Darstellung aus, für die Cicero sich teils auf eigene Erinnerungen und auf die seiner Lehrer stützen konnte, teils auch zuvor nach schriftlichen Zeugnissen fahnden musste. Die Erforschung der Vergangenheit, wie sie im *Brutus* vorliegt, ist jedoch mehr als ein Symptom des gesteigerten Interesses an römischen »Altertümern«.

Sie erreicht das Niveau einer großangelegten Literaturgeschichte.

Die Beschwörung früherer rhetorischer und politischer Größe aus dem Munde der drei Protagonisten des *Brutus* verrät das Bewusstsein, dass diese Größe schon bald vergangen sein werde. Die eingängige Schilderung der debattenfreudigen intellektuellen Atmosphäre, obschon die Diktatur jede Meinungsäußerung zu ersticken droht, gehört zu den literarischen Stärken des Dialogs. Zusätzlich besticht der *Brutus* durch ein abgewogenes Urteil über die Fähigkeiten der einzelnen Redner und eine geschickt variierte Gesprächsführung samt auflockernden Anekdoten und eingängigen Charakterskizzen.

Der Dialog spielt in Ciceros Haus in Rom. Teilnehmer sind neben dem Gastgeber Atticus und Brutus. Wie in der Exposition angekündigt, liegt die Gesprächsführung bei Cicero, während seine beiden Mitunterredner – wohl nicht zufällig – vor allem die Charakterisierung zeitgenössischer Redner übernehmen. So erhält Atticus, der für die Reinheit seines Lateins bekannt war, die Aufgabe, Caesars stilistische Eleganz zu würdigen (diesen mit Marcellus als dem zweiten großen Redner der Gegenwart auf eine Stufe zu stellen, erforderte unter den gegebenen Verhältnissen durchaus Mut). Wie in *De legibus* greift Cicero auch im *Brutus*, mit dem er seine schriftstellerische Tätigkeit nach mehreren Jahren wieder aufnahm, zum Spiel mit den literarischen Ebenen. Zu Beginn stattet Atticus in Brutus' Begleitung dem Autor einen Besuch ab und bittet ihn, sich wieder dem Schreiben zu widmen. Daraufhin äußert Brutus die Vermutung, Cicero wolle sich lieber nicht über die Lebenden äußern, weil er fürchte, dass er und Atticus anschließend die Unterhaltung überall ausplaudern und damit den Groll derjenigen wecken würden, die sich übergangen fühlten.

Das Gedenken an die großen Redner der Vergangenheit ist zugleich eine Erinnerung an Zeiten, zu denen politisches Handeln und öffentliche Rede im Machtgefüge der römischen Republik mehr zählten als die Gewalt der Waffen. Für Cicero ist die vollkommene Redekunst von der Blüte eines gefestigten Staatswesens kaum zu trennen (Tacitus wird im *Dialogus de oratoribus* die entgegengesetzte These vertreten). Die Marginalisierung der Rhetorik im politischen Leben schafft andererseits größeren Spielraum für den literarischen Wert der Rede jenseits ihrer unmittelbaren gesellschaftlichen Funktion. Der pessimistische, beinah wehmütige Ton, der die Erinnerung an die großen Zeiten der römischen Rhetorik prägt, ist nicht zu überhören. Caesars diktatorische Herrschaft lässt auch hier keinen Raum für die Entwicklung neuer Talente. Meisterhaft versteht es Cicero, mittels der Dialogregie die Aussichtslosigkeit der politisch-intellektuellen Situation zu vermitteln.

Ciceros Darstellung der Geschichte der lateinischen Redekunst wirkt souverän und ist zugleich sorgfältig abgewogen im Urteil. Die Redner der Vergangenheit werden ohne Parteilichkeit an den Maßstäben ihres eigenen Stilideals gemessen. Auch das Urteil über die Gracchen, deren Politik Cicero missbilligt, fällt in der Sache neutral aus.

Selbst im Fall des einige Zeit zuvor verstorbenen Licinius Calvus, der als Anführer der Attizisten eine wichtige Zielscheibe der Stilpolemik des *Brutus* darstellt, ist Cicero zu einer Würdigung in der Lage, obgleich er Calvus' stilistische Grundüberzeugungen nicht teilt. Unter den wenigen Namen, die Cicero nicht erwähnt, überrascht die Auslassung der beiden Kontrahenten Marius und Sulla; dass weder Catilina noch Clodius Erwähnung finden, erstaunt angesichts der unversöhnlichen Feindschaft, die Cicero gegen die beiden Popularenführer hegte, dagegen nicht. Unter den Zeitgenossen verweigert Cicero selbst Caelius, Curio und dem Sohn des Marcus Crassus seine Anerkennung nicht. Er gedenkt ihrer mit bewegenden Worten: Auch sie seien vor ihrer Zeit Opfer des Krieges und der inneren Erschütterung der Republik geworden. Er verbindet diese Anerkennung jedoch mit einem Tadel für den übertriebenen Ehrgeiz, der den dreien schließlich zum Verhängnis geworden sei.

Die Entgegnung auf die Kritik der Attizisten

Die »Verteidigungsstrategie« gegen die Vorwürfe des Attizistenkreises liegt in einer Neubestimmung dessen, was unter Attizismus zu verstehen sei. Cicero hebt auf die Verschiedenheit der Stile und Tonlagen ab. Als Muster vollendeter Redekunst dürfe nicht allein die kristallklare Knappheit eines Lysias oder der ungelenke Stil eines Thukydides angesehen werden, sondern der sehr viel bedeutendere und abwechslungsreichere Demosthenes. Aus anderen Passagen des *Brutus* geht hervor, dass Demosthenes wenn nicht für alle Attizisten, so doch zumindest für Calvus tatsächlich als Stilvorbild galt. Der Dissens mit Cicero ergab sich daher wohl vor allem aus der unterschiedlichen Ansicht, wie das Vorbild des großen Atheners in die lateinische Rhetorik zu übertragen sei. Cicero setzte vor allem auf wortreiche *amplitudo*, Calvus auf eine Konzentration der Ausdrucksmittel. Der Autor des *Brutus* kann darin indes nicht mehr als eine eintönige *exilitas* (Kraftlosigkeit) erblicken, die Unfähigkeit, wo es nötig war, echtes Pathos zu entwickeln. Hinter solchen Äußerungen steht Ciceros Bemühen, sich selbst als den wahren Erben des Demosthenes zu präsentieren, da er als einziger in der Lage sei, ungehindert zwischen allen Stilebenen zu wechseln.

Ohne das Modell der griechischen Redner kopieren zu müssen, hätten die Attizisten, so Cicero weiter, in Cato ein mustergültiges Vorbild für eine Rhetorik in lateinischer Sprache finden können, die ihren enggefassten Vorstellungen entspreche. Atticus vermutet in dieser Aussage zunächst Ironie, aber man soll Ciceros Würdigung von Catos Redekunst durchaus für bare Münze nehmen. Dieser verfüge nicht allein über feinsinniges Gespür (*subtilitas*), sondern auch über Sprachkraft und Ausdrucksstärke sowie große rhetorische Fähigkeiten in der Anwendung von Figuren und anderen Formen des Redeschmucks. Hingegen räumt Cicero ein, dass Catos Formulierungsweise noch Reste altertümlicher Starrheit anhafteten. Ausgehend von der Lehre der Entwicklung der Künste hin zu einer größeren Natürlichkeit, die dem *Brutus* zugrunde liegt, kommt Cicero bei aller positiven Würdigung der Attizisten dazu, ihre Vorliebe für sprachlich noch unausgereiften »sauren Wein« abzulehnen, wie er etwa Thukydides' Prosa bezeichnet.

Cicero als Kritiker in eigener Sache

Im *Brutus* stellt Cicero – der sich ohne Frage als den größten Redner betrachtete, den Rom je erlebt hatte – sein eigenes Schaffen in den Kontext der historischen Entwicklung der römischen Rhetorik. Den frühen Rednern, deren Kunst notwendigerweise noch unvollkommen war, zollt er dennoch Respekt, ebenso wie seinen Lehrern, darunter Crassus, dessen Grenzen er nun klar erkennt. Die Geschichte der römischen Rhetorik wird als zielgerichtete Entwicklung dargestellt, an deren vorläufigem Ende und Höhepunkt der Autor selbst steht (eine Sichtweise, die wenig mit der modernen Forderung zu tun hat, Literatur und Kunst in ihrem geschichtlichen Kontext zu begreifen und zu werten).

Dies erklärt, warum Cicero am Schluss des Dialogs (dessen Überlieferung Lücken aufweist) einen längeren Vergleich zwischen sich selbst und Hortensius anstellt, wahrscheinlich dem einzigen Redner seiner Zeit, den er als ebenbürtig ansah. In der Rückschau sieht Cicero die volle Entfaltung seiner eigenen Redekunst in den *Verrinen* erreicht. Unter anderem aufgrund von Hortensius' Niedergang, dessen Ursachen Cicero nachgeht, gab es von nun an keine ernstzunehmende Konkurrenz mehr, und die weiteren Stationen der rhetorischen Laufbahn des Autors werden nur noch oberflächlich gestreift. Als Hauptmerkmale seiner eigenen Redekunst führt Cicero eine große stilistische Variationsbreite an, das Vermögen, den Einzelfall auf seine allgemeingültige Dimension hin zu befragen, den Rückgriff auf Philosophie und Geschichte sowie seine Fähigkeit, die Emotionen des Publikums souverän zu steuern.

Der Redner und sein Publikum

Mit dem Eindruck beim Zuhörer hängt auch Ciceros zweiter Haupteinwand gegen den Attizismus zusammen. Die Qualität einer Rede bemisst sich demnach nicht in erster Linie nach dem Urteil der Fachleute, sondern an der Wirkung, die sie beim Publikum auslöst. Deshalb ist eine rhetorisch ausgefeilte Ansprache, die sich an Vertreter der gesellschaftlichen Bildungselite richtet, von einer Rede vor dem einfachen Volk zu unterscheiden. Überdies kann es zwischen der Meinung des Volkes und dem Urteil der Fachleute gar keinen Widerspruch geben. Die Überlegenheit der Kenner beruht lediglich darin, die rhetorischen Mittel angemessen würdigen zu können, nicht in einem besseren Urteilsvermögen, als es die breite Masse besitzt. Trotz des großen Beitrags, den Cicero selbst zur Literarisierung der Rhetorik leistete, und obschon er die großen Redner der Vergangenheit im *Brutus* zumeist nach formalen Kriterien bewertet, kommt hier noch einmal die Überzeugung zum Tragen, Aufgabe der *ars dicendi* sei es im wesentlichen, dem Redner Mittel an die Hand zu geben, um das Publikum von seiner Sache zu überzeugen und es in seinem Sinne zu lenken.

Das Bild des idealen Redners im *Orator*

Im *Orator* widmet Cicero sich der näher umrissenen Frage, welches der beste Stil sei und wie der ideale Redner beschaffen sein solle (ausdrücklich beruft Cicero sich hier auf Platons Ideenlehre). Anders als im thematisch eng verwandten Dialog *De oratore* wählt er für den *Orator* die

Form eines Traktats (Nachlässigkeiten in der Komposition lassen vermuten, dass Cicero hierzu den Inhalt eines Briefwechsels mit Brutus neu zusammengestellt hat). Dies deutet darauf hin, dass die Schrift für einen Adressatenkreis bestimmt war, der nach eindeutigerer Orientierung verlangte als die Leser des großen Rhetorikdialogs. Dennoch setzt der Text die Kenntnis der Fachterminologie voraus. Sie wird nicht mehr, wie noch in *De oratore*, umgangen oder mit aristokratischem Understatement versehen. Allerdings bemüht sich Cicero, sein *ethos* als Senator zu wahren und gegenüber Brutus – wenn auch nicht dem gemeinen Leser gegenüber – den Ton professoraler Belehrung zu vermeiden. Er spreche nicht als Lehrmeister, sondern als Kenner, und wolle keine Vorschriften formulieren, sondern verdeutlichen, wem er den Vorzug in der Stildebatte gebe.

Bevor sprachgestalterische Detailfragen wie die Wortfügung (*compositio verborum*) behandelt werden, hält Cicero es dennoch für angebracht, eine Art zweite Vorrede in den Text einzuflechten, um zu rechtfertigen, warum er sich der Weitergabe einer Kunst wie der *ars dicendi* widmen wolle, ohne dass dies seine Würde (*dignitas*) als Senator und ehemaliger Konsul verletze (§ 140 ff.). Der programmatische Einschub enthält wichtige Positionsbestimmungen. Die aristokratische Neigung, das eigene rhetorische Wissen zu verleugnen, wird ebenso abgelehnt wie einige besonders rückständige Elemente des *mos maiorum*. Diese Rechtfertigung verweist auf die zahlreichen Stellen in seinen philosophischen Werken, an denen er sein »pädagogisches« Wirken verteidigt. Es ist sicher kein Zufall, dass Cicero zur Zeit der Niederschrift des *Orator*, also zu einer Zeit, als der ehemalige Konsul weitgehend vom politischen Leben ausgeschlossen war, begonnen hatte, private Redeübungen für ausgewählte Schüler abzuhalten. Die Aufwertung der Lehrtätigkeit und die Konzentration auf stilistische Einzelfragen in Ciceros Rhetoriktraktat spiegelt die wachsende Selbstbezüglichkeit einer Redekunst, deren gesellschaftliche Wirkungsmöglichkeiten geschwunden waren.

Mit aller Deutlichkeit setzt Cicero sich im *Orator* vom Attizismus ab. Ausgehend vom griechischen Begriff des *prepon*, des Angemessenen, entwickelt er eine Ästhetik der rhetorischen Stilvielfalt. Dem Bild des idealen Redners entspricht, wer in der Lage ist, seine Rede dem jeweiligen Gegenstand anzupassen. Eingehend wird die Lehre von den drei Stilarten, dem schlichten, mittleren und erhabenen Stil, dargelegt. Wer nur in einem einzigen Stil brilliert, hat noch keine wahre rhetorische Größe erreicht: Demosthenes habe diese Größe besessen. Auch hier setzt Cicero das Beispiel des großen Atheners als Waffe gegen die Attizisten ein, denen er vorwirft, das *genus tenue*, den schlichten Stil, mit dem attischen Stil an sich gleichzusetzen. Ein weiteres, wenn auch vielleicht weniger vollkommenes Beispiel der Annäherung an das Idealbild des Redners, so Cicero, sei er selbst. Demosthenes' größere Vollkommenheit ist der Tatsache geschuldet, dass er größere Vorbilder hatte, an denen er sich messen konnte. Ihm selbst hätten solche Bezugsgrößen gefehlt. Cicero betrachtet sich zu dieser Zeit als den einzigen wirklichen Redner Roms. Er habe inmitten des politischen Kampfes mehr Reden gehalten als jeder »müßige« Grieche. Auch die Entwicklung einer variantenreichen und vielschichtigen rhetorischen Sprache nimmt er für sich allein in Anspruch, gibt zahlreiche Beispiele aus seinem Schaffen und formuliert didaktisch prägnante Interpretationsvorgaben seiner Reden.

Eine Thematik, die ursprünglich nicht mit der Lehre der drei Stilarten verbunden war, ist die der drei Grundfähigkeiten, über die der vollkommene Redner verfügen soll, nämlich die, seine Zuhörer zu belehren (*docere*), zu unterhalten (*delectare*) und zu bewegen (*flectere* bzw. *movere*). Die Zuordnung dieser Fähigkeiten zu den drei *genera dicendi* ist Ciceros eigener Beitrag zum System der traditionellen Rhetorik, den er im *Orator* das erste Mal vorstellt. Dem *docere* entspricht der schlichte, dem *delectare* der mittlere und dem *movere* der erhabene Stil. Bei aller Betonung der rhetorischen Vielfalt lässt Cicero eine gewisse Bevorzugung des erhabenen Stils erkennen, da dieser die stärkste Wirkung auf das Publikum ausübt (und verweist damit auf eine Stärke seiner eigenen Redekunst, das *pathos*, das häufig die Schlusspassagen seiner Plädoyers prägt). Großes Gewicht erhalten darüber hinaus die *loci communes* (Gemeinplätze), die Überführung des Gegenstandes in allgemeingültige Dimensionen. Durch sie kann der Redner den Ton der Debatte auf ein höheres Niveau heben und emotional steigern, ein Musterbeispiel für die rhetorische *amplificatio*. Die Bevorzugung des erhabenen Stils im *Orator* steht auch im Zusammenhang mit Ciceros Auseinandersetzung mit den Attizisten, denen er vorwirft, die größte Schwäche ihrer Redekunst sei die mangelnde Fähigkeit, die Emotionen des Publikums anzusprechen.

Starke Wirkung auf die Zuhörer unterscheidet den erhabenen Stil von anderen Ausdrucksformen wie dem epideiktischen Genus der Dichtung, der Philosophie und der Geschichtsschreibung, eine Einschränkung, die der

Forderung nach der Universalität der Rhetorik in *De oratore* teilweise zuwiderläuft, was wohl durch die didaktische Ausrichtung des *Orator* zu erklären ist. Mit Blick auf die Geschichtsschreibung kommt hinzu, dass Cicero zwei Lieblingsautoren der Attizisten, Xenophon und Thukydides, aufgrund der Zugehörigkeit ihrer Schriften zur Historiographie nicht als rhetorische Stilvorbilder gelten lässt.

Besonders im Schlussteil des *Orator*, wo es um die Wortmelodie und die Formen des rhythmischen Satzschlusses geht, übt Cicero harsche Kritik an der gesuchten Thukydides-Nachahmung mancher Attizisten mit ihrer Vorliebe für unzusammenhängende Satzperioden und eine verfremdende Wortstellung. Er verwendet hier griechische Quellen, steuert aber auch manches aus seiner reichen Erfahrung als Redner bei. Auch wenn nicht alle Passagen gleich gut nachzuvollziehen sind, stellt Ciceros Behandlung des Prosarhythmus die bisher ausführlichste Darlegung des Themas in der antiken Literatur dar.

Augenscheinlich sahen die Attizisten den Prosarhythmus (*numerus*) als verzichtbares asianisches Beiwerk an. Cicero hält diese Position für künstlich archaisierend und begründet dies mit einer Sprachentwicklungslehre, die eng mit der Fortschrittstheorie der Künste im *Brutus* zusammenhängt. Natürlichkeit des Ausdrucks bedeutet, den Rhythmus der Worte dem Gang der Gedanken anzupassen. Hat ein Sprachstil die ursprüngliche Härte überwunden, findet er von selbst zur *concinnitas*, zur Harmonie von Wortklang und Kadenz. Deshalb empfiehlt Cicero, auf künstlich veränderte Wortstellungen zu verzichten, ebenso wie auf unnötige Wortvermehrung. Auch vom übermäßigen Gebrauch zu kurzer Rhythmen und Satzschlüsse rät er ab, ebenso wie von einer forcierten Wiederholung derselben rhythmischen Klausel am Satzende, die zu unnötiger Monotonie führe.

De optimo genere oratorum und die *Topica*

Sehr viel strengere stilistische Positionen vertritt Cicero in der ebenfalls im Jahr 46 entstandenen Schrift *De optimo genere oratorum*, »Über die beste Art Redner« (deren Echtheit gelegentlich bestritten wird). Ohne Wenn und Aber wird dort die »Sprödigkeit« des Attizismus kritisiert. Im *Orator* hatte Cicero noch die Möglichkeit gelten lassen, es könne unbeschadet der Überlegenheit eines bestimmten Stils zwei Arten der Beredsamkeit geben, von denen die eine eher nüchtern, die andere reicher und farbiger sei. Nun legt er Wert auf die Feststellung, in der Rhetorik existierten – anders als in der Dramatik, wo Tragödie und Komödie nebeneinander bestünden – keine unterschiedlichen Gattungen mit eigenen Stilmerkmalen. Es gibt nur einen wirklich vollkommenen Stil, alles übrige ist rhetorisches Mittelmaß oder schlechter. Ein Beispiel dieser Vollkommenheit lieferte Cicero mit der Übertragung zweier Reden des Demosthenes und des Aischines, denen er die kurze Schrift als Vorrede vorangestellt hatte.

Mit Fragen der Rhetorik beschäftigte Cicero sich noch einmal in den *Topica*. Die im Jahr 44 entstandene Schrift ist dem jungen Rechtsgelehrten Gaius Trebatius Testa gewidmet und enthält eine gemeinverständliche Darstellung der aristotelischen Lehre von der *inventio*, der Stofffindung (die Frage der Autorschaft von Teilen der griechischen Vorlage, auf die Cicero dabei zurückgriff, kann hier außer acht bleiben). In der Vorrede geht er auf die Schwierigkeiten ein, die selbst ein gebildeter Römer wie Trebatius bei der Lektüre der rhetorischen Fachliteratur in griechischer Sprache haben könnte. Gleichzeitig erlaubt diese Passage einen Einblick in Ciceros eigene Bildung, die weit über die der meisten seiner Zeitgenossen hinausging. Auch die Bemühungen zur Verbreitung von Wissen in Ciceros Schriften zur Philosophie sind vor diesem Hintergrund zu sehen. Viele der in den *Topica* erwähnten Beispiele werden in Hinblick auf die Interessen des Widmungsträgers dem juristischen Bereich entlehnt. Cicero vergisst indes auch die Erfordernisse eines breiteren Lesepublikums nicht. Eigenen Angaben zufolge hat er die kurze Schrift auf einer fünftägigen Seereise entlang der Küste Süditaliens niedergeschrieben, ohne Zuhilfenahme von Literatur und allein aus seinem Gedächtnis zitierend. Sollte dies zutreffen – und es gibt keinen rechten Grund, an der Aussage zu zweifeln –, haben wir es hier mit einer Bestätigung der ungeheuren Erinnerungsfähigkeit Ciceros aus seinem eigenen Munde zu tun. Sein untrügliches Gedächtnis ermöglichte es ihm auch, innerhalb weniger Monate ein umfangreiches philosophisches Œuvre zu Papier zu bringen.

Philosophie und Gesellschaft

Die *Paradoxa stoicorum*

Im Jahr 46 schrieb Cicero die *Paradoxa stoicorum.* Kurz nach dem *Brutus* verfasst, wirkt die Schrift über die paradoxen Lehrsätze der Stoiker, die gemeinhin als Ciceros erstes philosophisches Werk angesehen wird, dennoch in weiten Teilen wie eine rhetorische Übung. Als Hommage an Cato, der für seine stoischen Überzeugungen bekannt war, kleidet Cicero die Darstellung vertrackter philosophischer Probleme, die der letzte große Caesargegner zu Lebzeiten häufig in seinen eigenen Ansprachen aufgegriffen hatte, in rednerische Formen. Die Stoiker vertraten Thesen, die dem gesunden Menschenverstand zu widersprechen scheinen: dass nur das Ehrenhafte (*honestum*) ein Gut, die Tugend einzige Voraussetzung des Glücks, rechtes und unrechtes Handeln gleichwertig, alle Dummen verrückt und nur der Weise wirklich frei und wirklich reich sei. Cicero stand vor der Aufgabe, diese Thesen für seine Leser nachvollziehbar zu machen. Er tat dies, indem er sie literarisch ausformte, anhand von zahlreichen Beispielen erläuterte und sie damit in allgemeingültige Aussagen verwandelte.

Möglicherweise wollte Cicero, der bereits mit der Ausarbeitung der philosophischen Hauptwerke begonnen hatte, an den paradoxen Thesen der Stoiker die Möglichkeiten einer allgemeinverständlichen Darstellung philosophischer Fragen ausloten. In der Überzeugung, dass noch die abstrusesten moralischen Setzungen durch das Vorbild großer Persönlichkeiten einsichtig und nachahmenswert gemacht werden können, führt Cicero eine ganze Reihe von Exempeln aus der neueren römischen Historie an. Die Berufung auf Vorbilder des philosophischen Lebens, die aus der römischen Vergangenheit gewählt sind, von der Cicero in den übrigen Schriften zur Philosophie ausgiebig Gebrauch macht, ist hier bereits vorgebildet.

Indem er auch die jüngste Geschichte mit Hilfe einer »Logik des Paradoxes« deutet, will Cicero die allgemeine Meinung widerlegen, nach der Erfolg und Reichtum gleichbedeutend mit *virtus* und *gloria*, Tugend und Ruhm seien. Die *Paradoxa* sind gespickt mit unterschwelliger Kritik an Caesar und seiner Herrschaft sowie an all den Tendenzen, die zum Verfall der *res publica* geführt hatten. Cicero stellt der Machtgier der politischen Führer seiner Zeit, ihrem Streben nach Reichtum, Ansehen und Luxus das Idealbild des Staatsmanns, des *princeps*, entgegen, wie er es in *De re publica* entwickelt hatte. Eine tagespolitische Bedeutung enthält angesichts der zahlreichen Caesargegner, denen die Rückkehr nach Rom noch nicht gewährt worden war, das Paradox, dem zufolge der Weise auch in der Verbannung wahrer Bürger bleibt (exemplifiziert an Ciceros Exil der Jahre 58/57).

Die philosophischen Hauptwerke

Ciceros wichtigste Schriften zur Philosophie entstanden in erstaunlich kurzer Zeit in den Jahren 45 und 44: zunächst die *Consolatio*, eine Trostschrift anlässlich des Todes von Ciceros Tochter Tullia, und der *Hortensius*, ein Dialog zur Verteidigung der Philosophie nach Art des Aristotelischen *Protreptikos* (von beiden Schriften sind nur Bruchstücke erhalten); sodann die *Academica*, Probleme der Erkenntnislehre behandelnd, von der zwei unterschiedliche Fassungen existierten. Fragen der philosophischen Ethik stehen im Mittelpunkt der Schrift über das höchste Gut und das größte Übel, *De finibus bonorum et malorum*, sowie der *Tusculanae disputationes*, gefolgt von der philosophischen Götterlehre in *De natura deorum*. Gefolgt wird diese Gruppe vom *Cato maior*, einer Schrift über das Alter, sowie den Dialogen *De divinatione* über die Mantik, *De fato* über das Schicksal und dem *Laelius*, der die Freundschaft zum Thema hat. Zu den philosophischen Schriften ist auch Ciceros Übertragung von Platons *Timaios* zu rechnen.

Von diesem zusammengehörigen Corpus zu unterscheiden ist dagegen *De officiis*, insofern Cicero dort die Dialogform aufgibt und eine belehrend-präskriptive Form und Sprache wählt. Die Schrift entstand im Herbst 44 und verrät eine starke innere Anteilnahme des Autors, veröffentlicht wurde sie vielleicht erst nach seinem Tod. Von einer kurzen Schrift *De gloria*, entstanden nach *De fato*, ist nur der Titel überliefert.

Angesichts der raschen Folge, in der Cicero seine philosophischen Werke zu Papier brachte, wurde oft der Verdacht geäußert, ihr Autor habe sein Wissen in weiten Teilen aus doxographischen Handbüchern geschöpft, und bei der Wiedergabe der von ihm behandelten philosophischen Positionen seien ihm nicht wenige Missverständnisse unterlaufen. Diese Sicht der Dinge verkennt jedoch die Eigenart von Ciceros philosophischem Denken. Es ging Cicero nicht zuletzt darum, seinen römischen Lesern einen Eindruck von den Debatten zwischen den hellenistischen Philosophenschulen zu vermitteln. Dass zu diesem Zweck auch längere Referate über die verschiedenen Standpunkte der Kontrahenten eingeschaltet wurden, war unvermeidlich. Diese Passagen wirken durchaus nicht wie trockener Lehrbuchstoff, sie setzen vielmehr eine sichere Beherrschung des Themas voraus, die Cicero seinen philosophischen Studien als junger Mann und der auch in späteren Jahren ununterbrochenen eigenen Lektüre verdankte.

Zu der Annahme, Cicero habe in seinen philosophischen Werken vor allem fremdes Wissen zusammengetragen, hat auch seine selbstironische Bemerkung beigetragen, er habe sich dort vor allem als eleganter Übersetzer betätigt (tatsächlich hat Cicero ja mit der Übertragung der griechischen Fachterminologie einen entscheidenden Beitrag zur Entwicklung der philosophischen Begriffssprache Europas geleistet). Mehr Beachtung verdienen die zahlreichen Stellen, an denen Cicero sich in entgegengesetztem Sinne äußert. Nachdem er den Römern eine Redekunst vorgeführt hat, die es mit dem Vorbild der Griechen aufnehmen konnte, schenkt er ihnen nun auch noch eine philosophische Literatur, die diesen Namen verdient. Sie fußt auf einer selbständigen Aneignung der verschiedenen Strömungen innerhalb der hellenistischen Philosophie. Durch sie wird die einzige Lücke, welche die römische Kultur von der griechischen bisher noch trennte, geschlossen. Das Verhältnis von Ciceros Dialogen zu den Schriften der griechischen Philosophen seiner Zeit entspricht ungefähr dem von *De oratore* zur rhetorischen Fachliteratur. Die hellenistische Philosophie war, soweit man dies beurteilen kann, stark von Schulrichtungen und vom Schulbetrieb geprägt. Neben Werken zu philosophischen Einzelfragen brachte dieser Schulbetrieb vor allem großangelegte systematische Darstellungen hervor, deren Hauptlehren teilweise in entsprechenden Handbüchern aufbereitet wurden. Cicero strebte demgegenüber eine literarische Form an, die sich nicht nur an philosophische Fachleute wandte, sondern auch ein breiteres Publikum ansprach. Die Wahl der lebendigeren Dialogform (für die er sich wiederholt auf Platon und seine Schule beruft) und das Streben nach einer engen Verbindung von philosophischem Inhalt und rhetorisch eleganter Darstellung sind auf Ciceros (etwa in der Vorrede zum zweiten Buch der *Tuskulanen* geäußerte) Überzeugung zurückzuführen, dass für eine innere Erneuerung des Gemeinwesens eine gründliche philosophische Bildung notwendig sei. Diese dürfe nicht länger den eigens dafür bezahlten griechischen Professoren überlassen werden, die zudem oft aus einfachen Verhältnissen stammten, sondern müsse integraler Bestandteil in der Erziehung der führenden Schichten Roms und ganz Italiens werden. Vor diesem Hintergrund ist auch das Bemühen zu sehen, die Begriffe der griechischen Philosophie der Lebenswirklichkeit der römischen Gesellschaft anzupassen, womit Cicero sich wahrscheinlich von früheren Darstellungen der griechischen Philosophie in lateinischer Sprache unterschied.

Philosophen neuen Typs

Über die Beteiligung des Philosophen am politischen Leben war schon in hellenistischer Zeit diskutiert worden. In diesen Debatten ging es jedoch hauptsächlich um ein Wirken als Botschafter oder Berater eines Herrschers oder einer Stadtregierung. Bei Cicero hat der Gedanke des Philosophen als Staatsmann ganz andere Dimensionen. Ihm geht es um den einflussreichen Bürger, der, wie er selbst, die Philosophie nicht als ausschließliche Profession betreibt, sondern im Rahmen seines Einsatzes für die *res publica.* Aus diesem Grund sind es auch keine Berufsphilosophen, die in Ciceros Dialogen auftreten, sondern römische Bürger der gehobenen Stände. So soll das Auftreten des bekannten Feldherrn Lucullus in der ersten Fassung der *Academica* den hohen Rang der Philosophie verdeutlichen (in einer späteren Fassung hat Cicero dies aus Gründen der historischen Wahrscheinlichkeit geändert). In *De finibus* vertritt Cato die Position der Stoiker, während die Lehre Epikurs, der Philosophie und Politik für unvereinbar hielt, von Torquatus verfochten wird, dem Cicero daraufhin die großen Taten seiner Vorfahren im Dienste Roms entgegenhält. Dass es sich bei den Dialogfiguren um philosophische »Laien« handelt, unterstreicht die Bedeutung der Philosophie für diejenigen, die im Interesse des Gemeinwesens handeln – eine Rolle, die Cicero vor allem auch für sich selbst immer wieder in Anspruch nimmt.

Die literarische Form der philosophischen Dialoge

Hinter der Wahl einiger Figuren der philosophischen Dialoge Ciceros scheint eine versteckte Kritik an Caesar und seiner Alleinherrschaft zu stehen. Besonders *De finibus* wirkt streckenweise wie ein Nachruf auf die in den Bürgerkriegen umgekommenen Freunde. Literarisch ist *De finibus* der gelungenste der philosophischen Dialoge Ciceros. Der Text bleibt eng am Thema, verzichtet dafür jedoch auf die Einheit von Ort und Zeit und schildert mehrere, teils über Jahre auseinanderliegende Gespräche. Die Rahmenhandlung des dritten und vierten Buches spielt in der Bibliothek der Villa des Lucullus, wo Cicero den in die Lektüre vertieften Cato antrifft. Das fünfte Buch versetzt den Leser zurück in die Zeit von Ciceros Aufenthalt als junger Mann in Athen. Ein Spaziergang zur Akademie weckt die Erinnerung an die Größe der griechischen Kultur und Philosophie. Politisches Denken und vollendete Redekunst bildeten in Athen eine Einheit, wie das Beispiel der *principes civitatis*, ihrer Feldherren und Politiker beweist.

Ein anderes Bild bieten die *Tuskulanen.* Dort tragen die Rahmenhandlung und die Ansiedlung des Dialogs in Ciceros Villa in Tuskulum nur wenig zum Inhalt bei. Der namenlose Gesprächspartner ist kaum mehr als ein Zuhörer von Ciceros Lehrvortrag. Überzeugender fällt die Figurenzeichnung in *De natura deorum* aus, wo etwa Velleius als rigider Verfechter der Thesen Epikurs auftritt, dessen überzeichneter Dogmatismus in lebhaftem Widerspruch zur unvoreingenommenen Skepsis Cottas und Ciceros steht. In *De divinatione* übernimmt Ciceros Bruder Quintus die Verteidigung der Wahrsagekunst. Wie schon in *De legibus* schildert Cicero ihn als leidenschaftlichen Diskutanten. Für Quintus ist es ein Gebot des gesunden Menschenverstandes, die Ergebnisse der Zukunftsschau als Erfahrungstatsache anzusehen. Zutiefst konservativ eingestellt, betrachtet er Kritik daran als einen Angriff auf die vaterländischen Werte.

Die Rolle der Philosophie

Ciceros philosophische Dialoge sind nach dem Vorbild der Dialogschriften des Aristoteles nicht als fortgesetzter Wortwechsel aufgebaut, sondern als Aufeinanderfolge längerer Darlegungen aus dem Munde der einzelnen Gesprächsteilnehmer. Auch wo Cicero nicht in eigener Person auftritt, ergreift er in den Vorreden selbst das Wort. Häufig nimmt er dabei sein philosophisches Wirken gegen mögliche Kritik in Schutz und betont den Wert und die Bedeutung der Philosophie. Zur Begründung setzt er in den verschiedenen Schriften unterschiedliche Schwerpunkte. Die Philosophie wird als geistig-seelisches Heilmittel gegen die Anfechtungen des Schicksals und die Beschneidung der politischen Freiheit gepriesen oder aber als Mittel zu einer moralischen Erneuerung der herrschenden Klasse und der politischen Eliten. Angesichts der erdrückenden Alleinherrschaft Caesars betrachtete Cicero seine philosophischen Schriften als Fortsetzung des politisch-gesellschaftlichen Wirkens mit anderen Mitteln. In der Vorrede zum zweiten Buch von *De divinatione*, das kurz nach den Iden des März entstand, fordert er deshalb mit besonderer Eindringlichkeit und in der Hoffnung auf wiedergewonnene politische Handlungsmöglichkeiten einen geläuterten Neuanfang für die moralisch auf Abwege geratene Jugend.

Cicero gibt sich im allgemeinen zuversichtlich, was das Interesse und die Verständnisfähigkeit seiner Leser angeht, räumt aber ein, dass seine philosophischen Werke aufgrund der Komplexität des Gegenstandes an einen engeren Adressatenkreis gerichtet sind als die Schriften zur Rhetorik. Tatsächlich werden nur wenige in der Lage gewesen sein, den verwickelten erkenntnistheoretischen Debatten der *Academica* zu folgen. Dennoch konnte Cicero sich zu Recht rühmen, eine Aufarbeitung des Themas vorgelegt zu haben, an die vergleichbare Schriften griechischer Provenienz nicht heranreichten (womit er sich wohl nicht nur auf die gelungene literarische Form des Dialogs, sondern auch auf die begriffliche Genauigkeit seiner Rekonstruktion der Debatte zwischen Antiochos und Philon bezog). Auch *De finibus* richtet sich in erster Linie an die intellektuelle Elite. In den *Tuskulanen* soll dagegen offenbar eine breitere Leserschaft angesprochen werden: Gebildete, die von der Philosophie vor allem ethische Orientierung und Befreiung von den Ängsten und Sorgen des Lebens erwarten, aber wegen ihrer Beanspruchung durch öffentliche Angelegenheiten keine ausführlicheren Darstellungen bewältigen können. Die Behandlung der philosophischen Probleme fällt in den *Tuskulanen* deshalb eher allgemein aus. Im Gegenzug greift Cicero dort auf zahlreiche Beispiele und Vergleiche aus den verschiedensten Lebensbereichen zurück und bedient sich sämtlicher Mittel der rhetorischen Kunst, darunter auch dichterischer Ausschmückungen. Der lehrhafte Charakter des Dialogs ist stärker ausgeprägt, auf die detaillierte Behandlung von Einzelfragen wird meist verzichtet. Um den Leser nicht schon zu Beginn zu entmutigen, spart Cicero beispielsweise die Analyse der menschlichen Leidenschaften für das vierte Buch auf.

Die Vorworte zu den einzelnen Büchern der *Tusculanae disputationes* scheinen einer eher oberflächlichen philosophischen Bildung das Wort zu reden, die vor allem eine unmittelbare Anwendbarkeit in Fragen der Ethik im Auge hat. Dies ist als Konzession an die hergebrachten Vorbehalte der Römer gegenüber der Philosophie zu verstehen. Die Beschäftigung mit philosophischen Problemen sollte demnach auf keinen Fall das »rechte Maß« überschreiten (mit anderen Worten: die freie Zeit, die einem Senator und Exkonsul neben seiner staatsmännischen Tätigkeit zur Lektüre blieb). Wie in den Vorreden zu *De finibus* kommt in den Proömien der *Tuskulanen* jedoch sehr klar zum Ausdruck, dass Cicero sich des Totalitätsanspruches der *vita philosophica* durchaus bewusst war und mithin auch der Unmöglichkeit, ein »rechtes Maß« für denjenigen festzulegen, der sich der Philosophie widmen will. Gleichzeitig betonen die *Tuskulanen* die gesellschaftliche Legitimität der Philosophie. Wenn es nach traditioneller Vorstellung nicht zu beanstanden sei, dass sich Staatsmänner mit wichtigen juristischen Detailfragen beschäftigen, warum dann die Beschäftigung mit den Fragen der richtigen Lebensführung verdammen? Die Tendenz zur Unterordnung der Philosophie unter die Rhetorik und Staatskunst, wie sie in *De oratore* zu beobachten ist, scheint unhaltbar überwunden und weicht beinah einer Umkehrung der Verhältnisse: Nicht in dem Sinne, dass ein Leben der philosophischen Spekulation der Aufopferung für das Gemeinwesen überlegen wäre (auch wenn die *Tuskulanen* auf diesen Aspekt besonderes Gewicht legen), sondern insofern eine gründliche philosophische Bildung die Voraussetzung für alle Formen gesellschaftlichen Engagements darstellt. Schon im *Hortensius* hatte Cicero als Dialogpartner den Vorrang der Philosophie vor Rhetorik und Politik vertreten. Die Ansiedlung des fiktiven Gesprächs im Jahr 62, zu einer Zeit also, als Cicero eben erst seinen Sieg über Catilina errungen hatte, sollte zeigen, dass die Philosophie auch einen Staatsmann auf dem Höhepunkt des Erfolgs Abstand von allen äußeren Formen des Ruhms lehren konnte.

Der Gesamtplan der philosophischen Werke

In der Vorrede zum zweiten Buch von *De divinatione* entwickelt Cicero eine Art Gesamtplan seines philosophischen Œuvres, dessen Grundzüge wahrscheinlich auf das System der Neuen Akademie zurückgehen. Die logische Aufeinanderfolge der Themen entspricht ungefähr der chronologischen Abfolge der Schriften: Auf eine allgemeine Einführung und Einladung zur Philosophie (*Hortensius*) folgt die Erkenntnislehre (*Academica*), die Ethik in ihrer theoretischen und praktischen Dimension (*De finibus* und die *Tuskulanen*) und schließlich Fragen der Religion (*De natura deorum* und *De divinatione*). Einbezogen sind jedoch auch die *Trostschrift*, das *Lob des Cato* und, mit dem ausdrücklichen Hinweis auf die vielseitigen Interessen der aristotelischen Schule, Werke Ciceros aus früheren Jahren wie *De re publica* und die Schriften zur Rhetorik. Die letztgenannten Werke haben offensichtlich erst nachträglich ihren Platz in diesem Gesamtplan zur Darstellung der Philosophie gefunden. Demgegenüber ist es durchaus möglich, dass die philosophischen Schriften der Jahre 45 und 44 schon von Beginn an vorgesehen waren. Dies sollte jedoch nicht dazu verleiten, ein festes Lehrgebäude, ein in sich geschlossenes philosophisches System in diesen Werken zu erblicken: Zu groß sind die offensichtlichen Widersprüche zwischen einzelnen, zeitlich und thematisch eng benachbarten Schriften wie etwa *De finibus* und den *Tuskulanen* oder *De natura deorum* und *De divinatione*.

Cicero und die akademische Skepsis

In den philosophischen Schriften werden zum Teil diametral entgegengesetzte Thesen vertreten und diskutiert. Mit der Anwendung dieser Darstellungs- und Erkenntnismethode erweist Cicero sich als Anhänger der gemäßigten Skepsis der Neuen Akademie. Er hatte sie in seiner Jugend bei Philon von Larissa kennengelernt. Später relativierte er seine Haltung zugunsten einer eher affirmativen Haltung, wie sie Antiochos von Askalon vertrat und wie sie den Erfordernissen der praktischen Politik besser entsprach, die nach verlässlicheren Aussagen verlangte.

Mit der Entscheidung für die Neue Akademie stand Cicero außerhalb der intellektuellen Strömungen seiner Zeit. Ein Großteil der gebildeten Römer orientierte sich an den Lehren der Stoiker, die als philosophische Rechtfertigung der traditionellen römischen Werte und Verhaltensweisen aufgefasst wurden. Andere neigten dem Denken Epikurs zu – sei es aus einer nachvollziehbaren Geringschätzung für das politische Geschäft und einem Bedürfnis nach individueller Seelenruhe heraus, sei es lediglich, um unpolitischen Egoismus und zynisches Nützlichkeitsdenken zu kaschieren. Mehrfach weist Cicero deshalb den Vorwurf zurück, er habe sich einer philosophischen Richtung angeschlossen, die das Dunkel der Unerkennbarkeit über die Dinge breite, Wahr und Falsch vertausche und alle Wertmaßstäbe außer Kraft setze. Hintergrund dieser Kritik war die Befürchtung, die Ablehnung objektiver Erkenntniskriterien und allgemeingültiger Wahrheiten in moralischen Fragen könne zur Heranbildung von Persönlichkeiten ohne feste Prinzipien führen, die ihre Mitmenschen und ihr

Vaterland bedenkenlos verraten würden. Cicero betont dagegen, dass seine Skepsis durchaus kein unentschiedenes Schwanken zwischen verschiedenen Meinungen bedeute. Er gehöre nicht zu denen, die behaupteten, es gebe keine Wahrheit, aber er sei sich bewusst, dass das Wahre stets mit dem Falschen vermischt und beides zu unterscheiden keine leichte Aufgabe sei. Möglicherweise hatte Cicero bei Philon eine gemäßigte Fassung der von Karneades entwickelten Erkenntnisskepsis kennengelernt. Demnach gebe das Kriterium der Wahrscheinlichkeit einer Aussage verlässliche Hinweise auf den tatsächlichen Sachverhalt, auch wenn es keine absolute Wahrheit garantiere. In diesem Sinne dient die Argumentationsweise *in utramque partem* auch nicht der Verflüchtigung jedweder sicheren Überzeugung. Sie soll vielmehr helfen, Kriterien zur Entscheidung zwischen den Lehrmeinungen der einzelnen philosophischen Richtungen zu formulieren. Angesichts der Krise des traditionellen Wertesystems erschien Cicero die Entscheidung für die philosophische Skepsis als die geeignetste Wahl, denn sie ermöglichte eine offene, vorurteilsfreie Suche nach einer neuen Ethik. Diese Ethik sollte keine absoluten Sicherheiten postulieren und keinen unzeitgemäßen Tugendrigorismus fordern und dennoch in der Lage sein, Orientierung in moralischen Fragen zu liefern. Indem Cicero sich der akademischen Skepsis verschrieb, gewann er einen Freiraum zu eigenständigem philosophischem Fragen, ohne sich der Schulautorität einer der vielen sich bekämpfenden philosophischen Richtungen unterwerfen zu müssen. Diese Freiheit schlägt sich auch in den Wendungen und Etappen seines philosophischen Œuvres nieder, dem ein strenger Systemcharakter fremd ist. Cicero gesteht sich zu, einmal formulierte Ansichten bei Bedarf zu revidieren (*Tuskulanen* V, 33). Dies sollte jedoch nicht dazu verleiten, hier ein Beispiel für die postmoderne Theorie einer Vervielfachung der Autorinstanz oder der Aufspaltung und Auflösung des Subjekts in eine bloße Aufeinanderfolge fluktuierender Meinungen und Stimmen sehen zu wollen. Es ist zwar richtig, dass die Dialogform besonders dazu angetan ist, Zweifel zu äußern und abschließende Urteile zu vermeiden. Doch die Tatsache, dass Cicero sich in verschiedenen Dialogen zum Fürsprecher teils einander widersprechender Meinungen macht, darf nicht als Beleg für eine bewusst angestrebte Schwächung der Autorinstanz gedeutet werden, als wolle Cicero den jeweils in seinem Namen geäußerten Ansichten jeden Anspruch auf Gültigkeit entziehen und sich damit zu einem reinen Verlautbarungsinstrument der unterschiedlichen Stimmen und »Diskurse« machen.

Eine klar erkennbare Verbindung zwischen der skeptisch-akademischen Argumentationsweise *in utramque partem* besteht dagegen zur rhetorischen Strategie des Gerichtsredners Cicero, der sich gern als bloßes Sprachrohr einer fremden Sache in Szene setzte (wie etwa in der *Rede für Cluentius*). Dies bedeutet jedoch nicht, dass man Ciceros philosophisches Schreiben zu nichts als unpersönlicher »Diskursivität« erklären dürfte. Fraglos wollte Cicero in seinen Schriften ein Zeugnis der tiefen Wert- und Sinnkrise seiner Zeit geben. Die Akzentverschiebungen und Widersprüche innerhalb des philosophischen Œuvre sind jedoch gerade kein Beleg für die »Auflösung von Subjekt und Autorschaft«, denn sie setzen die erfahrungsgesättigte Persönlichkeit ihres Autors Cicero voraus. Selbst in dem vergleichsweise kurzen Zeitraum der Entstehung der Philosophica sah dieser sich im privaten wie im politischen Bereich einer ganzen Flut von sich überstürzenden Ereignissen ausgesetzt, und es ist nur zu verständlich, wenn er darauf mit widersprüchlichen Einschätzungen und schwankenden Gefühlsregungen reagierte.

Vereinfachend gesagt bemüht Cicero sich immer dann, die negative Skepsis der Neuen Akademie zu überwinden und zu verwertbaren Ergebnissen zu gelangen, wenn er Zuversicht und Trost vermitteln will oder ein rationales Fundament für die traditionellen Werte formuliert. Diese Ergebnisse bewegen sich meist im Rahmen einer sehr allgemeinen Version des Platonismus, verbunden mit einer dogmatisch abgeschwächten Form stoischen Denkens. Die Philosophie der Stoiker galt Cicero aufgrund ihres Wissens um die Erhabenheit der kosmischen Ordnung und der hohen ethischen Standards, die sie verlangte – Catos Beispiel war Cicero noch sehr gegenwärtig –, als in ihrer Kompromisslosigkeit überzeugende Richtschnur menschlichen Handelns. Betrachtet man Ciceros philosophische Schriften in der Reihenfolge ihrer Entstehung, von den *Academica* und *De finibus* bis zu den *Tuskulanen* und von *De natura deorum* bis zu *De officiis*, könnte man von einer fortschreitenden Entwicklung seines Denkens in Richtung auf die Formulierung »positiver« Resultate sprechen. Ein Werk, das sich nur mit Gewalt in dieses Schema pressen lässt, ist hingegen *De divinatione*: Von allen philosophischen Dialogen Ciceros trägt es am deutlichsten Züge eines aufgeklärten Denkens, das sich von konservativen Werten und Instanzen weitgehend emanzipiert hat.

De finibus

Im allgemeinen macht Cicero sich die skeptischen Widerlegungsstrategien, die Karneades, der Begründer der Neuen Akademie, gegen die Lehren insbesondere der Stoiker und der Epikureer entwickelt hatte, wirkungsvoll zunutze. In seiner Schrift *Über das höchste Gut und das größte Übel* schafft die skeptische Methode jedoch keine philosophische Tabula rasa, sondern führt zu der Erkenntnis, dass die Theorien, gegen die sich die Skepsis richtet, nicht unterschiedslos auf derselben Stufe stehen. So gesteht Torquatus bei seiner Verteidigung der epikureischen Lehren den Einwänden Ciceros im Bereich der Naturlehre (die sich vor allem gegen die Theorie des *clinamen*, der Ablenkung der Atombewegung, richtet) volle Berechtigung zu. Torquatus bezieht sich deshalb ausschließlich auf die Ethik, und selbst hier vertritt er eine gemäßigte Version der epikureischen Lehre, die unter Berufung auf Elemente der ursprünglichen Philosophie Epikurs den römischen Verhältnissen angepasst wird. Damit ist nicht nur die allseits bekannte (wenn auch umstrittene) These gemeint, der zufolge das höchste Gut in der Abwesenheit von Schmerz und Beunruhigung besteht. Grundlage von Lust und Schmerz, so führt Torquatus weiter aus, ist der Körper. Sehr viel dauerhafter und darum wichtiger sind aber die positiven und negativen Empfindungen, die aus dem Geist stammen. Aufgabe der Tugenden ist es, diese angenehmen Empfindungen zu gewährleisten: Die Mäßigung beispielsweise führt zur Befreiung von den Begierden und damit zur Seelenruhe. Im gesellschaftlichen und politischen Bereich gesteht er den Pflichten, dem *officium*, eine wichtige Rolle zu, denn auch das Streben nach Ruhm erklärt sich als Streben nach dem Angenehmen. Es kann so stark sein, dass es Leid und Schmerzen in Kauf nimmt, um sein Ziel zu erreichen. Diese Sichtweise erlaubt es Torquatus, die Werte der römischen Aristokratie für einen Epikureismus zu vereinnahmen, den er als ernsthafte, auf Selbstbeherrschung und asketische Lebensführung zielende Haltung auffasst. Dieser Epikureismus lehrt die Vermeidung nutzloser Leidenschaften, welche dem Individuum wie dem Gemeinwesen nichts als inneren Aufruhr bescheren.

Ciceros anschließende Kritik an der Lehre Epikurs benennt die Schwachstellen einer Ethik, die in den sinnlichen Genüssen das höchste Gut erkennt, sich dann aber in die Fluchtburg der Innerlichkeit zurückzieht. An Torquatus' Ausführungen missfällt ihm vor allem die Fremdbestimmtheit eines Moral- und Tugendbegriffs, der die Beweggründe menschlichen Handelns in letztlich animalischen Instinkten sieht. Die Grundlegung der Moral in einem wie immer gearteten Hedonismus führt zu reinem Utilitarismus: Auch wer Gutes tut, tut es im eigenen Interesse und würde zur Erreichung seiner Ziele auch das Böse tun. Cicero betrachtet die Lehre der Epikureer – wenn auch zu Unrecht – als eine Schule der Verschlagenheit und des Egoismus. Zu allem Überfluss enthebt die epikureische Lehre von der Nichtbefassung der Götter mit den Angelegenheiten der Menschen den Übeltäter auch noch der Furcht vor göttlicher Strafe. Die zur zweiten Natur gewordene Neigung, Gerechtigkeit und Tugend lediglich nach außen zur Schau zu stellen, so Cicero, bringt die Gefahr einer vollständigen Veräußerlichung aller Werte mit sich. Was bleibt, ist die Versuchung, den Verlockungen des falschen Ruhms, der *fama popularis*, nachzugeben, vor der schon in *De re publica* gewarnt wird. Ein Ehrbegriff ohne innere moralische Richtschnur ist gleichbedeutend mit dem bloßen Genuss am öffentlichen Erfolg.

Inwieweit Ciceros Epikur-Kritik sich gegen Caesar richtete, dessen Epikureismus allseits bekannt war, muss hier offenbleiben. Dass die Texte keine direkten Anspielungen in dieser Richtung enthalten, kann an den Bedingungen liegen, unter denen Cicero schrieb. *De finibus* entstand zu einer Zeit, als der Diktator auf dem Höhepunkt seiner Macht stand. Aufschlussreicher sind Ciceros Gründe, über die Verbreitung epikureischer Lehrmeinungen bzw. ihrer vereinfachenden Auslegung in weiteren Kreisen der römischen Bevölkerung beunruhigt zu sein: Die Schriften der römischen Epikureer verdankten ihren Erfolg nicht zuletzt der Tatsache, dass sie keine großen Ansprüche an den Leser stellten. Sie waren auch für Ungebildete verständlich und forderten augenscheinlich keine gesellschaftlichen Verpflichtungen, sondern propagierten ein Leben für den Genuss und den eigenen Vorteil. Diese Deutung der Lehren Epikurs stieß bei Angehörigen der aufsteigenden Schichten, viele von ihnen Geschäftsleute, verständlicherweise auf große Zustimmung. Schwieriger ist die Frage zu beantworten, in welchem Ausmaß das epikureische Schrifttum dazu beitragen sollte, volkstümlichen Aberglauben und angstbesetzte Jenseitsvorstellungen zu zerstreuen (Cicero bezeichnet diesen Aspekt des epikureischen Denkens, der etwa bei Lukrez eine zentrale Rolle spielt, mehrfach als ein überflüssiges Streiten gegen Ammenmärchen). Die römische Religion verfügte über keinen eigentlichen Jenseitsbegriff. Erhaltene Grabinschriften – aus Jahrhunderten lange nach Cicero – bedienen sich oft nur sehr allgemeiner Formulierungen und sprechen von einem nicht näher bezeichneten Verlöschen des Lebens im Tod. Hierin spiegeln sich wahrscheinlich weitverbreitete traditionelle Ansichten, möglicherweise sind diese Formulierungen aber auch das Echo philosophischer Lehren, die den Menschen die Furcht vor dem Jenseits nehmen sollten.

Die Argumente der stoischen Philosophie werden in *De finibus* von Cato dem Jüngeren vertreten. Bei aller Entschiedenheit in der Sache fällt Ciceros Kritik ihm gegenüber deutlich zurückhaltender und respektvoller aus als gegen Torquatus' epikureische Thesen. Cato war für seine Prinzipientreue bekannt. Sein Freitod nach der Machtergreifung Caesars hatte ihn für viele in den Rang eines Gewissenshelden erhoben. Aus seinem Munde besitzt das Lob des Sterbens für das Vaterland und die Erörterung über die Zweckmäßigkeit des Selbstmordes unter bestimmten Voraussetzungen deshalb besondere Überzeugungskraft und Authentizität. Catos präzise, rhetorisch ausgefeilte Darstellung der stoischen Paradoxa entspricht Ciceros früheren Formulierungen. Wie in den *Paradoxa stoicorum* werden auch in *De finibus* Anwendungsbeispiele gesucht, die Bezug zur römischen Lebenswelt und zum zeitgenössischen politischen Leben haben (demnach ist der Weise in höherem Maße Herrscher als Tarquinius Superbus, der letzte König der Römer; reicher als der sprichwörtlich reiche Crassus und politisch mächtiger, als der Diktator Sulla es war).

Cicero gesteht Cato in seiner Antwort eine begriffliche Genauigkeit zu, die er bei den Epikureern vermisst. Dennoch lehnt er die Haarspaltereien ab, die dieser zur Unterscheidung der Lehre der Stoiker von derjenigen der Akademiker und Peripatetiker vorbringt. Das gleiche gilt für den Intellektualismus der Stoiker und ihre sprachlichen Spitzfindigkeiten. Die These, der Schmerz sei kein Übel, da weder Bosheit noch Schändlichkeit in ihm liege, könne angesichts bevorstehender Schmerzen niemanden trösten. Die stoischen Paradoxa, die Cicero in seiner Schrift aus dem Jahr 46 noch zu akzeptieren scheint, lässt er nun nicht mehr gelten. Die Gleichsetzung des höchsten Gutes mit der Tugend und der Ausschluss aller konkreten und materiellen Gegebenheiten aus der Definition des Glücks, so seine Begründung, lassen keine echte Handlungsorientierung zu. Wenn alles »gleichgültig« ist – die Fähigkeit, sich vor Hunger, Kälte und Schmerz zu schützen, Krankheit und Gesundheit, Freiheit und Dienst am Gemeinwesen –, geht jedes ethische Handlungskriterium verloren. Ein Leben als Staatsmann, das den extremen Grundsätzen der Stoiker folgte, wäre unvorstellbar. Wie sollte ein Redner seine Zuhörer unter solchen Voraussetzungen noch davon überzeugen können, dass die Verbannung aus der Heimat, die Bedrohung Roms durch Hannibal oder die völlige Verwüstung der Stadt ein Übel sei, das es zu verhindern gelte?

Wie Cicero zum Schluss seiner Kritik noch einmal unterstreicht, bringt die akademisch-peripatetische Philosophie für den Redner und Staatsmann mehr Nutzen als die stoische, weshalb sich schon Panaitios den Lehren Platons, Aristoteles' und ihrer Schüler angenähert habe. Und obschon er sich beinahe bei Cato für seine spöttischen Worte zu Lasten Catos in der *Rede für Murena* entschuldigt, die für ein unphilosophisches Publikum bestimmt gewesen seien, bleiben Ciceros Positionen in der Sache weitgehend unverändert. Weder der Epikureismus noch die Stoa können den Anspruch einlösen, eine eigenständige Philosophie zu sein. Ihre inneren Widersprüche rühren hauptsächlich daher, dass sie gegensätzliche Elemente vermengen. Der Epikureismus erscheint Cicero als eine Mischung aus Aristipps primitivem Hedonismus und der Ethik des Hieronymos von Rhodos, der die Schmerzfreiheit zum höchsten Gut erklärt hatte. Dass die Stoiker im Gegensatz dazu der Tugend eine zentrale Rolle bei der Bestimmung des höchsten Gutes zuwiesen, macht in seinen Augen zwar ihre Überlegenheit gegenüber den Epikureern aus. Dennoch zeige eine genaue Untersuchung ihrer Thesen, dass die Stoiker Elemente der akademisch-peripatetischen Tradition mit einem Gleichgültigkeitsdenken verbinden, das im Prinzip demjenigen der radikalen Skeptiker Pyrrhon und Ariston entspreche. Schon Antiochos von Askalon habe die Kritik der akademisch-peripatetischen Richtung an der intellektuellen Unfruchtbarkeit des stoischen Denkens aufgegriffen und sie in seine synkretistische Philosophie mit einbezogen, indem er die Differenzen beider Schulen weitgehend als bloßen Streit um Worte auffasste. Ruhm, Wohlergehen, Freundschaft und alle anderen Güter, die die Stoiker als *adiaphora*, als »indifferent« ansahen, erkannte Antiochos als echte Werte an, insofern sie am Glanz des höchsten Gutes Anteil haben. Auf diese Weise blieb der stoische Tugendrigorismus erhalten, nur die gesellschaftlich bedenklichen Relativierungstendenzen wurden beseitigt. Der stoische Weise behielt seine absolute Autonomie, die Freiheit des Urteils über die äußere Welt und das Recht zum Paradox.

Im fünften Buch von *De finibus* hält daraufhin Piso ein

Plädoyer für eine solche Ethik. Nachdem die Lehren der Epikureer und Stoiker widerlegt sind, scheint kaum eine andere Möglichkeit zu bestehen. Doch dieser Eindruck entspricht nicht ganz den Tatsachen, auch wenn Cicero sichtlich bemüht ist, Pisos Ausführungen durch den Gebrauch rhetorischer Mittel und die Einflechtung von Anekdoten aufzulockern. Um zu zeigen, dass das höchste Gut in der Tugend besteht, führt Piso Beispiele selbstlosen heroischen Handelns aus der römischen Geschichte an. Zum vollkommenen Glück gehörten jedoch neben der Tugendhaftigkeit, wenn auch dieser untergeordnet, ebenso materielle Güter. Alle Philosophen, die dies bestritten, hätten nur einen Teil der Wahrheit erkannt. Hier nun wendet Cicero ein, dass nach der Kritik der Neuen Akademie an Antiochos' Theorie der Weise ohne materielle Güter nicht glücklich sein könne, wenn diese denn wirkliche Güter seien. Damit schlägt er sich erstaunlicherweise auf die Seite eines konsequent stoischen Denkens.

Es ist charakteristisch für die Ausrichtung von *De finibus*, dass Cicero, obschon Anhänger der gemäßigten Skepsis des Karneades, den Positionen Pisos am Ende der Debatte nur wenig entgegenzusetzen hat. Dieser fordert im Namen des gesunden Menschenverstandes dazu auf, nicht zusammenbringen zu wollen, was nicht zusammengehört. Das Leben des Weisen ist in jedem Fall als glücklich zu bezeichnen, denn das Gut der Tugend macht alle Übel des Lebens wett. Andererseits existieren neben der Tugend noch andere Güter, weshalb es durchaus sein kann, dass ein Weiser glücklicher ist als ein anderer. Im allgemeinen neigt Cicero eher der akademisch-peripatetischen Lehre zu, da sie ihm besser auf Ethik und Politik anwendbar scheint und er ihre Glücksdefinition, zu der auch äußere Güter gehören, für wirklichkeitsnäher hält als die der Stoiker. Dennoch gelangt *De finibus* zu keiner eindeutigen Entscheidung zwischen den Schulen. Eindeutig ist allein die Ablehnung der epikureischen Ansicht, dass die Tugend nicht Teil der Wesensbestimmung des höchsten Gutes sei.

Die *Tuskulanen*

Nachdem Cicero in *De finibus* die theoretischen Grundlagen der Ethik erörtert hat, wendet er sich in den *Tusculanae disputationes* der praktischen Philosophie zu und geht der Frage nach, wie der Mensch den Anfechtungen der Leidenschaften und der Angst vor Tod und Schmerzen begegnen soll. Die Grundstimmung der *Tuskulanen* deutet auf eine große Verunsicherung und ein Bedürfnis nach moralischer Bestärkung hin. Die Suche nach Antworten auf diese drängenden Fragen nimmt keine philosophische Schulrichtung aus, was zu teils widersprüchlichen Aussagen innerhalb der verschiedenen Bücher des Dialogs führt. Wie üblich gelangt die skeptische Betrachtungsweise zu keinen letztgültigen Wahrheiten, sondern von Mal zu Mal nur zu wahrscheinlichen Annahmen. Die Standpunkte schwanken, und an einigen Stellen scheint Cicero jeden Glauben an ein wirksames Mittel zur Heilung der Seele verloren zu haben. Dennoch führt der Wunsch nach moralischer Stärkung in einem größeren Maß als in den übrigen philosophischen Werken zu positiven Ergebnissen. Mit dem Rationalismus der skeptischen Methode hat dies nur noch wenig gemein: Karneades' hellsichtige Beobachtung, nach der auch die Erkenntnis, dass alle Menschen im Schmerz vereint seien, keinen Trost biete, sondern im Gegenteil nur bestätige, dass Leiden Teil der menschlichen Natur sei, lehnt Cicero ausdrücklich ab. Er sucht vielmehr Bestärkung in der Aufzählung von Beispielen, die zeigen, wie Menschen auch größten Schmerz, besonders den Verlust geliebter Mitmenschen, mit Gleichmut ertragen. Angesichts des übergroßen menschlichen Leids schwankt Cicero zwischen einem Bedürfnis nach Unsterblichkeit, das ihn in die Nähe einer Religiosität platonischer Prägung führt, und der Feststellung, dass selbst das Wissen um die völlige Auslöschung im Tod den einzelnen nicht von der Verpflichtung freispricht, diesem furchtlos zu begegnen und an der Tugend festzuhalten. Er führt das Beispiel derer an, die der politischen Verfolgung der vergangenen Jahre zum Opfer fielen, verweist aber auch auf das Vorbild römischer Bürger, die nach dem wahren Ruhm und nicht nach der Gunst des Pöbels strebten, und ermahnt dazu, dem Tod furchtlos ins Auge zu sehen. Mit rhetorischer Emphase preist Cicero den Tod als Augenblick heroischer Bewährung und Zuflucht vor den Zumutungen, die das Leben bereithält. Eindringlich verweist er auf das Leben des Pompeius und auf sein eigenes Schicksal, um zu zeigen, dass der Tod manches Mal den Schicksalsschlägen und Leiden des Lebens vorzuziehen sei, vor denen er den Menschen bewahren könne.

Obgleich Cicero an einigen grundsätzlichen Bedenken gegenüber den Stoikern festhält, ist in den *Tuskulanen* eine Annäherung an stoische Positionen festzustellen. Diese Annäherung kann nicht allein auf die Verlagerung der Diskussion von der theoretischen zur praktischen Ethik zurückgeführt werden, als sei es Cicero in *De finibus* nur um die innere Widersprüchlichkeit der stoischen Ethik und nicht auch um ihre Wirklichkeitsferne für das konkrete Handeln gegangen. Körperlicher Schmerz und seelisches Leid werden in den *Tuskulanen* in Übereinstimmung mit der peripatetischen Lehre zwar noch als wirkliches Übel angesehen, das auch die Begriffsakrobatik der Stoiker nicht aus der Welt schaffen kann. Der entscheidende Gedanke der stoischen Ethik besteht für Cicero jedoch darin, dass der Mensch, will er tugendhaft handeln, Leid und Schmerz ausblenden muss. Die abgezirkelten Definitionen der Stoiker bilden demnach nur die notwendige Grundlage zur Anwendung der lebensnäheren Erörterung und Behandlung der Leidenschaften im Sinne der aristotelischen Lehre. Sosehr Ciceros Vorliebe jedoch ansonsten der menschenfreundlichen Denkart der Peripatetiker gilt, so eindeutig gewinnt in den *Tuskulanen* die stoische Forderung nach einer vollständigen Beherrschung der Leidenschaften durch die Vernunft die Überhand. Wie Cicero freimütig einräumt, bedeutet es eine Abkehr von den in *De finibus* bezogenen Positionen, wenn es nun heißt, der Geist stehe den äußeren Dingen gleichgültig gegenüber, und die Tugend allein reiche zum Glücklichsein. Weder Krankheit noch Schmerz werden als wirkliche Übel anerkannt. Kein Individuum und kein Volk kann wirklich glücklich sein, solange es noch in der Angst vor Knechtschaft und Tyrannei lebt. Das Paradox, nach dem nur der Weise als wahrer Bürger gelten dürfe, überbietet Cicero nun mit der These, ein Gemeinwesen, aus dem die Guten und Weisen vertrieben seien, könne nicht als Staat bezeichnet werden. Mit kaum verhüllter Kritik an den bestehenden politischen Verhältnissen spricht Cicero schließlich jedem die Möglichkeit zur Erreichung des Glücks ab, der auf Dauer unbeschränkte despotische Macht ausübt. In diesem Zusammenhang erscheint das rhetorisch ausgefeilte Porträt des Dionysios von Syrakus (V, 57 ff.) in einem besonderen Licht. Obschon aus gutem Hause, wohlerzogen und literarisch gebildet, verzichtet der Despot auf die Freuden der Kultur und der Freundschaft, um sich in den Kerker seiner Tyrannei einzuschließen und sich mit Barbaren und dahergelaufenen Verbrechern zu umgeben. Offenkundig steht hier die Figur des Diktators Caesar im Hintergrund.

Der Entwertung des aktiven Lebens, einschließlich des bisher von Cicero stets als unverzichtbar angesehenen politischen Handelns, steht das Lob der *vita contemplativa* gegenüber. Damit ist ein Dasein im Dienste der Weisheit gemeint, das sich in sich selbst verschließt und in Erwartung des Todes als endgültiger Befreiung den Umgang mit den vielen vermeidet. Allein ein solches Leben für die Weisheit kann sich über die Niedrigkeiten und das Unglück des menschlichen Lebens erheben. Einer der Widersprüche des schwer zu deutenden Dialogs besteht jedoch in der Forderung, dass der Weise dennoch in der Lage sein soll, aus seinem *otium* herauszutreten und sich, ausgerüstet mit Tugend und Wissen, der Leitung des Staates zu widmen.

De natura deorum, *De divinatione* und *De fato*

Einer eindeutigen Festlegung entziehen sich auch die Dialoge *Über das Wesen der Götter* und *Über die Weissagung*. Beide Schriften gehören in den Kontext einer ganzen Reihe von Werken römischer Autoren der späten Republik zu Fragen der Religion. Politik und Götterkult waren in Rom traditionell aufs engste miteinander verflochten und die Anwendung griechischen Denkens auf die römische Religion deshalb besonders schwierig. Cicero ist sich der politischen Dimension von Götterglaube und Weissagungspraktiken im Interesse der Senatsaristokratie durchaus bewusst. *De natura deorum* changiert zwischen aufklärerischer Provokation und traditionalistischer Bedenkenträgerei, was darauf hindeutet, dass Cicero sich nur zögernd auf das Thema einließ. Die schärfste Kritik wendet sich wie immer gegen die Epikureer. Der Pontifex Gaius Aurelius Cotta, in dessen Haus sich der Dialog abspielt, tritt als Gewährsmann der akademischen Skepsis auf. In einem Ton zwischen launiger Ironie und beißendem Spott wendet er sich gegen die Ungenauigkeit und den Anthropomorphismus der epikureischen Gottesvorstellung und führt sie *ad absurdum*. Die Lehre von der Nichtbefassung der Götter mit den Angelegenheiten der Menschen stellt in seinen Augen eine opportunistische Bemäntelung des eigentlichen Atheismus der epikureischen Lehre dar. Seine Hauptsorge gilt der Gefahr, dass diese Lehre die Grundlagen der Gesellschaft untergraben könnte, die er in den Werten von *religio* und *pietas* erblickt. Dieselbe Gefahr geht seiner Ansicht nach von den Theorien aus, die sich auf die Jahrhunderte zurückliegende »sophistische Aufklärung« stützen, nach welcher der Götterkult als Mittel politischer Kontrolle erdacht wurde. Man kann Cotta also nicht einfachhin als Verfechter der Religion im Sinne eines *instrumentum regni* verbuchen. Dem Skeptiker im Gewande des Hohepriesters bereitet es offenbar keine Schwierigkeiten, Grundsätze des traditionellen Götterglaubens in einem Atemzug mit Argumenten gegen die Existenz der

Götter zu seinen Zwecken anzuführen, die dem Repertoire von Karneades' skeptischen Invektiven gegen die Möglichkeit eines rationalen Begriffs vom Göttlichen überhaupt entstammen.

Nachdem Cotta die Götterlehre der Epikureer vom Tisch gefegt hat, ist Quintus Lucilius Balbus als Vertreter der Stoiker an der Reihe. Er wiederholt und verstärkt die Kritik am Anthropomorphismus der epikureischen Gottesidee. Vor allem aber wendet er sich scharf gegen den Dogmatismus und die sektiererische Selbstbezogenheit der Epikureer, die keinen Raum für Ironie lasse, und spart auch den Gründer der Schule von seinen Attacken nicht aus. Gaius Velleius, der Anwalt der Epikureer, kann lediglich mit seiner Kritik an der Vorsehungslehre der Stoiker überzeugen; in diesem Punkt stimmt die epikureische Ansicht mit den Vorstellungen der Neuen Akademie weitgehend überein, daran vermag auch die Verachtung Cottas für die Epikureer nichts zu ändern. Damit rückt die stoische Götterlehre in den Mittelpunkt der Auseinandersetzung. Balbus betont den Beitrag, den der Glaube an die Götter zu Roms Größe geleistet habe, und schwingt sich zu einer rhetorisch reich ausgeschmückten Schilderung des Wirkens der Vorsehung in den Werken der Natur auf. In seiner eleganten Erwiderung gesteht Cotta den Lehren der Stoiker zunächst Ernsthaftigkeit und Würde zu, um sie sodann mit einem brillanten Plädoyer gegen die Existenz der Vorsehung und die Wohlgeordnetheit des Universums in Grund und Boden zu argumentieren. Doch sosehr Cottas scharfsinnige Beobachtungen den Leser auch überzeugen und unterhalten mögen – Cicero zeigt sich unbeeindruckt: Nachdem er den gesamten Dialog über als Anhänger der akademischen

Skepsis aufgetreten war, bekennt er im Finale überraschend, Balbus' Ansichten mehr zuzuneigen als Cottas Einwänden.

Ein anderer Ton herrscht in *De divinatione*, Ciceros Schrift über die Weissagung. Um den Dialog richtig einzuordnen, muss zunächst der vor einiger Zeit vorgelegten Lesart widersprochen werden, nach welcher es sich bei diesem Dialog über die Kunst der Weissagung lediglich um eine rhetorisch-philosophische Argumentationsübung handele. Die Positionen, die Cicero und sein Bruder Quintus als Dialogfiguren vertreten, hätten demnach nichts mit ihren tatsächlichen Überzeugungen zu tun und sollen dem Leser auch keine Entscheidung in der Sache nahelegen. Dass Cicero sehr wohl eine zutiefst skeptische Haltung gegenüber jeder Form der Mantik vertreten hat, wie sie im zweiten Buch von *De divinatione* deutlich wird, ergibt sich jedoch nicht nur daraus, dass er selbst dort die Rolle des Kritikers übernimmt. Auch die Neigung, im Rahmen einer Argumentation *in utramque partem* der an zweiter Stelle zur Widerlegung der Eingangsthese ausgeführten Position zuzustimmen, ist ein Indiz dafür: Schon in *De re publica* hatte Cicero die Reihenfolge der Argumente, die Karneades gegen die Gerechtigkeit vorgebracht hatte, umkehren müssen, um zu dem gewünschten Ergebnis zu gelangen.

Im Gefolge der allgemeinen Verunsicherung durch die Bürgerkriege hatten auch weite Kreise der Oberschicht Zuflucht zu den verschiedensten Wahrsagepraktiken genommen, wie sie im einfachen Volk schon immer verbreitet waren. Ciceros Kritik richtet sich sowohl gegen die volkstümlichen Formen der Zukunftsschau als auch gegen die stoische Lehre von der Vorsehung und ihrer Erforschung durch den Menschen. Den primitiven Aberglauben des Volkes bedenkt er mit Spott und bestreitet physisch unmögliche Vorkommnisse und Wunderzeichen. Angebliche Erfolge der Zukunftsschau versucht er rational zu erklären und bezeichnet etwa prophetische Träume als Reflex alltäglicher Sorgen. Von Karneades entlehnt Cicero den Gedanken, dass bestimmte Tätigkeiten und Wissensgebiete, etwa die des Arztes, des Seefahrers oder des Staatsmannes, Aussagen über die Zukunft durchaus zulassen. Da aber die Mantik über kein spezifisches Gegenstandsgebiet verfügt, fällt sie nicht unter den Begriff einer solchen *ars*.

Die Argumentation von *De divinatione* schwankt zwischen dem Versuch einer Widerlegung von Aberglaube und Obskurantismus und andererseits der Befürchtung, ein Verlust des althergebrachten Glaubens könne zu einer Aushöhlung der ethisch-religiösen Grundlagen des Gemeinwesens führen. Der rationalistische, »aufklärerische« Impuls behält jedoch schließlich die Oberhand. Bei der Schilderung prophetischer Traumgesichte, denen Cicero eine übersinnliche, alptraumartige Atmosphäre zu geben versteht, ohne auf irrationale oder makabre Effekte zurückzugreifen, kommt sein literarisches Talent besonders zur Geltung. In der abschließenden *peroratio* klingen Akzente an, die an Lukrez erinnern. *De divinatione* bietet eine Art »Aufklärung für wenige«, denn zumindest in der Eingangspartie versichert Cicero, die folgenden skeptischen Betrachtungen dem privaten Gespräch mit seinem Bruder vorbehalten zu wollen, da sie für eine öffentliche Diskussion zu heikel seien. Der Dialog war für einen elitären, deshalb aber nicht unbedingt kleinen Adressatenkreis bestimmt; auch hier spielt Cicero also mit der Überschneidung der literarischen Ebenen des eigentlichen Dialoggeschehens und der Wendung an den Leser. Die Forderung, jedwede Form der Wahrsagerei und des Glaubens an Vorzeichen aus der Gesellschaft zu verbannen, birgt einen ausgesprochen freiheitlichen Impuls. Dieser rationalistische Zug steht jedoch in starkem Gegensatz nicht nur zu Ciceros früheren Äußerungen zugunsten der Zukunftsschau in *De legibus*, sondern auch zu anderen Stellen des Dialogs. Dort wird etwa gefordert, die überkommenen Weissagungsriten beizubehalten, um die Unterwerfung des einfachen Volkes gegenüber der Führungsschicht nicht zu gefährden. Anders als Lukrez unterscheidet Cicero in *De divinatione* streng zwischen Religion und Aberglaube (die Frage, ob und in welchem Maße seine Schrift als Reaktion auf Lukrez angelegt war, kann hier auch nicht ansatzweise behandelt werden).

Auch Ciceros Werk über die Vorsehung, *De fato*, lässt die Grundzüge der akademischen Skepsis erkennen. Der unvollständig erhaltene Dialog ist in Ciceros Landhaus *apud Puteolos*, dem heutigen Pozzuoli bei Neapel, angesiedelt und gibt einen Lehrvortrag wieder, den dieser für Hirtius hält. Der Text nimmt Karneades' Kritik am starren Vorbestimmungsdenken der Stoiker auf und entwickelt sie weiter. Mit diesem Plädoyer für die menschliche Willensfreiheit wollte Cicero wohl auch gesellschaftlich »fatalistischen« Tendenzen entgegentreten und den Sinn für die moralische und politische Verantwortung gegenüber dem Gemeinwesen in seinen Lesern wachrütteln.

Die Dialoge *Cato maior de senectute* und *Laelius de amicitia*

Bereits bei Poseidonios findet sich der Gedanke, wonach die philosophischen Tugenden von den Taten einiger großer Gestalten der römischen Geschichte besser verkörpert würden als in den Worten der Philosophen. Für Cicero war die Verbindung von Theorie und Praxis besonders wichtig, deshalb suchte er nach Vorbildern für das philosophische Leben außerhalb der Philosophenschulen und griff auf beispielhafte Figuren aus der römischen Geschichte zurück. Mit Cato dem Älteren und Gaius Laelius stehen zwei solcher Leitfiguren im Mittelpunkt von zwei kürzeren Dialogen, die Cicero im Jahr 44 niederschrieb. Die literarisch ansprechende, nicht zu anspruchsvolle Gestaltung des Stoffes und die Autorität der titelgebenden Akteure sollen auch hier den philosophischen Gehalt des Dialogs für einen größeren Leserkreis zugänglich machen.

An der Schrift *Cato maior de senectute* (Cato der Ältere über das Greisenalter) arbeitete Cicero in den Monaten vor der Ermordung Caesars. Mit der Figur des großen Censors schuf er das verklärte Bild eines ehrwürdigen Greises, der angesichts der abnehmenden körperlichen Kräfte und des nahenden Todes dennoch vor allem den Verlust politischer Einflussnahme zu fürchten scheint (der greise, aber einflussreiche Cato ist wohl auch als Ersatzprojektion Ciceros angesichts der eigenen Machtlosigkeit in den Jahren der Diktatur zu verstehen). Die Schrift zeichnet ein sehr freies, in manchem gemildertes Porträt des älteren Cato. Aus dem ungeschlachten, hartnäckig auf den eigenen Vorteil bedachten Bauern der Sabinerberge, als den ihn die Quellen schildern, wird ein kultivierter Freund der *humanitas* und des geselligen Umgangs mit Gleichgesinnten. Selbst die Arbeit auf den Feldern betrachtet der alte Gutsbesitzer mehr unter dem Aspekt ihres ästhetischen Reizes als um des wirtschaftlichen Ertrages willen. Die Figur des greisen Cato gibt damit ein vollendetes Beispiel für die harmonische Einheit von kultiviertem *otium* und geistiger Tätigkeit und dem Engagement für das Gemeinwesen, nach der Cicero selbst sein Leben lang mit wechselndem Erfolg gestrebt hatte.

Weniger versöhnliche Töne schlägt der *Laelius* an. Der kämpferische Geist des Dialogs, der kurz nach der Ermordung Caesars entstand, entspricht Ciceros Stimmungslage bei der Rückkehr auf die politische Bühne. In Erinnerung an den vor kurzem verstorbenen Freund Scipio legt Laelius den Mitunterrednern seine Gedanken über die Freundschaft dar. Für die Römer bestand ein Hauptzweck der Freundschaft darin, politisch nützliche Verbindungen zu knüpfen. Cicero versucht, diese Logik des Klientelwesens und Parteiendenkens zu überwinden, indem er nach den gesellschaftlichen Grundwerten der Freundschaft fragt. Echte Freundschaft kann es demnach nur unter Menschen geben, die dieselben Werte und Tugenden teilen. Die Grenze der Loyalität gegenüber dem anderen ist die »Freundschaft«, die der einzelne der *res publica* schuldet (hinter diesen Grundsätzen steht die Befürchtung, dass viele von Caesars ehemaligen Gefolgsleuten sich unter Berufung auf ihre Treue gegenüber dem Diktator denjenigen Kräften anschließen würden, die seinen Tod rächen und seine Macht erben wollten). Cicero gesteht diese Werte weiten Kreisen der Bevölkerung zu. Er schreibt für die *boni*, die gutgesinnten Bürger ganz Italiens, die er schon seit längerem als Träger seines Programms einer politisch-gesellschaftlichen Erneuerung ausgemacht hat. Ihrem Zusammenhalt soll die Betonung der Freundschaft als Grundtugend innerhalb dieses neuen Wertesystems dienen. Die Freundschaftsidee des *Laelius* beschränkt sich jedoch nicht auf die politische Dimension. Der gesamte Dialog zeugt von einem tiefen Bedürfnis nach echter menschlicher Freundschaft, wie Cicero sie, verstrickt in die Zwänge des politischen Lebens, wohl nur gegenüber Atticus empfinden konnte, dem sowohl der *Laelius* als auch der *Cato maior* gewidmet sind. Ciceros Begriff der *amicitia* schwankt zwischen diesem Wunsch nach persönlicher Zuwendung und einer mehr oder weniger expliziten Auffassung der Freundschaft als politisches Interessenbündnis zur Wahrung der bestehenden Ordnung. Der Grundwiderspruch zwischen dem hohen moralischen Anspruch, den der Dialog an die Freundschaft stellt, und den Notwendigkeiten, die das politische Alltagsleben fordert, bleibt ungelöst.

De officiis

Die Abfassung von Ciceros letztem philosophischem Werk, *De officiis*, fällt in die Zeit der ersten *Philippischen Reden*, als der ehemalige Konsul den Widerstand des Senats gegen Antonius politisch zu organisieren versuchte. Die fieberhafte Eile, in der der Traktat entstand, schlug sich in einem eher nachlässigen Stil nieder. Die Schrift, die der politisch-moralischen Erziehung der Jugend dienen soll, wendet sich im Ton einer autoritätsheischenden Belehrung an Ciceros Sohn Marcus. Die Methode der akademischen

Skepsis bleibt auf eine reine Rahmenfunktion beschränkt, mit der die Wahrscheinlichkeit des in Wahrheit als verbindlich Dargelegten garantiert werden soll.

Grundlage von *De officiis* ist die durch Panaitios erneuerte stoische Lehre. Diese schien Cicero in vielerlei Hinsicht geeignet, den überkommenen Werten der *res publica* ein philosophisches Fundament zu geben und sie zeitgemäß zu mildern, ohne sie einer skeptischen Totalkritik zu unterwerfen. Bei Panaitios fand Cicero nicht nur das Prinzip einer unideologischen Achtung vor der Tradition und der bestehenden Gesellschaftsordnung, sondern auch die Ablehnung des Hedonismus, des egoistischen Nützlichkeitsdenkens und des Rückzugs aus dem politischen Leben. Sie lieferte ihm wichtige Argumente für sein Bemühen, die Unterstützung der besitzenden Schichten Italiens für die Senatspolitik zu erhalten. Der verständliche Wunsch nach Ruhe und Frieden angesichts der Gefahr eines erneuten Bürgerkriegs, die im ganzen Land herrschte, begünstigte dagegen die Konzentration der Macht in Händen weniger Akteure. Ebenfalls auf Panaitios geht der Begriff des *decorum*, des ethisch Angemessenen, zurück, der Cicero bei der Beschreibung des passenden Verhaltens in einer Vielzahl von Alltagssituationen als Kriterium dient. Mit den Regeln des »guten Benehmens«, die in *De officiis* aufgestellt werden – einer Art Knigge für die besitzenden Stände Italiens –, will Cicero die Integration dieser Schichten in die Welt der römischen Aristokratie befördern, denn er betrachtet die aufstiegswilligen Mitglieder dieser Schicht als den Kitt, der die neue politische Klasse zusammenhalten soll. Aus diesem Grund ist in *De officiis* eine bemerkenswerte Offenheit gegenüber verschiedenen Berufen und Beschäftigungen festzustellen. Zwar besitzt das politische Engagement noch immer das größte gesellschaftliche Prestige, doch es ist nicht mehr die einzige anerkannte Betätigung. Auch wer den eigenen Geschäften nachgeht oder sich kulturell oder wissenschaftlich betätigt, füllt einen ehrenvollen Platz innerhalb der Gesellschaft aus – solange er seinen Egoismus im Zaum hält und seine Pflichten gegenüber dem Gemeinwesen nicht vernachlässigt. Mit dieser Vorstellung eines legitimen Pluralismus der Lebensformen gibt der Autor von *De officiis* der tatsächlichen Situation eine theoretische Grundlage. Die *boni* in den italischen Bundesgenossenstädten betätigten sich zum Teil in der Politik, zum Teil aber auch in anderen Bereichen, sollten aber, ging es nach Cicero, in jedem Fall das Handeln der führenden Staatsmänner Roms unterstützen, die sich für die Erhaltung der bestehenden gesellschaftlichen Verhältnisse einsetzten.

In anderer Hinsicht ist *De officiis* hingegen das Zeugnis eines repressiven Standesdenkens, das sich den Belangen der weniger begüterten Schichten konsequent verschließt und rigide am überkommenen Modell der *res publica* als Herrschaft der Aristokratie festhält. Gerade von dieser Aristokratie hatte sich die Mittelschicht der Munizipien, an die Ciceros Appell sich richtet, jedoch zunehmend abgewandt, da sie in der Vergangenheit vor allem die negativen Folgen ihrer Politik zu spüren bekommen hatte. Auch besaß die italische Mittelschicht nicht die kulturellen Traditionen, die es den Römern im 2. Jahrhundert ermöglicht hatten, den ethisch-politischen Erfahrungsschatz der griechischen Welt zu rezipieren, wie er etwa in der Lehre des Panaitios zum Ausdruck kam.

Diese Entfremdung gegenüber den politischen Werten der Senatsaristokratie hatte dazu beigetragen, dass viele italische Städte während des Bürgerkrieges Caesar unterstützt und ihm damit zum Sieg verholfen hatten. Deshalb macht Cicero in *De officiis* immer wieder auf die bleibenden Gefahren aufmerksam, die in der Politik des Diktators begründet lagen. Er schildert ihn als Umstürzler und Gewaltherrscher, der hemmungslos die Hände nach fremdem Besitz ausstreckte, um die unstillbare Gier seiner Gefolgsleute zu stillen. Die Heftigkeit der gegen Caesar erhobenen Vorwürfe lässt auf den Umfang der Unterstützung schließen, die er in den Munizipien genossen hatte und die sich auch sein Erbe Oktavian zunutze machen sollte.

Der Kampf gegen Antonius

Nach den Iden des März

Nach der Ermordung des Diktators zögerten die Caesarmörder aus Unsicherheit über die Stimmung im Volk und bei den Legionen, nun auch die Macht zu ergreifen, und verhandelten mit Antonius als amtierendem Konsul. Cicero setzte sich für ihre Begnadigung ein, was letztlich dazu beitrug, die Aura der Tyrannenmörder zu zerstören, die sie anfänglich umgab. Der Senat bestätigte die Rechtsakte und Verfügungen des toten Diktators und übertrug den Verschwörern verschiedene Ämter, die sie außerhalb Roms führten. Nachdem Antonius mit seiner Leichenrede für Caesar zunächst den Volkszorn entfesselt hatte, schlug er gemeinsam mit seinem Mitkonsul Dolabella die anschließenden Massenunruhen blutig nieder, als sie aus dem Ruder zu laufen drohten. In den folgenden Monaten festigte Antonius, gestützt auf Caesars Veteranen und auf Kreise des Senats, seine politische und militärische Macht. Gleichzeitig ließ er erkennen, dass eine Abrechnung mit den Caesarmördern bevorstand, mit denen es Ende August dann auch zum Bruch kam. Unterdessen war der junge Oktavian auf der politischen Bühne erschienen, dem es nach kurzer Zeit gelungen war, ein beachtliches Truppenaufgebot unter sein Kommando zu bringen.

Die erste *Philippische Rede*

Cicero hielt sich zunächst bedeckt und wartete, dass mit dem Amtsantritt der beiden Konsuln des Jahres 43 Hirtius und Pansa, zweier gemäßigter Caesarianer, eine Entspannung der politischen Lage einsetzen würde. Die sich überstürzenden Ereignisse zwangen ihn jedoch, eine bereits angetretene Schiffsreise Richtung Griechenland abzubrechen und nach Rom zurückzukehren. Am 2. September hielt er im Senat die erste der sogenannten *Philippischen Reden*. Noch ist der Ton gemäßigt. Die Zuerkennung göttlicher Ehren an »einen Toten« – wie er Caesar hier lapidar bezeichnet – lehnt Cicero kurz und bündig ab. Er kritisiert das Vorgehen der beiden Konsuln in den vergangenen drei Monaten und klagt das anmaßende Auftreten der Truppen an. Gegenüber Marcus Antonius dagegen wägt er sorgsam zwischen Lob und Tadel und billigt etwa sein maßvolles Handeln in den ersten Monaten seines Konsulats. Dahinter steht der Versuch, Antonius zu einer Anerkennung der Autorität des Senats zu bewegen und ihn auf den Weg des »wahren Ruhmes« zurückzulocken. Cicero erinnert an Antonius' Großvater gleichen Namens, dem er in seinem Dialog *De oratore* eine Denkmal gesetzt hatte. Dessen gewaltsames Ende sei moralisch höher zu bewerten als die langwährende Schreckensherrschaft Cinnas, der Antonius zum Opfer gefallen war (hier zeigt sich wie an vielen Stellen der *Philippischen Reden* der Einfluss von Ciceros intensiver Beschäftigung mit der Philosophie in den vergangenen Jahren).

Die Rede lässt erkennen, dass Cicero vorhatte, die verschiedenen Kräfte der Opposition unter seiner Führung zu einen. Weil Antonius den zögerlichen Charakter seines Widersachers kannte, antwortete er am 19. September mit einer scharfen Replik, die das gesamte politische Wirken des ehemaligen Konsuls in Frage stellte. Damit war der Bruch vollzogen.

Ciceros Erwiderung bestand in einem umfangreichen Pamphlet in Redeform. Es enthält schärfste Angriffe und lässt auch ordinäre, wenngleich geschliffen formulierte Schmähungen an die Adresse des Gegners nicht aus. Cicero versammelt in dem Bild, das er von Antonius zeichnet, all jene Charakterzüge, die wir aus seinen Angriffen gegen Verres, Catilina, Piso oder Clodius kennen; Anleihen bei Demosthenes' Schilderung des Aischines in der *Kranzrede* sind ebenfalls deutlich zu erkennen. In einer dichten Abfolge sarkastischer Momentaufnahmen schildert Cicero Antonius' verderbte Jugend, seinen Aufstieg und seine entwürdigende Suche nach politischen Förderern. Antonius wird zum trunksüchtigen, verkommenen Geck, zum viehischen Subjekt ohne Bildung und Manieren – kurz: zum Barbaren, dem nichts von seinem Römertum geblieben ist. In den folgenden *Philippischen Reden* nimmt er immer stärker die Merkmale des Makedonenkönigs an, gegen den Demosthenes seine *Philippikoi logoi* gehalten hatte, die Cicero von nun an als Vorbild dienten. Wann genau die zweite Rede gegen Antonius in Umlauf gebracht wurde, ist nicht bekannt. Sie unterscheidet sich von den übrigen *Philippicae* durch ihren sehr viel größeren Umfang, vor allem aber durch ihren Pamphlet-Charakter und das Fehlen einer eigentlichen argumentativen Darlegung. Verglichen mit den ebenfalls nie vor Publikum gehaltenen Reden der *Verrinen*, fallen die szenischen Elemente, die den Eindruck einer wirklichen Ansprache vermitteln sollen, sehr viel allgemeiner aus. Dennoch fügt sich die zweite *Philippica* ohne größere Brüche in die Reihe der übrigen Reden gegen

Antonius ein, die allesamt überarbeitete Fassungen tatsächlich gehaltener Ansprachen darstellen (der größere Teil der Reden gegen Antonius wurde im Senat gehalten, die vierte und sechste vor dem Volk). Die Sammlung der *Philippischen Reden* ist damit ein weiterer Beleg für den literarischen Anspruch, den Cicero mit seinen rhetorischen Werken verband.

Cicero an der Spitze des Senats

Die Ereignisse der folgenden Monate können hier nur grob skizziert werden. Einer der Caesarmörder, Decimus Brutus, seit April 44 Statthalter der Provinz Gallia cisalpina, weigerte sich, Antonius, der sich dort eine Operationsbasis schaffen wollte, in dessen Funktion als Prokonsul die Provinz zu übergeben. Daraufhin schloss Antonius Decimus Brutus in Mutina, dem heutigen Modena, ein. Cassius und Marcus Brutus brachten ihrerseits Gebiete im Osten des Reiches unter ihre Gewalt.

Die Rhetorik der *Philippischen Reden* vermittelt ein historisch falsches Bild, insofern Cicero in dieser Situation praktisch allein an der Spitze der Staates geschildert und der Beitrag anderer politischer Akteure zur Meinungsbildung innerhalb des Senats verschwiegen wird. Der Tod einiger wichtiger Senatsführer in den Bürgerkriegen sowie die inflationäre Aufnahme ständig neuer Günstlinge des Diktators machten es Cicero leicht, eine bedeutende, wenn nicht beherrschende Position innerhalb der Senatorenschaft einzunehmen. Umgekehrt kommt in der Entschiedenheit, mit welcher er sich in den Kampf gegen Antonius stürzte, wohl auch der Wunsch zum Ausdruck, vergangenes Zaudern wettzumachen und wieder die *dignitas* zu erlangen, die er als Konsul bei der Niederschlagung der catilinarischen Verschwörung bewiesen hatte. Ciceros Entschlossenheit kann darüber hinaus als Ergebnis philosophischer Reflexion gedeutet werden. Sie hatte ihm gezeigt, dass die Erlangung wahren Ruhmes im Dienst an der *res publica* der Bewahrung des eigenen Lebens vorzuziehen sei – zumal die Verluste und Schicksalsschläge der letzten Jahre im Privaten wie im Politischen dieses Leben nicht lebenswerter gemacht hatten.

Cicero war an die Spitze des Senats zurückgekehrt und genoss die Anerkennung von Männern, die starke Truppenkontingente in mehreren Provinzen kontrollierten. Gleichzeitig stand ihm die Gefahr einer neuen Gewaltherrschaft vor Augen. Hatte er unmittelbar nach den Iden des März eine eher konziliante Politik vertreten, wurde er nun zum Fürsprecher einer kompromisslosen Linie. Die *Philippischen Reden* zeugen vom Ethos eines friedliebenden Patrioten, der angesichts der zögerlichen Haltung des Senats zum Befürworter des Krieges wird. In den *Reden gegen Catilina* war Cicero als *dux togatus* aufgetreten, als Streiter mit den Mitteln der Politik und nicht der Waffen. Der ehemalige Konsul hatte Rom freiwillig verlassen, ohne gegen Clodius zu kämpfen, um damit einen Bürgerkrieg zu verhindern, wie er nach seiner Rückkehr aus dem Exil versicherte. Jetzt aber machte er sich mit seiner gesamten Autorität zum Verfechter einer intransigenten Haltung, die jede Verhandlung mit Antonius ablehnte und auf Krieg setzte.

Cicero und Oktavian

Ciceros Absicht war es, die Kräfte der Gegenpartei gegeneinander auszuspielen. Caesars Neffe sollte Antonius die Unterstützung der Caesarianer entziehen und ihn aus dem Weg räumen; danach sollte auch er beiseitegeschoben werden. Aus diesem Grund lässt der Redner nichts unversucht, um das formal ungesetzliche Vorgehen Oktavians und der Caesarmörder in den östlichen Provinzen in einem positiven Licht erscheinen zu lassen. Der Senat, den er mehrfach wegen seiner zögerlichen Haltung tadelt, soll dazu gebracht werden, diese Vorstöße im nachhinein zu legitimieren, obschon sie seine Autorität zunehmend untergruben. Die Taten der Antonius-Gegner werden mit zwei Begründungen gerechtfertigt, zum einen, da sie dem göttlichen Recht entsprächen (seit *De legibus* die höchste Messlatte für das positive Recht), und zum anderen, da sie vom Willen der Bevölkerung Italiens und der Provinzen gedeckt seien.

Wenn Brutus dem ehemaligen Konsul daraufhin vorwarf, sich in Oktavian nur einen neuen Herrn zu suchen, brachte er zwar ein berechtigtes Misstrauen gegenüber Caesars Neffen und Erben zum Ausdruck. Cicero tat er damit jedoch unrecht, denn dieser sah in Oktavian lediglich das kleinere Übel, er allein besaß die Macht, sich Antonius in Italien entgegenzustellen, und die Reputation, um die alten Caesarianer für die *res publica* zurückzugewinnen. Cicero war sich der Risiken seines Plans durchaus bewusst. Dass dieser scheiterte, lag vor allem an der Bedrohung durch die Truppen der Caesarianer, die jeden politischen Spielraum zunichtemachte. Die von einigen Historikern vertretene Interpretation, nach der Ciceros Thesen, die auf eine Einebnung aller Kriterien der Legalität hinausliefen, Oktavians Weg zur Alleinherrschaft Tür und Tor geöffnet hätten, scheint deshalb nicht sehr plausibel. Auch die entgegengesetzte Ansicht, die in seinen Ausführungen die Entstehung eines neuen, tiefergehenden Begriffs der Legitimität am Werk sieht, kann nicht überzeugen. In extremen Konfliktsituationen hat die Geschichte der Frage der Legalität nie große Bedeutung beigemessen – zumal dieser Begriff durchaus ambivalent ist: Antonius konnte auf die Gesetzmäßigkeit seines prokonsularischen Befehls pochen; Cicero auf die rechtmäßigen Interessen und Werte von Staat und Gesellschaft, die eine militärische Machtballung, wie Antonius sie besaß, ohne Frage verletzt hätte; Augustus sollte später die Rechtsformen und Institutionen einer Republik wiederherstellen, die nur noch dem Namen nach als solche bezeichnet werden kann. Man mag Cicero vorwerfen, er habe sich vergeblich dem »Gang der Geschichte« zu widersetzen versucht, oder aber man bewundert die Größe seines Kampfes für die richtige Sache auf verlorenem Posten. Kaum zu leugnen ist, dass er wie die römische Oberschicht als ganze für eine Politik mitverantwortlich war, welche die Bedürfnisse der besitzlosen Massen beharrlich ignorierte und sich jedem Versuch sozialer Reformen widersetzte. Damit machte sie das Proletariat, das den Kern der römischen Legionen stellte, zur entscheidenden Waffe in Händen politisch ambitionierter Feldherren. Angesichts dieser Entwicklung scheint der Untergang der römischen *res publica*, die eine Republik des Adels war, unvermeidlich. Die Befreiung der Schichten, die von diesem oligarchischen System über Jahrhunderte unterdrückt wurden, war damit allerdings nicht erreicht.

Demosthenes als Vorbild

Zu den Grundmotiven von Ciceros *Philippischen Reden* gehört die philosophische Reflexion über Themen wie den wahren Ruhm oder die *virtus*, die in der Unbeständigkeit des allgegenwärtigen Wandels allein Verlässlichkeit gewährt. Cicero übersetzt die ethischen Prinzipien der Aristokratie, wie er sie in *De officiis* entwickelt hat, in die Formen einer Gelegenheitspublizistik – und dies in einem Augenblick, als das Ende dieser Gesellschaftsschicht als politisch wirksamer Kraft kurz bevorstand. Die Veröffentlichung der Reden gegen Antonius (die wahrscheinlich nicht in geschlossener Form, sondern Stück für Stück erfolgte) stellt eines der ambitioniertesten Unternehmen zur Beeinflussung der öffentlichen Meinung dar, das wir aus der Antike kennen. Möglicherweise ließ Cicero sie an die Notabeln der italischen Bundesgenossenstädte schicken, um deren Unterstützung für die republikanische Sache wachzuhalten. Ganz sicher sind die Texte an eine Öffentlichkeit gerichtet, die weit über die Grenzen Italiens hinausreichte. Cicero wendet sich an die gesamte römische Welt, wenn er von Mal zu Mal die programmatischen Ziele formuliert, die es im Kampf gegen Antonius zu erreichen galt.

Der Titel *Philippicae*, unter dem die insgesamt 14 Reden gegen Antonius überliefert sind, geht auf eine launige Bemerkung ihres Autors in einem Schreiben an Brutus zurück (in der antiken rhetorischen Lehrüberlieferung laufen die Reden deshalb auch unter der sachlich richtigeren Bezeichnung *Orationes Antonianae*). Der Bezug zu Demosthenes' *Reden gegen Philipp* ist besonders stark in den letzten zwölf Stücken der Sammlung zu spüren. Der Zählung der einzelnen Reden scheint dagegen kein vorgegebenes Schema zugrunde zu liegen, als dessen Quelle man eine Ausgabe von Demosthenes' *Philippikoi logoi* vermutet hat, die Cicero bei der Abfassung zur Verfügung stand. Es ist aber wenig wahrscheinlich, dass Cicero sich angesichts der dramatischen Dynamik, die der Kampf gegen Antonius entwickelte, an ein solches Schema hätte halten oder das vorliegende Material in den wenigen Monaten vor seinem Tod entsprechend bearbeiten können. Ganz davon abgesehen, dass möglicherweise nicht alle Reden Ciceros gegen Antonius auf uns gekommen sind, worauf antike Zeugnisse schließen lassen, die von mehr als den erhaltenen 14 *Orationes Philippicae* sprechen.

Ciceros intensive Beschäftigung mit Demosthenes ging auf die Zeit zurück, als er sich in seinen rhetorischen Schriften mit dem Attizismus auseinandersetzte. Es ist gut möglich, dass er im Zuge der Auseinandersetzung mit Antonius Parallelen zu Demosthenes' Kampf gegen Philipp von Makedonien erkannte. Man sollte diesen Vergleich allerdings nicht, wie es in der Rückschau auf die Ereignisse manchmal geschieht, überstrapazieren und darin einen Hinweis auf den verzweifelten Charakter und den katastrophalen Ausgang des Kampfes sehen, als hätte Cicero diesen bereits vorausgeahnt.

Die Reden gegen Antonius gehören zu Ciceros gelungensten Werken als Rhetor, selbst wenn sie an die unangefochtene Meisterschaft der *Verrinen*, der *Rede über das ei-*

gene Haus oder der Reden für Sestius, für Murena und für Caelius nicht heranreichen mögen. In ihnen macht sich ein stilistischer Wandel bemerkbar, der mit Ciceros Kritik am Attizismus zusammenhängt. Der knappe, konzentrierte Stil der *Philippischen Reden* ist aber auch als typisches Merkmal des *genus deliberativum* anzusehen, zu dem die Ansprachen vor dem Senat zählten. Hier stand die Darlegung des Sachverhalts und weniger der Wunsch, stilistisch zu glänzen, im Vordergrund.

Der entscheidende Anstoß kam von Demosthenes selbst. In dessen Reden fand Cicero ein Muster, das ihm die Richtung für eine neue, von allen überflüssigen Schmuckformen gereinigte Rhetorik vorgab. Die Sätze werden kürzer, der Satzbau einfacher und klarer, die Aspekte von *copia* und *amplitudo*, Wortreichtum und Ausdrucksfülle, treten zugunsten der Ausdrucksstärke der Formulierungen zurück. Lange, syntaktisch komplizierte Satzperioden sind selten und bleiben dem Ausdruck besonderer Emphase oder der Erzeugung erwartungsvoller Spannung beim Zuhörer vorbehalten.

Im Gegenzug gewinnt das Element des *ethos*, der Verweis auf die Persönlichkeit und den Charakter – in diesem Falle des Redners – erheblich an Bedeutung. Cicero verknüpft die eigene Person und das eigene Schicksal als Politiker aufs engste mit dem Los der *res publica*, deren Existenz er in Gefahr sieht. Mehr als einmal beruft er sich darauf, seit über zwanzig Jahren prominenteste Zielscheibe der Staatsfeinde und ihrer Angriffe zu sein. Unter Rückgriff auf Motive, die er bei Demosthenes fand, nennt Cicero den faktischen Kriegszustand, in dem Rom sich befinde, ungeschminkt beim Namen. Von Rede zu Rede wird er zum entschiedeneren Verfechter einer harten Linie gegenüber Antonius, mit dem es kein Übereinkommen und keinen Friedensschluss geben dürfe. Ein ruhmvoller Tod sei der Knechtschaft, die sich hinter einem falschen Frieden verberge, allemal vorzuziehen!

Ciceros Lagebeschreibung gehorcht einer Rhetorik der Entscheidung. Die Alternativen lauten Zivilisation oder Barbarei. Für die Barbarei steht Antonius, den Cicero – nach dem Muster Catilinas und dem Vorbild Philipps von Makedonien, wie ihn Demosthenes darstellt – als wahre Bestie schildert, die um jeden Preis vernichtet werden muss. Er sei nichts als ein gemeiner Räuber, trage die Verantwortung für die verderblichen Ackergesetze und führe Proskriptionen und Enteignungen im Schilde. Nichts verbinde ihn mehr mit den übrigen Römern. Harscher noch als in den Reden gegen Catilina formuliert Cicero den Gegensatz zwischen Antonius' Grausamkeit, seiner Bosheit und seinem Streben nach diktatorischer Herrschaft und den Prinzipien der Menschlichkeit, Freiheit und Verfassungstreue, die er in Oktavian und den Caesarmördern verkörpert sieht.

Die Abfolge der *Philippischen Reden*

Leidenschaftliches Pathos, feierliche Bekundungen des Abscheus vor dem Gegner und daneben gelassenes Argumentieren und schneidende Ironie halten sich in Ciceros Reden gegen Antonius die Waage. Besonders die 13. *Philippische Rede* wartet mit sarkastischen Schilderungen Antonius' und seiner Gefolgsleute auf. Cicero geißelt den Handel mit den angeblichen letztwilligen Verfügungen Caesars und die Raffgier, mit denen diese Leute sich über das Hab und Gut der *boni*, der Anständigen, hermachen. Er bekennt, dass er seine ganze Verachtung für Antonius an die Nachwelt überliefern will, und verrät damit, wie bewusst ihm die Wirkmächtigkeit seiner Redekunst als literarischer Hinterlassenschaft ist. Wie bei Demosthenes bewirkt Ciceros Erfahrung als Redner vor Gericht, dass Argumentation, politische Meinungsäußerung und lebendige Erzählkraft sich wirkungsvoll verbinden. Die ungekünstelte Knappheit des Ausdrucks, die Demosthenes' Stärke ausmachte, findet ihr Echo besonders in Ciceros siebter Rede gegen Antonius. Ohne Umschweife kommt er dort auf die wesentlichen Punkte zu sprechen, handelt sie einen nach dem anderen bündig ab und nimmt dabei eine Reihe von Schlüsselmotiven wirkungsvoll immer wieder auf. In der 9. *Philippischen Rede*, die einen Nachruf auf Servius Sulpicius Rufus enthält, der während einer Mission in das Lager des Antonius an einer Krankheit gestorben war, begegnet man wiederum der für Cicero so typischen variantenreichen Formulierungskunst. Dramatisch wird der Ton in der 11. Rede, wenn Cicero in allen abstoßenden Einzelheiten schildert, wie Dolabella den Caesarmörder Trebonius unter entsetzlichen Qualen zu Tode schindet, die dieser mit der stoischen Gelassenheit des Weisen auf sich nimmt. Dann ändert sich die Diktion, und es folgt eine philosophische Erwägung, in der Trebonius' Schicksal als »glücklicher« bewertet wird als das seines Henkers (wie schon in *De officiis* wird hier ausführlich auf das Beispiel des Atilius Regulus eingegangen).

Je stärker der Senat, aufgeschreckt von Antonius' wachsender Selbstherrlichkeit, auf Ciceros Linie einschwenkt, desto mehr verraten seine Ansprachen eine gewisse Siegeszuversicht – und desto leiser werden die Töne edler Ergebung in einen ehrenvollen Tod. Den Höhepunkt des Erfolges erreicht Ciceros Politik mit dem scheinbaren Sieg über Antonius bei Forum Gallorum in Ostspanien. In der 14. *Philippischen Rede*, die das Dokument dieses kurzlebigen Erfolges ist, gibt er ein bewusst übertriebenes Bild von den Dimensionen seiner Niederlage, um den Senat zur Fortführung des Kampfes zu bewegen. Cicero beschwört die Schrecken der Vergangenheit herauf und erreicht in seinem anschließenden Lob auf die Gefallenen die Höhe von Demosthenes' *Epitaphios* und dessen Totenreden auf Lysias und Hypereides.

Ciceros Tod

Für einige Monate war es Cicero gelungen, Oktavian zum Zusammenwirken mit dem Senat und den Caesarmördern zu bewegen. Damit war es jedoch vorbei, als der Neffe des toten Diktators sich in einer plötzlichen Kehrtwende zu einem Bündnis mit Antonius und einem weiteren Anführer der Caesarianer, Lepidus, entschloss. Ciceros Kampf war verloren. Angesichts der Übermacht der verbündeten Heere Oktavians und Antonius' blieb kein Spielraum mehr für politisches Handeln. Antonius verlangt, Cicero auf die Proskriptionsliste zu setzen, und seine Forderung wird erfüllt. Anfang Dezember des Jahres 43 wird Cicero bei Caieta von Antonius' Leuten ergriffen und getötet. Man schneidet ihm den Kopf und beide Hände ab (anderen Quellen zufolge nur die Rechte) und stellt sie auf den Rostren, der Rednertribüne des Forums in Rom, zur Schau.

Poetische Werke

Ciceros Arat-Übertragung und frühe dichterische Versuche

Ciceros dichterische Werke waren schon in der Antike Gegenstand einer mehr oder weniger spöttischen Würdigung. So berichtet Plutarch, irgendwann habe Cicero sich nicht nur für den größten Redner, sondern auch für den größten Dichter Roms gehalten; obschon Cicero ansonsten mit Eigenlob nicht spart, finden sich in den erhaltenen Schriften allerdings nirgendwo Äußerungen dieser Art.

Als junger Mann schrieb Cicero gelehrte Dichtungen im alexandrinischen Stil über mythologische Sujets, von denen kaum mehr als die Titel überliefert sind. Einige davon, so der *Pontius Glaucus* oder die *Alcyone*, lassen vermuten, dass sie pittoreske Seestücke, Traumszenen und erhabene Naturschilderungen enthielten.

Weitere Beachtung fanden Ciceros *Aratea*, eine Übertragung der *Phainomena* des Arat in lateinische Hexameter, von der größere Partien erhalten sind. Keine Einigkeit besteht, wann die Übertragung der *Prognostika* entstanden ist, die den zweiten Teil des himmelskundlichen Lehrgedichts bilden; einige Forscher setzen sie zu einem sehr viel späteren Zeitpunkt an als den ersten. Ciceros Übertragung verzichtet auf eine Nachbildung der kunstvollen Nüchternheit des Originals (das sich andererseits vieler seltener und gesuchter Ausdrücke bediente) und legt auch keinen großen Wert auf wissenschaftliche Genauigkeit. Stattdessen orientiert sich Cicero an der Verssprache der großen römischen Dichtung, vor allem an Ennius. Das schließt allerdings auch gelegentliche stilistische Finessen nicht aus, wie man sie von den späteren Neoterikern kennt. Wichtigstes Merkmal seiner Übertragung ist die teils überbordende Fülle und der Detailreichtum der Beschreibung, die eine deutliche Vorliebe für das Erhabene und Pathetische zeigen. So schmückt Cicero etwa die Vorlage oft mit mythologischen Szenen aus, wozu die Namensgeber der genannten Sternbilder reichlich Gelegenheit boten.

Wichtig ist der Beitrag, den Cicero mit den *Aratea* zur Weiterentwicklung des lateinischen Hexameters leistete. Seine Verstechnik vereint den Geschmack fürs Archaische mit schöpferischen Formexperimenten. Sie erweitert die Freiheit des Ausdrucks in der Wortstellung und tendiert zu einer Auflösung der engen Bindung des Satzbaus und der Gedankenführung an die Versstruktur. Wie Cicero in der Prosa weit ausgreifende, klar gegliederte Satzperioden meisterhaft zu entwickeln versteht, bedient er sich im Vers mit Vorliebe des Enjambements.

Ablehnung der Neoteriker und Hinwendung zur Geschichtsepik

Ciceros Verskunst strebte nach kraftvoller Diktion, Abwechslungsreichtum und nüchtern-klassischem Ausdruck. Die von den Alexandrinern übernommene Gesuchtheit der Neoteriker, der »Neuerer« wie Catull, lehnte er ebenso ab wie ihre Anleihen bei der Umgangssprache, die auch vor krassen Obszönitäten nicht haltmachten. Die Abneigung gegen die Lyrik und die Stiltendenzen des neoterischen Dichterkreises, die in seinen eigenen Dichtungen der Spätzeit besonders deutlich wird, erklärt sich jedoch vor allem aus der Rolle, die Cicero der Literatur als solcher zuwies. Immer mehr gelangte er – ähnlich wie auf dem Feld der Rhetorik – zu der Überzeugung, dass diese sich an ein breites Publikum richten solle, und verwarf diejenigen Formen, die nur für einen kleinen, gebildeten Kreis von Lesern bestimmt waren. Angesichts seiner Erfahrungen in der aktiven Politik neigte er einer Geschichtsepik zu, für die Ennius in immer stärkerem Maße das Vorbild abgab. Cicero beweist jedoch vor allem dort dichterische Begabung, wo er Dichtung übersetzt (etwa bei den Zitaten aus griechischen Tragödien in den *Tuskulanen*), und weniger, wenn er als Dichter in eigener Sache tätig wird.

Bereits in jungen Jahren (nach Ansicht einiger Forscher erst in späterer Zeit) verfasste Cicero ein Versgedicht auf die Kriegstaten des Marius, der wie Cicero aus Arpinum stammte. Um das Jahr 60 entstand eine drei Bücher umfassende Dichtung über die Ereignisse des Konsulatsjahres und den Kampf gegen Catilina (ein umfangreiches Stück daraus zitiert Cicero in *De divinatione*). Ebenfalls der Verherrlichung des eigenen Wirkens dürfte Ciceros Versdichtung *De temporibus suis* gewidmet gewesen sein. Besonders das erstgenannte Werk, *De consulatu*, erregte den Spott von Ciceros Zeitgenossen und späteren Lesern, die entweder die mangelnde dichterische Qualität rügten oder sich an der schamlosen Selbstbeweihräucherung des Autors stießen. Aus diesem Werk stammt der am häufigsten zitierte und bespöttelte Vers aus Ciceros Feder: »*cedant arma togae, concedant laurea laudi*«, der als Ausdruck der Überzeugung, dass zynisches, durch militärische Gewalt begründetes Machtdenken nicht die Oberhand über die Kultur der Auseinandersetzung im politischen Raum gewinnen darf, dennoch Beachtung verdient. Die erhaltenen Passagen von *De consulatu* lassen erkennen, dass Cicero dort die Ereignisse der jüngsten Geschichte mit einem epischen Beiwerk versieht, wie man es auch bei Homer oder Ennius finden kann: himmlische Vorzeichen, Götter, die in das Geschehen eingreifen, und Musen, die ihr Wort an den Helden richten. In manchem verweist der aufgeladene, überbordende Stil von *De consulatu* auf die barockisierende Epik der nachaugusteischen Zeit.

Von einer Dichtung Ciceros auf die Taten Caesars in Britannien ist nichts erhalten. Die Vermutung, jener habe dort das Feldzugsgeschehen zugunsten einer Schilderung der kuriosen und pittoresken Seiten der Insel und ihrer Bewohner in den Hintergrund treten lassen, scheint indes mehr als gewagt.

Ciceros Briefe

Wie wir aus einem Schreiben an Atticus aus dem Jahr 44 v. Chr. (XVI, 5, 5) wissen, erwog Cicero gegen Ende seines Lebens, eine Sammlung seiner Briefe zu veröffentlichen. Die antiken Rhetorikhandbücher behandelten auch das Abfassen von Briefen. Cicero (*Ad fam.*, II, 4,1) führt mehrere Unterarten der Gattung auf: einfache Mitteilungsschreiben, Briefe im scherzhaften Ton unter Freunden, schließlich Schreiben mit bedeutendem Inhalt, in gemessener Diktion, bestimmt für den offiziellen Schriftverkehr oder gegebenenfalls auch zur Lektüre durch weitere Kreise.

Cicero selbst hat die Sammlung seiner Briefe wahrscheinlich nicht vollenden können. Der unter seinem Namen erhaltene Briefwechsel – 16 Bücher *Briefe an Atticus*, 16 Bücher *Ad familiares* an Freunde, Bekannte und Politiker sowie drei Bücher *Epistulae ad Quintum fratrem* an seinen Bruder Quintus und zwei an Marcus Brutus – wurde nach seinem Tod herausgegeben. Zu den Urhebern dieser Ausgaben gehörte sicherlich Ciceros treuer Freigelassener und »Privatsekretär« Tiro. Wann der Großteil von Ciceros Briefverkehr veröffentlicht wurde – die Annahmen reichen von der Regierungszeit des Augustus bis zu der des Tiberius oder sogar noch weiter –, ist nicht geklärt, ebenso wenig die Frage, zu welchem Zeitpunkt die einzelnen Sammlungen die Form erhielten, in der wir sie heute lesen. Folglich sind alle Versuche, bestimmte politische Absichten hinter der Veröffentlichung von Ciceros Briefen auszumachen – ob sie nun davon ausgehen, dass sie geschah, um ihren Autor anzuschwärzen oder ihn im Gegenteil in günstigerem Licht erscheinen zu lassen –, als rein spekulativ anzusehen.

Gesichert ist, dass es Atticus, der stets bemüht war, die Kontrolle über sein Auftreten und sein Bild in der Öffentlichkeit zu behalten, erfolgreich gelang, seine Briefe dem Blick dieser Öffentlichkeit zu entziehen: Nicht ein einziger Antwortbrief auf Ciceros 16 Bücher umfassende Schreiben hat sich erhalten.

Ciceros Briefwechsel ist ausgesprochen vielfältig. Neben flüchtig hingeworfenen Mitteilungen enthält er ausführliche Beobachtungen zur Tagespolitik, aber auch bis ins Detail ausgefeilte Schreiben mit der literarischen Qualität eines kurzen Traktats. Der thematischen Vielfalt entspricht die stilistische. Besonders in den kurzgefassten Nachrichten an Atticus, die nicht mehr enthalten als einige anspielungsreiche Stichworte, wie sie unter engen Freunden ausgetauscht werden, herrscht der Plauderton der gebildeten Römer (daher durchsetzt mit zahlreichen griechischen Begriffen). An andere Briefpartner aus seinem Freundeskreis wendet sich Cicero in einfachen, klar formulierten Sätzen, während die Schreiben an prominentere Adressaten eine sorgfältige sprachliche und stilistische Ausarbeitung verraten, da sie, vergleichbar einem »offenen Brief«, zur weiteren Verbreitung bestimmt waren. Zu dieser Kategorie gehören etwa das Schreiben an Ciceros Bruder Quintus über die rechte Regierungsführung als Provinzstatthalter (*Ad Quintum* I, 1); mehrere Briefe an Lentulus, der bekannteste davon mit einer ausführlichen Rechtfertigung Ciceros für seinen politischen Schwenk ins Lager der Triumvirn (*Ad fam.* I, 9); das Schreiben an Lucius Lucceius (*Ad fam.* V, 12), in dem Cicero darlegt, wie eine historische Darstellung auszusehen hat, und den Adressaten dazu auffordert, sein Wirken als Konsul im Kampf gegen Catilina zu schildern.

Da es sich in der Mehrzahl um private Schreiben handelt, geben Ciceros Briefe einen tiefen Einblick in seine Persönlichkeit und offenbaren neben belanglosen Alltäglichkeiten die Stimmungen und Befindlichkeiten ihres Autors, zu denen auch sein zauderliches Verhalten in politischen Fragen und die ernüchternden Hintergründe des Machtgeschehens gehören. Ciceros Briefe sind nicht zuletzt aber auch der Ort, wo dieser den Gefühlen freundschaftlicher und familiärer Zuneigung Ausdruck verleiht, die Ideale zu Wort kommen lässt, die ihn bewegen, und die literarischen Pläne, die er erwägt.

Darüber hinaus vermitteln uns Ciceros Briefe einen lebendigen Eindruck von den Umgangsformen und dem Privatleben der römischen Oberschicht. So erfährt man viel über die kultivierten Freizeitbeschäftigungen der Aristokratie, die Einrichtung ihrer Landhäuser, die Anlage ihrer Gärten und die Ausstattung ihrer Bibliotheken.

Nicht zuletzt stellt Ciceros Briefwechsel, in dem der Gang der politischen Ereignisse teils von einem Tag zum anderen zu verfolgen ist, eine außergewöhnliche historische Informationsquelle dar. Hauptsächlich dieser Quelle ist es zu verdanken, dass die späte Republik zu den am besten erforschten Epochen der Alten Geschichte gehört. Schon Cornelius Nepos, der diese Epoche zumindest teilweise miterlebte, bezeichnet Ciceros Briefe in seiner *Atticus-Vita* als Ersatz für eine Gesamtgeschichte dieser Zeit, in der auch viele zutreffende Prognosen zum weiteren Verlauf der politischen Entwicklung Roms enthalten seien.

Das Cicero-Bild im 19. und 20. Jahrhundert

Das Profil des Intellektuellen, Schriftstellers, Redners und Politikers Cicero, das in diesem Buch gezeichnet wird, setzt eine lange Forschungsdebatte voraus, die vom 19. Jahrhundert bis in unsere Zeit reicht. Sie ist unlösbar verbunden mit den verschiedenen historischen Deutungen des Übergangs von der späten Republik zum Prinzipat, einer der zentralen Wendezeiten in der Geschichte der Antike – ein weites Feld auch deshalb, weil das Verständnis dieser Epoche seinerseits von den Ereignissen der zeitgenössischen Geschichte nicht unbeeinflusst geblieben ist. Ich werde mich hier auf wenige Bemerkungen zu den wichtigsten Stationen der ausgesprochen komplexen Deutungsgeschichte von Ciceros Werk und Persönlichkeit beschränken (eine eingehendere Behandlung des Themas habe ich in *Cicerone e i suoi interpreti*, Pisa 2004, vorgelegt).

Es empfiehlt sich, mit Theodor Mommsen, dem Begründer der modernen römischen Geschichtswissenschaft zu beginnen. Seine *Römische Geschichte*, deren erster Band 1854 erschien, enthält eine gewissermaßen teleologische Sicht auf das Jahrhundert der späten Republik. In Mommsens Deutung verbinden sich Einflüsse der hegelschen Geschichtsphilosophie mit einer Art Rückprojizierung seiner eigenen politischen Einstellungen und Hoffnungen. In ihrem Mittelpunkt steht die Gestalt Julius Caesars. Auf ihn übertrug Mommsen die Eigenschaften einer volksnahen Führerfigur, von der er sich die Einigung der deutschen Nation erwartete, während die römische Aristokratie in ihrer egoistischen Verstocktheit ihm wie manchen Zeitgenossen als Vorläufer der preußischen Junkerschaft erschien. In

Mommsens Augen entsprach die Entmachtung der alten Herrschaftselite Roms durch Caesar den Notwendigkeiten der geschichtlichen Entwicklung. Rom durfte nicht länger in den Maßstäben eines Stadtstaates handeln. Es musste die Verantwortung für ein Imperium annehmen, das die Geschicke des Abendlandes bestimmen sollte. Die Folge dieser Geschichtsdeutung war eine radikal negative Bewertung des Caesargegners Cicero, der sein Leben lang als Sachwalter der Interessen der alten herrschenden Klasse aufgetreten war. Dazu kam, dass Mommsen in dem Mann aus Arpinum einen politischen Wendehals erblickte, der als Konsul die Belange der »demokratischen«, fortschrittsfreundlichen Partei verraten hatte.

Schon 1865 erschien in Frankreich Gaston Boissiers brillante Studie *Cicéron e ses amis*. Boissier waren die Grenzen von Mommsens retrospektiv-teleologischer Sichtweise nicht entgangen. Er plädierte dafür, die rückblickende historische Einschätzung Ciceros klar vom Urteil seiner Zeitgenossen zu unterscheiden. Die angeblichen Segnungen, welche die Nationen Europas in späteren Jahrhunderten aus dem Sieg Caesars über seine Feinde ziehen würden, spielten in dessen politischem Programm, das in erster Linie auf persönlichen Machtzuwachs ausgerichtet war, keine Rolle. Ebenso wenig war es Ciceros Absicht, sich mit dem Aufstieg Caesars dem unaufhaltsamen Lauf der Geschichte entgegenzustellen. Ihm ging es vielmehr darum, die rechtmäßigen Formen der republikanischen Staatsordnung zu verteidigen. Auch Mommsens Beurteilung von Ciceros Schwenk ins konservative Lager konnte Boissier nicht überzeugen. Er verstand dessen Richtungsmanöver als unvermeidliche Kurskorrekturen eines moderaten Politikers im Bemühen um Ausgleich zwischen den kontrahierenden Parteien.

Boissiers Sympathien für Ciceros moderate Haltung lassen sich ebenso wie Mommsens negatives Urteil in gewisser Hinsicht als Rückprojektion aktueller Befindlichkeiten erklären. Sie spiegeln recht genau die politischen Bedenken eines gemäßigt Konservativen im Frankreich der zweiten Hälfte des 19. Jahrhunderts, der dem Bonapartismus und dem Caesarismus ebenso abgeneigt war, wie ihn die Agitation der proletarischen Massen beunruhigte (nach dem Scheitern der Pariser Commune betonte Boissier sein Einverständnis mit einigen eher rückständigen Elementen in Ciceros politischem Denken). Alles in allem führt diese »Aktualisierung« bei Boissier dennoch nicht zu einer Verfälschung des historischen Cicero-Bildes. Anders war dies bei einem ebenfalls nach der Jahrhundertmitte in Frankreich erschienenen Werk, der *Histoire de Jules César* aus der Feder Napoleons III. von 1862: Der französische Kaiser zeichnet ebenfalls ein stark teleologisch gefärbtes Bild der Epoche. Caesar wird darin als Werkzeug der Vorsehung verherrlicht, der Autor sieht ihn als Vorbild nicht nur der eigenen Mission, sondern auch der geschichtlichen Berufung seines Onkels Napoleon Bonaparte. Folgerichtig wird die Gestalt des Caesargegners Cicero äußerst negativ bewertet.

Die Stärke von Boissiers Buch liegt vor allem darin, dass es sehr anschaulich die Entstehung einer Art gehobener Gesellschaft zur Zeit Ciceros und Caesars beschreibt, die sich den Prinzipien der *humanitas* verpflichtet fühlte. Gleichzeitig bewies Boissier ein feines Gespür für die Anzeichen einer epochalen Krise im Politischen, Gesellschaftlichen und Existentiellen, die sich unter dieser Hülle kultivierter Verfeinerung verbargen. Besonders dieser Aspekt hat der Cicero-Forschung in der zweiten Hälfte des 20. Jahrhunderts wichtige Anstöße gegeben. Zunächst aber ging von Boissiers Buch keine allgemeine Neubewertung der Gestalt Ciceros aus. Auch nachdem das negative Urteil Mommsens überwunden war, blieb in der klassischen Philologie der Einfluss der deutschen Geisteswelt bestimmend, in der man – dem Zeitgeist entsprechend – diejenigen Elemente in Ciceros Werk einseitig betonte, die als Vorwegnahme des augusteischen Herrschaftsgedankens gedeutet werden konnten (der in Deutschland nach 1870 als Modell für eine Befriedung der gesellschaftlichen Konflikte durch die Errichtung einer neuen Ordnung in Anspruch genommen wurde). Deshalb das große Aufheben, das um die Rolle des *princeps* in *De re publica* gemacht wurde. Die tatsächlichen Dimensionen dieses Begriffs im Werk Ciceros sind aufgrund der äußerst lückenhaften Textüberlieferung jedoch nur schwer zu bestimmen. Gerade deshalb wurden sie Gegenstand der Spekulation.

Es waren wiederum die Studien eines großen Philologen und Literaturwissenschaftlers aus Deutschland, Richard Heinze, die in den ersten beiden Jahrzehnten des 20. Jahrhunderts die Grundlagen zu einem neuen Cicero-Bild legten. Zunächst griff Heinze Mommsens Vorwurf auf, Cicero sei ein politischer Wendehals gewesen, und betonte demgegenüber die prinzipielle Kontinuität seiner politischen Ziele. Nach Maßgabe der Umstände habe Cicero demnach von seinen ersten Reden bis hin zu seinem Konsulat eine politische und gesellschaftliche Verständigung angestrebt, die *concordia* aller anständigen Bürger unter Ausschluss extrem konservativer wie revolutionärer Positionen. Andererseits konnte Heinze nachweisen, dass die erhaltenen Passagen von *De re publica* keine Belege enthalten, dass Cicero eine Alleinherrschaft favorisiert hätte. Damit konnte Heinze das besonders in der deutschen Geschichtswissenschaft verbreitete Bild von Cicero als theoretischem Wegbereiter der Herrschaft des Augustus revidieren.

Wieder dauerte es einige Jahrzehnte, bis die Saat, die Heinze mit seinen Forschungen gelegt hatte, zu sprießen begann. Den Ausschlag gab das veränderte intellektuelle Klima der Nachkriegszeit in Europa. 1954 veröffentlichte Ettore Lepore seine Studie *Il ›princeps‹ ciceroniano e gli ideali politici della tarda repubblica.* Lepore distanzierte sich darin von den Leitlinien einer prosopographischen Geschichtsschreibung, die allzu oft die politischen und gesellschaftlichen Konflikte einer Epoche als bloßen Machtkampf zwischen den großen Führerpersönlichkeiten verfeindeter Parteien begriff. In Anknüpfung an Heinzes Grundthese wies er nach, dass es bei Cicero von Beginn an eine Art Programm zur Erneuerung der römischen Gesellschaft gab, das mit der Zeit immer deutlichere Züge annahm. Zunächst fand dieses Programm in Ciceros Bemühen um die *concordia* von Senatoren- und Ritterstand Ausdruck. Später, nach der Erfahrung des Exils, fasste der ehemalige Konsul es unter den erweiterten Begriff des *consensus omnium bonorum.* Darunter verstand er das Übereinkommen aller »anständigen Bürger« ganz Italiens zum Zwecke einer Reform des politischen Lebens mit dem Ziel, die Verweigerungshaltung der alten Machteliten aufzubrechen und gleichzeitig einen Damm gegen umstürzlerische Tendenzen zu errichten.

In den fünf Jahrzehnten seit Erscheinen von Lepores Buch sind einige darin enthaltene Thesen von der Forschung revidiert worden, in den Grundzügen hat es jedoch weiter Bestand. Kritisiert wurde zunächst eine gewisse Überbewertung der Rolle des Intellektuellen Cicero, die sich zum Teil als Widerspiegelung der Rolle erklärt, die Cicero selbst der Bildung für die Überwindung der Krise zuschrieb. Auch der demokratisch-reformorientierte Charakter von Ciceros Politik, den Lepore stark betont hatte, wurde später relativiert. (Es ging Cicero vor allem darum, das politische und administrative System effizienter und moralisch integrer zu gestalten, als er es vorfand. Der prinzipielle Erhalt der bestehenden Strukturen stand für ihn nie in Frage. Auch Ciceros Streben nach der Einigkeit der besitzenden Stände, Kern seines politischen Denkens, beinhaltete die Forderung nach einer starken Führung, die sich über gesellschaftliche Einzelinteressen hinwegsetzen konnte, wie dies besonders in den späteren Schriften zur Staatslehre deutlich wird.) Schließlich, so haben neuere Arbeiten gezeigt, war der Bruch zwischen dem Programm der *concordia ordinum* und dem des *consensus bonorum* weniger ausgeprägt, als Lepore ihn dargestellt hatte. Schon zur Zeit seines Konsulates verließ Cicero sich demnach nicht mehr allein auf die Einigkeit von Senat und Rittern, sondern strebte eine Übereinkunft der Besitzenden ganz Italiens an.

Entscheidender als diese notwendigen Korrekturen scheint mir jedoch, dass Lepores Grundthesen weitgehend mit den Ergebnissen der Studien über die Mittelschicht in den Bundesgenossenstädten und das Italien der Munizipien übereinstimmen, die von Plinio Fraccaro vorgelegt und wesentlich von Emilio Gabba und seiner Schule angeregt wurden. Hieraus hat sich ein neues Verständnis von Ciceros politischem Denken im Unterschied zur traditionellen Ausrichtung der Optimatenpartei ergeben. Neben einer unveränderten Verweigerungshaltung gegenüber den Forderungen der proletarischen Massen ist bei dem *homo novus*, der seine eigene Herkunft nie vergessen hatte, eine große Offenheit für die Belange der aufstiegswilligen Schichten ganz Italiens zu beobachten. Ciceros Absicht war es dabei nicht, die Zusammensetzung der politischen Klasse radikal umzugestalten, ihm ging es vielmehr darum, der Führungsschicht zu einer breiteren gesellschaftlichen Zustimmung zu verhelfen. Sein politisches Handeln ebenso wie sein philosophisch-literarisches Werk zielen darauf, Impulse zur Schaffung einer gemeinsamen kulturellen Basis für die Machteliten und diejenigen wohlhabenden Gesellschaftsschichten zu geben, die mit ihrem Konsens die Vorherrschaft der Senatsaristokratie tragen sollten, ohne selbst am politischen Geschehen direkt beteiligt zu sein.

In diesem Zusammenhang ist die Weiterentwicklung der kultur- und literaturhistorischen Forschung zu Ciceros Person und Werk zu sehen, die von ganz verschiedenen Ausgangspunkten nicht selten zu ähnlichen Ergebnissen gelangt. Dazu gehören die genauere Kenntnis der Rolle der Rhetorik in der griechisch-römischen Welt, eine methodisch differenziertere Würdigung Ciceros als Schriftsteller, aber auch die breitangelegte Erforschung der Bildungsvoraussetzungen des literarischen Publikums in Rom und Italien zur Zeit der späten Republik. Für die Einschätzung der philosophischen Werke bedeutete diese Entwicklung die methodische Überwindung einer reinen Quellenforschung. In Übereinstimmung mit Mommsens genereller Geringschätzung Ciceros in charakterlicher und intellektueller Hinsicht hatte dieser Forschungsansatz dazu geführt, in Cicero einen unoriginellen und oft auch inkompetenten Kompilator zu sehen, dessen Texte fast ausschließlich als Materialgrundlage zur Rekonstruktion verlorener Zeugnisse der hellenistischen Philosophie dienten. Heute hat sich die berechtigte Überzeugung durchgesetzt, dass Ciceros philosophische Schriften nur im Zusammenhang mit seinen politischen Überzeugungen und Zielen begriffen werden können. Durch die Verbreitung philosophischen Wissens sollten die ideellen Grundlagen für das Wirken einer politischen Klasse gelegt werden, von der Cicero sich eine Erneuerung der Gesellschaft versprach.

Aufbauend auf den Forschungsergebnissen der letzten Jahrzehnte, hat sich dieses Buch das Ziel gesetzt, ein verlässliches Gesamtbild von Ciceros Wirken zu geben, das den Zusammenhang von rhetorischer Praxis, politischem Handeln und philosophischem Denken verdeutlicht und dabei die gesellschaftlichen Dimensionen und den Adressatenkreis mit einbezieht, für den Ciceros Werk bestimmt war.

Zeittafel

106 v. Chr.	Marcus Tullius Cicero in Arpinum geboren
92	Lucius Licinius Crassus und Gnaeus Domitius Ahenobarbus im Amt der Zensoren; Verbot der Rednerschule des Plotius Gallus
um 84	Cicero schreibt *De inventione*
81	*Rede für Quinctius*
80	*Rede für Roscius aus Ameria*
79	Cicero tritt eine Bildungsreise nach Griechenland an
77/76	Rückkehr nach Rom; Eheschließung mit Terentia; Geburt der Tochter Tullia; *Rede für den Schauspieler Roscius* (?); Wahl zum Quästor
75	Cicero Quästor in Sizilien
70	Prozess gegen Verres
69	Cicero bekleidet das Ädilenamt; *Rede für Tullius*; *Rede für Fonteius*; *Rede für Caecina*
66	Prätur; *Rede für den Gesetzentwurf des Manilius* (*Über den Oberbefehl des Pompeius*) und *Rede für Cluentius*
65	Geburt des Sohnes Marcus
63	Konsulat; *De lege agraria*; *Rede für Rabirius*; Niederschlagung der Verschwörung des Catilina; *Catilinarische Reden*; *Rede für Murena*
62	*Rede für Sulla*; *Rede für den Dichter Archias*; Skandal um die Entweihung des *Bona Dea*-Festes durch Clodius
60	sogenanntes »erstes Triumvirat«: Caesar, Pompeius und Crassus
59	Konsulat Caesars; *Rede für Flaccus*
58	Clodius Tribun; Cicero geht ins Exil
57	Rückkehr nach Rom; Reden an Senat und Volksversammlung (*Orationes post reditum*); *Oratio de domo sua*
56	*Oratio de haruspicum responso*; *Rede für Sestius*; *Befragung des Zeugen Vatinius*; *Rede für Caelius*; Cicero schlägt sich auf die Seite der Triumvirn; *Rede über die konsularischen Provinzen*; *Rede für Balbus*

55 *Rede gegen Piso*; Arbeit an *De oratore*

54 *Rede für Plancius*; *Rede für Scaurus*; *Rede für Rabirius Postumus*; möglicherweise Herausgabe von Lukrez' *De rerum natura* durch Cicero; *Partitiones oratoriae* (?); Beginn der Arbeit an *De re publica*

52 Ermordung des Clodius; *Rede für Milo*; Beginn der Arbeit an *De legibus*

51 Veröffentlichung von *De re publica*; Cicero geht als Prokonsul nach Kilikien und unterbricht die Arbeit an *De legibus*

49/48 Bürgerkrieg zwischen Caesar und Pompeius; Cicero schließt sich Pompeius an und folgt ihm nach Kleinasien; nach Ende des Krieges Begnadigung durch Caesar

46 *Rede für Marcellus*; *Rede für Ligarius*; Cicero verfasst den *Brutus*, den *Orator* und die *Paradoxa stoicorum*; Cato nimmt sich in Utica das Leben

45 Cicero plant einen »offenen Brief« an Caesar, der jedoch nie veröffentlicht wird; *Lobschrift auf Cato*; *Rede für König Deiotarus*

45/44 Februar 45: Tod der Tochter Tullia; 44 Ermordung Caesars; philosophische Schriften: *Trostschrift*; *Hortensius*; *Academica*; *De finibus bonorum et malorum*; *Tusculanae disputationes*; *De natura deorum*; *Cato maior de senectute*; *De divinatione*; *De fato*; *Laelius de amicitia*; *De officiis*; im September 44 *erste Philippische Rede*

43 Fortsetzung des Kampfes gegen Antonius, weitere *Philippische Reden*; zweites Triumvirat zwischen Antonius, Oktavian und Lepidus; Cicero wird auf die Proskriptionsliste gesetzt und am 7. Dezember 43 ermordet

Literaturhinweise

Angesichts der nahezu unüberschaubaren Literatur zu Cicero und seinem Werk beschränkt sich das vorliegende Verzeichnis auf eine Auswahl der wichtigsten Titel und Standardwerke. Textkritische Editionen und zweisprachige Ausgaben von Ciceros Reden und Schriften finden sich unter anderem in der *Bibliotheca Teubneriana*, in der Reihe der *Oxford Classical Texts* und in *Loeb's Classical Library*. Auch die in Reclams Universal-Bibliothek erscheinenden Einzelausgaben, viele davon in zweisprachigen Editionen, enthalten ausführliche Einleitungen, Anmerkungen und laufend aktualisierte bibliographische Hinweise.

Gesondert erschienene kritische Editionen konnten aus Platzgründen nicht aufgeführt werden; dies gilt auch für in erster Linie historisch orientierte Darstellungen, die sich mit der Person Ciceros beschäftigen. Die Zitierweise der Fachzeitschriften folgt den Abkürzungen der *Année philologique.*

Biographien

E. Ciaceri: Cicerone e i suoi tempi. Mailand u. a. ^{2}1939; M. Gelzer: Cicero. Ein biographischer Versuch. Wiesbaden 1969; K. Kumaniecki: Cicerone e la crisi della repubblica romana. Rom 1972; S. L. Uttschenko: Cicero. Berlin 1978 (zuerst: Moskau 1972); D. L. Stockton: Cicero. A Political Biography. Oxford 1971; T. N. Mitchell: Cicero. The ascending Years. New Haven 1979; Ders.: Cicero. The senior Statesman. New Haven / London 1991; P. Grimal: Cicéron. Paris 1986. (dt.: München 1988); M. Bellincioni: Cicerone politico nell'ultimo anno di vita. Brescia 1974; M. Fuhrmann: Cicero und die römische Republik. München/Zürich ^{4}1997; Ch. Meier: Cicero: »Das erfolgreiche Scheitern des Neulings in der alten Republik«. In: ders: Die Ohnmacht des allmächtigen Dictators Caesar. Frankfurt a. M. 1980. S. 101–222; N. Marinone: Cronologia ciceroniana. Rom 1997; A. Everitt: The Life and Times of Rome's Greatest Politician. Westminster 2003. (dt.: Köln 2003).

Allgemeine Studien

Persönlichkeit und Umfeld

G. Boissier: Cicéron es ses amis, Paris 1865. (dt.: Leipzig 1869; ital. Ausgabe mit einer Einleitung von E. Narducci: Mailand 1988); W. Kroll: Die Kultur der ciceronischen Zeit. Leipzig 1933. (Ndr. Darmstadt 1975.)

Gesamtdarstellungen und Einzelaspekte

A. Michel: Rhétorique et philosophie chez Cicéron. Paris 1960; Ders.: »Rhétorique et philosophie dans les traités de Cicéron«. In: ANRW I, 3. Berlin / New York 1973. S. 139–208; P. Boyancé: Études sur l'humanisme cicéronien. Brüssel 1970; E. Malcovati: Cicerone e la poesia. Pavia 1943; M. Rambaud: Cicéron et l'histoire romaine. Paris 1953; A. Desmouliez: Cicéron et son goût. Essai sur une définition d'une esthétique romaine à la fin de la République. Brüssel 1976; C. Moatti: »Tradition et raison chez Cicéron: l'emergence de la rationalité politique à la fin de la république romaine«. In: MEFRA 100 (1988). S. 385–430; Ders.: La Raison de Rome. Naissance de l'esprit critique à la fin de la République. Paris 1997; M. Fleck: Cicero als Historiker. Stuttgart 1993; E. Narducci: Modelli etici e società. Un'idea di Cicerone. Pisa 1989; Ders.: »Pratiche letterarie e crisi della società. Oratoria, storiografia e filosofia nell'ultimo secolo della repubblica«. In: G. Clemente u.a. (Hrsg.): Storia di Roma. Bd. II, 1. Turin 1990. S. 885–922; P. Desideri: »Cicerone e l'ellenizzazione della storiografia romana«. In: E. Falque / C. Guascó (Hrsg.): *Graecia capta.* De la conquista de Grecia a la helenización de Roma. Huelva 1995; C.E.W. Steel: Cicero, Rhetoric and Empire. Oxford 2002; S. Butler: The Hand of Cicero. London / New York 2002; A. Grilli: »Cicerone tra retorica e filosofia«. In: E. Narducci (Hrsg.): Interpretare Cicerone. Percorsi della critica contemporanea. Atti del II Symposium Ciceronianum Arpinas. Florenz 2002. S. 53–65; G. Aricò: »Cicerone e il teatro«. In: E. Narducci (Hrsg.): Cicerone tra antichi e moderni. Atti del IV Symposium Ciceronianum Arpinas. Florenz 2004. S. 6–37.

Politisches Denken

H. Strasburger: *Concordia ordinum*. Eine Untersuchung zur Politik Ciceros. Bern 1931; R. Heinze: »Ciceros politische Anfänge«. In: E. Burck (Hrsg.): Vom Geist des Römertums. Darmstadt ^{4}1972. S. 87–140; C. Nicolet: L'ordre équestre à l'époque républicaine. Bd. I. Paris 1966. S. 633–698; E. Lepore: Il *princeps* ciceroniano e gli ideali politici della tarda repubblica. Neapel 1954; Ders.: »Il pensiero politico romano del primo secolo«. In: G. Clemente u.a. (Hrsg.): Storia di Roma. Bd. II, 1. Turin 1990. S. 858–881; J.-L. Ferrary: »Le idee politiche a Roma nell'età repubblicana«. In: L. Firpo (Hrsg.): Storia delle idee politiche economiche e sociali. Bd. I. Turin 1982. S. 723–804; N. Wood: Cicero's Social and Political Thought. Berkeley / Los Angeles 1988; L. Perelli: Il pensiero politico di Cicerone. Florenz 1990; C. Habicht: Cicero der Politiker. München 1990; M. Bernett: *Causarum cognitio*. Ciceros Analysen zur politischen Krise der späten römischen Republik. Stuttgart 1995; E. Narducci: »Il pensiero politico romano tra repubblica e impero«. In: C. Dolcini (Hrsg.): Il pensiero politico dell'età antica e medioevale. Turin 2000. S. 71–98; A. Marcone: »L'idea di democrazia in Cicerone«. In: E. Narducci (Hrsg.): Cicerone. Prospettiva 2000. Atti del I Symposium Ciceronianum Arpinas. Florenz 2001. S. 59–78; G. Mazzoli: »Riflessioni sulla semantica ciceroniana della gloria«. In: E. Narducci (Hrsg.): Cicerone tra antichi e moderni. Atti del IV Symposium Ciceronianum Arpinas. Florenz 2004. S. 56–82.

Sammelbände

K. Büchner: Studien zur römischen Literatur. Bd. II: Cicero. Wiesbaden 1962; T.A. Dorey (Hrsg.): Cicero. London 1964; B. Kytzler (Hrsg.): Ciceros literarische Leistung. Darmstadt 1973; K. Büchner (Hrsg.): Das neue Cicerobild. Darmstadt 1971; A. Michel / R. Verdière (Hrsg.): Ciceroniana. Hommages Kumaniecki. Leiden 1975; R. Chevalier: Présence de Cicéron. Hommage au R.P.M. Testard, Paris 1984; G.G. Biondi (Hrsg.): »Miscellanea di studi ciceroniani«. In: Paideia 55 (2000); E. Narducci: Cicerone e i suoi interpreti. Studi sull'opera e la fortuna. Pisa 2004; Emanuele Narducci ist auch Herausgeber der Tagungsbände des jährlichen Symposium Ciceronianum Arpinas: Bd. I: Cicerone. Prospettiva 2000. Florenz 2001; Bd. II: Interpretare Cicerone. Percorsi della critica contemporanea. Florenz 2002; Bd. III: Aspetti della fortuna di Cicerone nella cultura latina. Florenz 2003; Bd. IV: Cicerone tra antichi e moderni. Florenz 2004; Bd. V: Eloquenza e astuzie della persuasione in Cicerone. Florenz 2005.

Ciceros Reden

Allgemeine Studien

L. Laurand: Études sur le style des discours de Cicéron. 3 Bde. Paris 1928–1931; J. Humbert: Les plaidoyers écrits et les plaidoiries réelles de Cicéron. Paris 1925; A.D. Leeman: *Orationis ratio.* The stylistic theories and practice of the Roman orators, historians and philosophers I, Amsterdam 1963 (Ndr. 1986); G. Kennedy: The Art of Rhetoric in the Roman World. Princeton 1972; H. Haury: L'ironie et l'humour chez Cicéron. Paris 1965; A. Weische: Ciceros Nachahmung der attischen Redner. Heidelberg 1972; W. Stroh: Taxis und Taktik. Die advokatische Dispositionskunst in Ciceros Gerichtsreden. Stuttgart 1975; C.J. Classen: Recht, Rhetorik, Politik. Untersuchungen zu Ciceros rhetorischer Strategie, Darmstadt 1985. (Mit ausführlicher Kommentierung einzelner Reden.); G. Achard: Pratique rhétorique et idéologie politique dans les discours ›optimates‹ de Cicéron. Leiden 1981; J.W. Crawford: M. Tullius Cicero: The Lost and Unpublished Orations. Göttingen 1983; Ders.: Cicero. The Fragmentary Speeches. An Edition with Commentary. Atlanta 1994; S. Citroni Marchetti: »L'avvocato, il giudice, il *reus*. La psicologia della colpa e del vizio nelle opere retoriche e nelle prime orazioni di Cicerone«. In: MD 17 (1986) S. 93–124; J.M. May: Trials of Character. The eloquence of ciceronian ethos. Chapel Hill 1988; E.S. Gruen: Roman Politics and the Criminal Courts 149–178. B.C. Cambridge Mass. 1968; Ders.: The Last Generation of the Roman Republic. Berkeley / Los Angeles 1974; J.-M. David: Le patronat judiciaire au dernier siècle de la république romaine. Rom 1992; A. Vasaly: Representations. Images of the World in the Ciceronian Oratory. Berkeley / Los Angeles / Oxford 1993; S.M. Cerutti: Cicero's Accretive Style. Rhetorical Strategies in the *exordia* of the Judicial Speeches. Lanham / New York / London 1996; J.T. Kirby: »Ciceronian Rhetoric. Theory and Practice«. In: W.J. Dominik (Hrsg.): Roman Eloquence. Rhetoric in Society and Literature, London / New York 1997; A.M. Riggsby: Crime and Community in Ciceronian Rome. Austin 1999; E. Narducci: Cicerone e l'eloquenza romana. Retorica e progetto culturale. Rom/Bari 1997; A. Cavarzere: Oratoria a Roma. Storia di un genere pragmatico. Rom 2000; Ders.: »L'oratoria come rappresentazione. Cicerone e la *eloquentia corporis*«. In: E. Narducci (Hrsg.): Interpretare Cicerone. Percorsi della critica contemporanea. Atti del II Symposium Ciceronianum Arpinas. Florenz 2002. S. 24–52; J.M. May (Hrsg.): Brill's Companion to Cicero. Oratory and Rhetoric. Leiden/Boston/Köln 2002; G. Petrone: La parola agitata. Teatralità della retorica latina. Palermo 2004; G. Petrone (Hrsg.): Le passioni della retorica. Palermo 2004.

Rede für Quinctius

Kommentar von T.E. Kinsey. Sydney 1991; F. Hinard: »Le *pro Quinctio*. Un discours politique?« In: RÉA 77 (1985) S. 88–107; G. Rolin: »La personalité de Cicéron à l'âge de 26 ans (*pro Quinctio*). Sa pensée sociale et politique«. In: AC 48 (1979) S. 559/582; C.J. Bannon: »Self-help and Social Status in Cicero's pro Quinctio«. In: Ancient Society 30 (2000) S. 71–94.

Rede für Roscius aus Ameria

Kommentar von G. Landgraf, Leipzig/Berlin ^{2}1914. (Ndr. Hildesheim 1966.); T.E. Kinsey: »The case against Sextus Roscius of Ameria«. In: AC 54 (1985) S. 188–196; Ders.: »Cicero's case against Magnus, Capito and Chrysogonus in the *pro Sex. Roscio Amerino* and its use for the historian«. In: AC 49 (1980) S. 173–190; A. Vasaly: »The Masks of Rhetoric. Cicero's *Pro Roscio Amerino*«. In: Rhetorica 3 (1985) S. 1–20.

Rede für den Schauspieler Roscius

F. Klingner: Studien zur griechischen und römischen Literatur. Zürich/Stuttgart 1964. S. 547–570; J. Axer: The Style and Composition of Cicero's Speech *pro Roscio comoedo*. Warsaw 1980; S. Citroni Marchetti: »Lo spazio straniato. Percorsi psicologici e percezione del tribunale nelle orazioni di Cicerone *pro Fonteio, pro Q. Roscio comoedo, pro Cluentio*. I.« In: MD 35 (1996) S. 9–57.

Reden gegen Verres

Kommentar zu II, 1 T. N. Mitchell. Warminster 1986; Kommentar zu II, 4 (*de signis*) G. Baldo. Florenz 2004; N. Marinone: Quaestiones Verrinae. Turin 1950; M. Fuhrmann: »Narrative Techniken in Ciceros zweiter Rede gegen Verres«. In: Der altsprachliche Unterricht 23,3 (1980). S. 5–17; P. Brunt: »Patronage and politics in the Verrines«. In: Chiron 10 (1980) S. 273–289; E. S. Gruen: »Pompey, Metellus Pius and the Trials of 70–69 B. C: the Perils of Schematism«. In: AJPh 92 (1971) S. 116; P. Fedeli: »Cicerone e Lilibeo«. In: Ciceroniana 4 (1980) S. 135–144; D. Romano: »Cicerone e il ratto di Proserpina«. In: Ciceroniana 4 (1980) S. 191–202; M. Mazza: »Recenti prospettive sull'economia agraria siciliana in età ciceroniana«. In: Ciceroniana 4 (1980) S. 223–239; R. Scuderi: »Il comportamento di Verre nell'orazione ciceroniana de suppliciis: oratoria politica e realtà storica«. In: Rend. Lincei 5 (1994) S. 119–143; R. Scuderi: »Lo sfondo politico del processo a Verre«. In: M. Sordi (Hrsg.): Processi e politica nel mondo antico. Mailand 1996. S. 169–187; R. Scuderi: »La raffigurazione ciceroniana della Sicilia e dei suoi abitanti: un fattore ambientale per la condanna di Verre.« In: C. Stella / A. Valvo (Hrsg.): Studi in onore di Albino Garzetti. Brescia 1996. S. 409–430; B. Innocenti: »Toward a Theory of Vivid Description as Practiced in Cicero's Verrine Orations«. In: Rhetorica 12 (1994) S. 355–381.

Rede für Fonteius

G. Clemente: I romani nella Gallia meridionale. Bologna 1974 [mit historischem Kommentar]; M. Rambaud: »Le pro Fonteio et l'assimilation des Gaulois de la Transalpine«. In: Mélanges Wuilleumier. Paris 1980. S. 301–316; S. Citroni Marchetti: »Lo spazio straniato. Percorsi psicologici e percezione del tribunale nelle orazioni di Cicerone *pro Fonteio, pro Q. Roscio comoedo, pro Cluentio*. I.«. In: MD 35 (1996) S. 9–57.

Rede für Caecina
B. Frier: The rise of Roman jurists. Studies in Cicero's *pro Caecina*. Princeton 1985; L. Zambianchi: »Problemi della società volterrana nel I secolo a. C.«. In: RIL 112 (1978) S. 119–129; S. D. Mühlhölzl: Cicero *pro A. Caecina*. Aachen 1997.

Rede für Cluentius
C. J. Classen: Recht, Rhetorik, Politik. Untersuchungen zu Ciceros rhetorischer Strategie. Darmstadt 1985. S. 15–119; P. Boyancé: Einleitung zur Edition in der Reihe der Collection des Universités de France. Paris 1953; J. T. Kirby: The Rhetoric of Cicero's *pro Cluentio*. Amsterdam 1990; S. Citroni Marchetti: »Lo spazio straniato. Percorsi psicologici e percezione del tribunale nelle orazioni di Cicerone *pro Fonteio, pro Q. Roscio comoedo, pro Cluentio*. II.«. In: MD 36 (1996) S. 33–71; E. Narducci: »Cronaca criminale e letteratura nella *pro Cluentio*«, Einführung zu: Cicerone: Difesa di Cluenzio. Mailand 2004 [mit Übersetzung und ausführlichem Kommentar von M. Fucecchi]; dass. auch in: E. Narducci: Cicerone e i suoi interpreti. Studi sull'opera e la fortuna. Pisa 2004.

Rede für das Gesetz des Manilius
Kommentar von J. R. King. Oxford 1917; E. J. Jonkers: Social and Economic Commentary on Cicero's *De lege agraria orationes tres*. Leiden 1963; M. R. Torelli: »La *de imperio Cn. Pompei*. Una politica per l'economia dell'impero«. In: Athenaeum 70 (1982) S. 1–49; A. Marcone: »Il nuovo stile dell'uomo politico. Pompeo *princeps civilis*«. In: Athenaeum 78 (1990) S. 475–481; P. Rose: »Cicero and the Rhetoric of Imperialism«. In: Rhetorica 13 (1995) S. 359–399; C. J. Classen: Recht, Rhetorik, Politik. Untersuchungen zu Ciceros rhetorischer Strategie. Darmstadt 1985. S. 268–303.

Rede über das Ackergesetz

E. J. Jonkers: Social and Economic Commentary on Cicero's *de lege agraria orationes tres.* Leiden 1963; A. Vasaly: »*Ars dispositionis.* Cicero's second agrarian speech«. In: Hermes 116 (1988). S. 409–427; J. Leonhardt: »Senat und Volk in Ciceros Reden *de lege agraria*«. In: Acta Classica 34–35 (1998/99) S. 279–92; C. J. Classen: Recht, Rhetorik, Politik. Untersuchungen zu Ciceros rhetorischer Strategie. Darmstadt 1985. S. 304–367.

Rede für Rabirius

W. M. Blake Tyrrel: A Legal and Historical Commentary to Cicero's *oratio pro C. Rabirio perduellionis reo.* Amsterdam 1978; J. van Ooteghem: »Pour une lecture candide du *pro C. Rabirio*«. In: LÉC 32 (1964) S. 234–246.

Reden gegen Catilina

Z. Yavetz: »The Failure of Catilina's Conspiracy«. In: Historia 12 (1963) S. 485 ff.; C. Loutsch: »L'exord dit *ex abrupto* de la Première Catilinaire de Cicéron«. In: RÉL 68 (1990) S. 31–49; D. Konstan: »Rhetoric and the Crisis of Legitimacy in Cicero's Catilinarian Orations«. In: T. Pulakos (Hrsg.): Rethinking the History of Rhetoric. Boulder 1993. S. 11–30; W. W. Batstone: »Cicero's Construction of Consular Ethos in the First Catilinarian«. In: TAPhA (124) 1994. S. 211–266; R. W. Cape: »The Rhetoric of Politics in Cicero's Fourth Catilinarian«. In: AJPh 116 (1995) S. 255–277; Ders.: »Cicero's Consular Speeches«. In: J. M. May (Hrsg.): Brill's Companion to Cicero. Oratory and Rhetoric. Leiden/Boston/Köln 2002. S. 113–158.

Rede für Murena

Kommentar von J. Adamietz. Darmstadt 1989; J. Adamietz: »Ciceros Verfahren in den Ambitus-Prozessen gegen Murena und Plancius«. In: Gymnasium 92 (1986) S. 102–117; A. Bürge: Die Juristenkomik in Ciceros Rede pro Murena. Zürich 1974; C. Moatti: »Droit et politique dans le pro Murena de Cicéron«. In: RD 61 (1983) S. 515–530; C. P. Craig: »Cato's stoicism and the understanding of Cicero's speech for

Murena«. In: TaPhA 116 (1986) S. 229–239; A.D. Leeman: »The technique of persuasion in Cicero's pro Murena«. In: Éloquence et rhétorique chez Cicéron. (Entretiens Hardt. 28.) Genf 1982. S. 193–236; P. Moreau, Cicéron: »Clodius et la publication du *pro Murena*«. In: RÉL 58 (1980) S. 220–237; E. Noè: »*Cedat forum castris:* esercito e ascesa politica nella riflessione ciceroniana«. In: Athenaeum 83 (1995) S. 67–82; M. Leff: »Cicero's *pro Murena* and the Strong Case for Rhetoric«. In: Rhetoric & Public Affairs 1 (1998) S. 61–88; C.J. Classen: Recht, Rhetorik, Politik. Untersuchungen zu Ciceros rhetorischer Strategie. Darmstadt 1985. S. 120–179; A. Vasaly: »The Quality of Mercy in Cicero's *pro Murena*«. In: S.K. Dickinson / J.P. Hallet (Hrsg.): Rome and her Monuments. Essays on the City and Literature of Rome in Honor of K.H. Geffcken. Wauconda 2000. S. 447–463.

Rede für Sulla

Kommentar von D.H. Berry. Cambridge 1996.

Rede für den Dichter Archias

H.u.K. Vretska: *Pro Archia poeta.* Ein Zeugnis für den Kampf des Geistes um seine Anerkennung. Darmstadt 1979 [mit umfangreichem Kommentar]; M. von Albrecht: »Das Prooemium von Ciceros Rede *pro Archia poeta* und das Problem der Zweckmäßigkeit der *argumentatio extra causam*«. In: Gymnasium 76 (1969) S. 419–429; E. Narducci: »*La pro Archia.* Gli orizzonti dell'eloquenza«. In: Ders.: Cicerone e l'eloquenza romana. Retorica e progetto cultural. Rom/ Bari 1997. S. 3–18; J. Dugan: »How to Make (and Break) a Cicero. Epideixis, Textuality and Self-fashioning in the *pro Archia* and in *Pisonem*«. In: Classical Antiquity 20 (2001) S. 35–77.

Rede für Flaccus

Kommentar von G. Maselli. Venedig 2000; C.J. Classen: Recht, Rhetorik, Politik. Untersuchungen zu Ciceros rhetorischer Strategie. Darmstadt 1985. S. 180–217.

Reden nach seiner Rückkehr

J.H. Nicholson: Cicero's Return from Exile. The Orations *post reditum*. Bern 1992; A.M. Riggsby: »The *post reditum* Speeches«. In: J.M. May (Hrsg.): Brill's Companion to Cicero. Oratory and Rhetoric. Leiden/Boston/Köln 2002. S. 159–195.

Rede über das Gutachten der Opferbeschauer

Kommentar von J. Lenaghan. Den Haag 1969; K. Kumaniecki: »Ciceros Rede *de haruspicum responso*«. In: Klio 37 (1959) S. 135 ff.

Rede über sein Haus

Kommentar von R.G. Nisbet. New York 1979; E. Narducci: »Perceptions of Exile in Cicero. The Philosophical Interpretation of a Real Experience«. In: AJPh 118 (1997) S. 55–73; Ders.: La *de domo*. Cicerone di fronte all'esilio. Einführung zu Cicero: La casa. Mailand 1998. S. 5–26; Ders.: Cicerone e i suoi interpreti. Studi sull'Opera e la Fortuna. Pisa 2004. S. 95–113; C.J. Classen: Recht, Rhetorik, Politik. Untersuchungen zu Ciceros rhetorischer Strategie. Darmstadt 1985. S. 218–267.

Rede für Sestius

P. Boyancé: »*Cum dignitate otium*«. In: RÉA 43 (1941) S. 172–191; A. Grilli: »*Otium cum dignitate*«. In: Acme 4 (1951) S. 227–240; Ch. Wirszubski: Cicero's *cum dignitate otium*. A reconsideration. In: JRS 44 (1954) S. 1–13; J. Christes: »*Cum dignitate otium*«. Eine Nachbereitung. In: Gymnasium 95 (1988) S. 303–315; P.A. Brunt: The Fall of the Roman Republic and Related Essays. Oxford 1988 (ital.: La caduta della repubblica romana. Rom/Bari 1990. Dort S. 75–87); T. Takahata: »Politik, Philosophie, Rhetorik in *cum dignitate otium*« Ciceros. In: Classical Studies 16 (1999) S. 60–97.

Rede gegen Vatinius

Kommentar von L.G. Pocock. London 1926. (Ndr. Amsterdam 1967.)

Rede für Caelius

Kommentare von R.G. Austin, Oxford [3]1960; A. Cavarzere (Cicerone. In difesa di Marco Celio, Venedig 1987.); C.J. Classen: »Ciceros Rede für Caelius«. In: ANRW I, 3. Berlin / New York 1973; K.A. Geffcken: Comedy in the *pro Caelio*. Leiden 1973; E. Narducci: Modelli etici e società. Un'idea di Cicerone. Pisa 1989. S. 189–225; Ders.: Cicerone e i suoi interpreti. Studi sull'opera e la fortuna. Pisa 2004. S. 79 ff.; A. Arcellaschi: »Le *pro Caelio* et le théatre«. In: RÉL (75) 1997. S. 78–91.

Rede über die Vergabe der konsularischen Provinzen

Kommentar von H.P. Butler und M. Cary. New York 1979.

Rede für Balbus

H. Braunert: »Verfassungsnorm und Verfassungswirklichkeit im spätrepublikanischen Rom. Eine Interpretation zu Ciceros Rede für Balbus«. In: AU 9,1 (1966) S. 51–73; V. Angelini: Riflessioni sull'orazione *pro L. Cornelio Balbo*. In: Athenaeum 58 (1980) S. 360–370; A. Kimberly Barber: Rhetoric in Cicero's *pro Balbo*. An Interpretation. London / New York 2004.

Rede gegen Piso

Kommentar von R.G.M. Nisbet. Oxford 1961; H.J. Reischmann: Rhetorische Techniken in der Diffamierungskunst, dargestellt an Ciceros Invektive *In Pisonem*«. In: AU 29,2 (1986) S. 57–64; S. Gozzoli: »La *in Pisonem* di Cicerone: un esempio di polemica politica«. In: Athenaeum 78 (1990) S. 451–463; J.R. Dugan: »How to Make (and Break) a Cicero: Epideixis, Textuality and Self-fashioning in the *pro Archia* and *in Pisonem*«. In: Classical Antiquity 20 (2001) S. 35–77.

Rede für Scaurus

Kommentar von A. Ghiselli. Bologna [3]1972.

Rede für Rabirius Postumus

Kommentare von C. Klodt. Stuttgart 1992; M. Siani-Davies. Oxford 2001.

Rede für Milo

Kommentare von A.C. Clark. Oxford 1895. (Ndr. Amsterdam 1967.); A.B. Poyton. Oxford 19022; P. Fedeli (Cicerone, In difesa di Milone.) Venedig 1990; K. Welesey: »Real and Unreal Problems in the *pro Milone*«. In: ActClass 7 (1971) S. 27–31; A.W. Lintott: »Cicero and Milo«. In: JRS 64 (1974) S. 62–78; A.M. Stone: »Pro Milone. Cicero's Second Thoughts«. In: Antichton 14 (1980) S. 88–111; M.E. Clark / J.S. Ruebel: »Philosophy and Rhetoric in Cicero's pro Milone«. In: Rhein. Mus. 128 (1985) S. 57–72; B.A. Marshall: »*Excepta oratio*. The other *pro Milone* and the question of shorthand«. In: Latomus 46 (1987) S. 730–773; A.R. Dyck: Narrative Obfuscation, Philosophical Topoi and Tragic Patterning in Cicero's *pro Milone*. In: HSCPh 98 (1998) S. 219–241.

Reden vor Caesar

Einführung und Kommentar von F. Gasti. Mailand 1997; H.C. Gotoff: Cicero's Caesarian Speeches. A Stylistic Commentary. Chapel Hill / London 1993; Ders.: »Cicero's Caesarian Orations«. In: J.M. May (Hrsg.): Brill's Companion to Cicero. Oratory and Rhetoric. Leiden/Boston/Köln 2002. S. 219–271; P. Gagliardi: Il dissenso e l'ironia: per una rilettura delle orazioni ›cesariane‹ di Cicerone. Neapel 1997.

Rede für Marcellus

M. Rambaud: »Le *pro Marcello* et l'insinuation politique«. In: Caesarodunum 19 (1984) S. 43–56; R.R. Dyer: Rhetoric and Intention in Cicero's *pro Marcello*. In: JRS 80 (1990) S. 17–30.

Rede für Ligarius

Kommentar in R. Dimundo: Processo a un re. Venedig 1997; K. Kumaniecki: »Der Prozess des Ligarius«. In: Hermes 95 (1967)

S. 434–457; H. W. Montague: »Advocacy and Politics. The Paradox of Cicero's *pro Ligario*«. In: AJPh 113 (1992) S. 559–574; S. Rochlitz: Das Bild Caesars in *Ciceros Orationes Caesarianae*. Frankfurt 1993.

Philippische Reden

Kommentare zu I und II von J. D. Denniston. Oxford 1926; zu II von K. A. Lacey. Warminster 1986; zu XIII von C. Novielli. Bari 1996; H. Frisch: Cicero's Fight for the Republic. Gyldendal 1946; W. Stroh: »Die Nachahmung des Demosthenes in Ciceros Philippiken«. In: Éloquence et rhétorique chez Cicéron. (Entretiens Hardt 28.) Genf 1982. S. 1–40; Ders.: »Ciceros demosthenische Redezyklen«. In: MH 40 (1983) S. 35–50; C. Wooten: Cicero's Philippics and their Demosthenic model. The rhetoric of crisis. Chapel Hill 1983; L. Gamberale: »Alcuni studi recenti su Cicerone imitatore di Demostene«. In: RFIC 112 (1984) S. 499–502; Ch. Schäublin: »Ciceros demosthenische Redezyklen: ein Nachtrag«. In: MH 45 (1988) S. 60–61; L. A. Sussman: »Antony as a ›miles gloriosus‹ in Cicero's Second Philippic«. In: Scholia 3 (1994) S. 53–83; J. Hall: »The Philippics«. In: J. M. May (Hrsg.): Brill's Companion to Cicero. Oratory and Rhetoric. Leiden/Boston/Köln 2002. S. 273–304.

Rhetorische Schriften

Allgemeine Untersuchungen

W. Kroll in: RE VII,1. Sp. 1091–1103; E. Becker: Technik und Szenerie des ciceronischen Dialogs. Münster 1938; H. K. Schulte: Orator. Untersuchungen über das Ciceronianische Bildungsideal. Frankfurt a. M. 1935; K. Barwick: Das rednerische Bildungsideal Ciceros. Berlin 1963; H. M. Hubbel: »Ciceros on styles of oratory«. In: Yale Classical Studies 19 (1966) S. 171–186; A. Michel: »La théorie de la rhétorique chez Cicéron: éloquence et philosophie«. In: Éloquence et rhétorique chez Cicéron. (Entretiens Hardt 28.) Genf 1982. S. 109–147; Ders.: »Rhétorique et philosophie dans les traités de Cicéron«. In: ANRW I, 3. Berlin / New York 1973. S. 139–208; A. Rousselle: »Parole et inspiration. Le travail de la voix dans le monde romain«. In: History and philosophy of the life sciences 5 (1983) S. 129–157; G.E. Ryan: Cicero, Rhetoric and the Skeptical Academy. Princeton 1983; G.W. Bowersock: »Historical problems in late republican and augustan classicism«. In: Le classicisme à Rome. (Entretiens Hardt 25.) Genf 1979. S. 57–78; A.E. Douglas: »The intellectual Background of Cicero's *Rhetorica.* A Study in Method«. In: ANRW 1, 3. Berlin / New York 1973. S. 95–137; J. Wisse: Ethos and Pathos from Aristotle to Cicero. Amsterdam 1988; Ders.: »The Intellectual Background of Cicero's Rhetorical Works«. In: J.M. May (Hrsg.): Brill's Companion to Cicero. Oratory and Rhetoric. Leiden/Boston/Köln 2002. S. 331–374; G.M.A. Grube: »Educational, Rhetorical and Literary Theory in Cicero«. In: Phoenix 16 (1962). S. 234–257; F. Quadlbauer: »Zur Nachwirkung und Wandlung des ciceronischen Rednerideals«. In: *Ars rhetorica* antica e nuova. Genua 1983. S. 77–116; Th. Gelzer: »Klassizismus, Attizismus und Asianismus«. In: Le classicisme à Rome. (Entretiens Hardt 25.) Genf 1979. S. 1–55; A. Desmouliez: »Sur la polémique de Cicéron et des Atticistes«. In: RÉL 30 (1952) S. 168–185; P.H. Schryvers: »Invention, imagination, et théorie des émotions chez Cicéron et Quintilien«. In: B. Vickers (Hrsg.): Rhetoric revalued. New York 1982. S. 47–57; G. Moretti: *Acutum dicendi genus.* Brevità, oscurità, sottigliezze e paradossi nelle tradizioni retoriche degli stoici. Bologna 1995; L. Calboli Montefusco: »Der Einfluss der peripatetisch-akademischen Lehre auf Ciceros rhetorische Schriften«. In: WS 106 (1993) S. 103–109; E. Narducci: »Pratica oratoria e pensiero retorico di Cicerone«. In: Cicerone: Il poeta Archia. Mailand 1991; Ders.: Cicerone e l'eloquenza romana. Retorica e progetto culturale. Rom/Bari 1997; J.R. Dugan: Making a New Man. Ciceronian Self-Fashioning in the Rhetorical Works. Oxford 2005.

De inventione

G. Calboli: La formazione oratoria di Cicerone. In: Vichiana 2 (1965) S. 3–29; K. Barwick: Die Vorrede zum zweiten Buch der rhetorischen Jugendschrift Ciceros und zum vierten Buch des Auctor ad Herennium. In: Philologus 105 (1961) S. 307–314; Ders.: »Probleme in den

Rhetorici Libri Ciceros und der Rhetorik des sogenannten *Auctor ad Herennium*«. In: Philologus 109 (1965) S. 57–74; J. Adamietz: Ciceros de inventione und die Rhetorik ad Herennium. Marburg 1960.

De oratore

Kommentare von A.S. Wilkins: Manchester 1892. (Ndr. Hildesheim 1965.); A.D. Leeman / H. Pinkster / J. Wisse. Heidelberg 1985–2004; J.M. May / J. Wisse: Cicero. On the Ideal Orator. [Engl. Übersetzung mit wichtiger Einleitung und reichem Anmerkungsmaterial.] New York / Oxford 2001; M. O'Mara: The Structure of the *De Oratore.* Chapel Hill 1971; G. Zoll: *Cicero Platonis Aemulus.* Untersuchung über die Form von Ciceros Dialogen, besonders von *de oratore.* Zürich 1962; W. Steidle: »Einflüsse röm. Lebens und Denkens auf Ciceros Schrift *de oratore*«. In: MH 9 (1952) S. 10–41; R. Meyer: Literarische Fiktion und historischer Gehalt in Ciceros *de oratore.* Stuttgart 1970; A.D. Leeman: »L'historiographie dans le *de oratore* de Cicéron«. In: BAGB. 1985. S. 280–28; H. Merklin: »System und Theorie in Ciceros *de oratore*«. In: WJA. N.F. 13 (1987) S. 149–161; C.J. Classen: »Ciceros *orator perfectus:* ein *vir bonus dicendi peritus?*« In: Commemoratio. Studi di filologia in ricordo di R. Ribuoli. Bologna 1986. S. 43–55; F. Wehrli: »Studien zu Ciceros *De oratore*«. In: MH 35 (1978) S. 74–99; G. Achard: »Pourquoi Cicéron a-t-il écrit le *de oratore?*« In: Latomus 46 (1987) S. 318–329; P. MacKendrick: »Cicero's ideal orator. Truth and Propaganda«. In: CJ 43 (1947) S. 339–347; L. Calboli Montefusco: »Cicerone, *de oratore.* La doppia funzione dell'ethos dell'oratore«. In: Rhetorica 10 (1992) S. 245–259; A. Romeo: »Emozione e persuasione nel *de oratore.* Le competenze oratorie fra tecnica retorica e sapere filosofico«. In: Filologia antica e moderna 2 (1992) S. 23–40; E. Narducci: Cicerone e l'eloquenza romana. Retorica e progetto culturale. Rom/Bari 1997. S. 19–96; J.C. Hall: »Persuasive Design in Cicero's *de oratore*«. In: Phoenix 48 (1994) S. 210–225; Ders.: »Social Evasion and Aristocratic Manners in Cicero's *de oratore*«. In: AJPh 117 (1996) S. 95–120; J. Wisse: »*De oratore.* Rhetoric, Philosophy and the Making of the Ideal Orator«. In: J.M. May (Hrsg.): Brill's Companion to Cicero. Oratory and Rhetoric. Leiden/

Boston/Köln 2002. S. 375–400; E. Fantham: The Roman World of Cicero's *De Oratore*. Oxford 2004.

Partitiones oratoriae

R.N. Gaines: »Cicero's *partitiones oratoriae* and *topica*. Rhetorical Philosophy and Philosophical Rhetoric«. In: J.M. May (Hrsg.): Brill's Companion to Cicero. Oratory and Rhetoric. Leiden/Boston/Köln 2002. S. 445–480.

Topica

Kommentar von G. Di Maria. Palermo 1994; B. Riposati: Studi sui *Topica* di Cicerone. Mailand 1947; R.N. Gaines: »Cicero's *partitiones oratoriae* and *topica*. Rhetorical Philosophy and Philosophical Rhetoric«. In: J.M. May (Hrsg.): Brill's Companion to Cicero. Oratory and Rhetoric. Leiden/Boston/Köln 2002. S. 445–480.

Brutus

Kommentare von O. Jahn und W. Kroll. Berlin [6]1962; A.E. Douglas. Oxford 1966; M. Zicàri: Il Brutus e la teoria ciceroniana del perfetto oratore. Bologna 1967; C. Rathofer: Ciceros *Brutus* als literarisches Paradigma eines Auctoritas-Verhältnisses. Frankfurt a.M. 1986; G.V. Sumner: The Orators in Cicero's *Brutus*. Prosopography and Chronology. Toronto 1973; G. Vogt-Spira: »Rednergeschichte als Literaturgeschichte. Ciceros *Brutus* und die Tradition der Rede in Rom«. In: C. Neumeister / W. Raek (Hrsg.): Rede und Redner. Bewertung und Darstellung in den antiken Kulturen. Möhnsee 2000. S. 207–225; A. Cavarzere: »La funzione di Ortensio nel prologo del *Brutus*«. In: Lexis 16 (1998) S. 149–162; A.M. Gowing: »Memory and Silence in Cicero's *Brutus*«. In: Eranos, 98 (2000) S. 39–64; E. Narducci: Cicerone e l'eloquenza romana. Retorica e progetto cultural. Rom/Bari 1997. S. 97–156; Ders.: »Brutus. The History of Roman Eloquence«. In: J.M. May (Hrsg.): Brill's Companion to Cicero. Oratory and Rhetoric. Leiden/Boston/Köln 2002. S. 401–425.

Orator

Kommentar von W. Kroll. Berlin 1913; A. Yon: Einleitung zur Edition der Collection des Universités de France. Paris 1964; E. Narducci: »Orator and the Definition of the Ideal Orator«. In: J. M. May (Hrsg.): Brill's Companion to Cicero. Oratory and Rhetoric, Leiden/Boston/Köln 2002. S. 427–443.

Politische Schriften

De re publica

Kommentar von K. Büchner. Heidelberg 1984; Kommentar zu ausgewählten Passagen E. G. Zetzel. Cambridge 1995; V. Pöschl: Römischer Staat und griechisches Staatsdenken bei Cicero, Berlin 1936. (Ndr. Darmstadt 1962.); E. Berti: Il *de re publica* di Cicerone e il pensiero politico classico. Padua 1963; A. Michel: L'art du dialogue dans le *de re publica*«. In: RÉL 43 (1965) S. 241–261; Ders.: »À propos du *de re publica*. III: la politique et le désir«. In: Mélanges Wuilleumier. Paris 1980. S. 229–238; A. Grilli: I proemi del *de re publica* di Cicerone. Brescia 1970; J.-L. Ferrary: »Le discours de Philus et la philosophie de Carnéade«. In: RÉL 55 (1977) S. 129–156; Ders.: Le discours de Laelius dans le troisième livre du *de re publica* de Cicéron. In: MEFRA 86 (1974) S. 745–771; Ders.: »L'archéologie du *de re publica* (II 2, 4–37, 63). Cicéron entre Polybe et Platon«. In: JRS 74 (1984) S. 41–58; A. La Penna: »Cicerone fra Sparta e Atene«. In: Ders.: Aspetti del pensiero storico latino. Turin 1978. S. 119–132; H. Cambeis: »Das monarchische Element und die Funktion der Magistrate in Ciceros Verfassungsentwurf«. In: Gymnasium 91 (1984) S. 237–660; J. Geiger: »Contemporary politics in Cicero's *de re publica*«. In: CPh 79 (1984) S. 38–43; L. Perelli: »Rassegna di studi sul pensiero politico ciceroniano (1970–1984)«. In: Boll. Stud. Lat. 15 (1985) S. 51–84; A. Grilli: »La costituzione romana in Cicerone«. In: Atene e Roma 44 (1999) S. 44–52; T. Takahata: »Ciceros Kritik an der epikureischen *iustitia*-Lehre in *de finibus* und *de re publica*«. In: Class. Stud. 17 (2001) S. 85–111; Ders.: »The Critique of Philosophical Schools as reflected in the Use of *ex-*

empla maiorum in Cicero's *de finibus bonorum et malorum*«. In: JCS 49 (2001) S. 108–122; P. Desideri: »Modello greco e modello romano di educazione secondo Cicerone«. In: Poikilma. Studi in onore di Michele R. Cataudella. La Spezia 2001. S. 369–382; Ders.: »Memoria storica e senso dello stato in Cicerone«. In: M. Pani (Hrsg.): Epigrafia e Territorio. Politica e società. VI. Bari. S. 229–242.

Somnium Scipionis

Kommentar von A. Ronconi. Florenz 1966; P. Boyancé: Études sur le songe de Scipion. Paris 1936; K. Büchner: *Somnium Scipionis.* Quellen, Gestalt, Sinn. Wiesbaden 1976; F. Stok: »Un viaggio lungo un sogno«. In: Cicerone: Il sogno di Scipione. Hrsg. von F. Stok. Venedig 1993. S. 9–34.

De legibus

P. L. Schmidt: Die Abfassungszeit von Ciceros Schrift über die Gesetze. Rom 1969; E. Rawson: »The Interpretation of Cicero's de legibus«. In: ANRW I, 4. Berlin / New York 1973. S. 335–356; J. Turpin: »Cicéron, *de legibus* I–II et la religion romaine: une interprétation philosophique à la veille du principat«. In: ANRW II, 16.3, Berlin / New York 1988. S. 1877–1908; K. M. Girardet: Die Ordnung der Welt. Ein Beitrag zur philosophischen und politischen Interpretation von Ciceros Schrift *De Legibus.* Wiesbaden 1983; L. Perelli: »Note sul tribunato della plebe nella riflessione ciceroniana«. In: QS 10 (1979) S. 285–303; L. Thommen: »Das Bild vom Volkstribunat in Ciceros Schrift über die Gesetze«. In: Chiron 18 (1988) S. 357–375; F. Fontanella: »Introduzione al *de legibus* di Cicerone. I«. In: Athenaeum 85 (1997) S. 487–530; »II.« In: Athenaeum 86 (1998) S. 179–208; F. Fontanella: »L'interpretazione ciceroniana del culto degli eroi e delle virtù«. In: RSI 107 (1995) S. 5–19.

Philosophische Schriften

Allgemeine Studien

R. Philippson in: RE VII, 1. Sp. 1104–1192; R. Hirzel: Untersuchungen zu Ciceros philosophischen Schriften. Leipzig 1877–1883. (Ndr. Hildesheim 1964.); M. O. Liscu: Étude sur la langue de la philosophie morale chez Cicéron. Paris 1930; M. Valente: L'étique stoïcienne chez Cicéron. Paris / Porto Alegre 1956; M. Ruch: Le préambule dans les œuvres philosophiques de Cicéron. Paris 1958; A. Weische: Cicero und die neue Akademie. Untersuchungen zur Entstehung und Geschichte des antiken Skeptizismus. München 1961; R. Müller: »Die Wertung der Bildungsdisziplinen bei Cicero«. In: Klio 43–45 (1965) S. 77–173; G. Lotito: »Modelli etici e base economica nelle opere filosofiche di Cicerone«. In: Società romana e produzione schiavistica. Bd. III. Hrsg. von A. Giardina und A. Schiavone. Rom/Bari 1981. S. 32–145: A. Michel: »Cicéron et les sectes philosophiques. Sens et valeur de l'éclectisme académique«. In: Eos 57 (1967/68) S. 104–116; Ders.: »La philosophie en Grèce et à Rome de 130 à 250«. In: Histoire de la Philosophie. (Encyclopédie de la Pléiade.) Bd. I. Paris 1969. S. 772–885; Ders.: »Cicéron et les grands courants de la philosophie antique«. In: Lustrum 16 (1971/72) S. 81–103; M. Giusta: I dossografi di etica. Turin 1968; W. Görler: Untersuchungen zu Ciceros Philosophie. Heidelberg 1974; K. Bringmann: Untersuchungen zum späten Cicero. Göttingen 1971; O. Gigon: Cicero und die griechische Philosophie. In: ANRW I, 4. Berlin / New York 1973. S. 226–261; W. Burkert: »Cicero als Platoniker und Skeptiker«. In: Gymnasium 72 (1975) S. 175–200; G. Milanese: »Romani antichi e antichi filosofi. Note sul valore filosofico della tradizione romana in Cicerone«. In: Aevum Antiquum II (1989) S. 129–144; H. Strasburger: Ciceros Philosophisches Spätwerk als Aufruf gegen die Herrschaft Caesars. Hildesheim / Zürich / New York 1990; M.L. Colish: The Stoic Tradition from Antiquity to the Early Middle Ages. Leiden 1985. S. 61–158; J. Mancal: Untersuchungen zum Begriff der Philosophie bei M. Tullius Cicero. München 1982; P. Mackendrick: The Philosophical Books of Cicero. London 1989; J. Glucker: »Cicero's philosophical Affiliations«. In: J.M. Dillon / A.A. Long (Hrsg.): The question of ›eclecticism‹. Studies in later Greek Philosophy. Berkeley / Los Angeles 1988. S. 34–69; Ders.: »Cicero's Philosophical Affiliations Again«. In: LCM 17 (1992) S. 134–138; W. W. Fortenbaugh / P. Steinmetz (Hrsg.): Cicero's knowledge of the Peripatos. New Brunswick / London 1989; M. Griffin / J. Barnes (Hrsg.): *Philosophia togata.* Essays on Philosophy and Roman Society. Oxford 1989; C. Lévy: *Cicero Academicus.* Recherches sur les Académiques et la philosophie cicéronienne. Paris 1992; J.F. Powell (Hrsg.): Cicero the Philosopher. Oxford 1995; J. Leonhardt: Ciceros Kritik der Philosophenschulen. München 1999; G. Cambiano: »Cicerone e la necessità della filosofia«. In: E. Narducci (Hrsg.): Interpretare Cicerone. Percorsi della critica contemporanea. Atti del II Symposium Ciceronianum Arpinas. Florenz 2002. S. 66–83; A. Setaioli: »El destino del alma en el pensamiento de Cicéron«. In: Anuario Filosófico 34 (2001) S. 487–526.

Paradoxa Stoicorum

Kommentare von A. Lee. London 1953; M.V. Ronnick. Frankfurt a.M. 1991; R. Badalì. Mailand 2003; K. Kumaniecki: »Ciceros *Paradoxa Stoicorum* und die römische Wirklichkeit«. In: Philologus 101 (1957) S. 113–134; A. Michel: »Cicéron et les paradoxes stoïciens«. In: AantHung 16 (1968) S. 223–232; F. Stok: *Omnes stultos insanire.* La politica del paradosso in Cicerone. Pisa 1981; G. Achard: »Les ›*paradoxa Stoicorum*‹ de Cicéron«. In: RÉL 77 (1999) S. 72–86.

Hortensius

Kommentar von A. Grilli. Varese/Mailand 1962; M. Ruch: *L'Hortensius* de Cicéron. Histoire et reconstitution. Paris 1958; L. Straume-Zimmermann: Ciceros *Hortensius.* Bern / Frankfurt a.M. 1976.

Trostschrift

G. Mazzoli: »La *plebs* e il *rex.* Per l'interpretazione della *consolatio* ciceroniana«. In: Athenaeum 60 (1982) S. 359–385; A. Setaioli: »La vicenda dell'anima nella ›*consolatio*‹ di Cicerone«. In: Paideia 54 (1999)

S. 145–174; S. Audano: »Cicerone tra Mida e Sileno«. In: Paideia 55 (2000) S. 23–35.

Academica
Kommentar von J. S. Reid. London 1885. (Ndr. Hildesheim 1966.); Kommentar zum I. Buch von M. Ruch. Paris 1970; C. Lévy: »Cicéron et la quatrième Académie«. In: RÉL, 63 (1985) S. 32–41; B. Inwoood / J. Mansfeld (Hrsg.): Assent and Argument. Studies in Cicero's ›Academic Books‹. Leiden / New York 1997.

De finibus bonorum et malorum
Kommentare von J. N. Madvig. Kopenhagen [3]1876; J. S. Reid. [Bücher I–II.] Cambridge 1925. (Ndr. Hildesheim 1968.); M. N. P. Packer: Cicero's presentation of epicurean ethics. A study based primarily on *de finibus* I and II. New York 1938; G. Kilb: Ethische Grundbegriffe der alten Stoa und ihre Übertragung durch Cicero in dritten Buch *de finibus bonorum et malorum.* Freiburg i. Br. 1939; D. Pesce: L'etica stoica nel III libro del *de finibus.* Brescia 1977; C. Lévy: »La dialectique de Cicéron dans les livres II et IV du *de finibus*«. In: RÉL 62 (1984) S. 111–127; T. Takahata: »Ciceros Kritik an der epikureischen *iustitia*-Lehre in *de finibus* und *de re publica*«. In: Class. Stud., 17, 2001. S. 85–111.

Tuskulanen
Kommentare von M. Pohlenz. [Bücher I–II.] Leipzig 1957; O. Heine. [Bücher III–V.] Leipzig [5]1929; A. E. Douglas. (I. Buch.) Warminster 1985; A. Grilli. (II. Buch.) Brescia 1987; H. Hommel: Ciceros Gebetshymnus an die Philosophie. Heidelberg 1968; A. Michel: »Cicéron et la tragédie. Les citations de poètes dans les livres II–IV des Tusculanes«. In: Helmantica 34 (1983) S. 442–454; Ders.: »Rhétorique et maladie de l'âme. Cicéron et la consolation des passions«. In: LMS 5 (1983) S. 11–22; H. Seng: »Aufbau und Argumentation in Ciceros *Tusculanae Disputationes*«. In: RhM 141 (1998) S. 329–347; B. Dunsch: »Das Tusculanen-Proömium«. In: Anregung 46 (2000) S. 298–319; E. Narducci: Le *Tusculanae.* Un percorso di lettura, saggio introdutti-

vo a Cicerone: Tuscolane. Mailand ^{5}2004. S. 5ff. (Auch in E. Narducci: Cicerone e i suoi interpreti. Studi sull'Opera e la Fortuna. Pisa 2004.)

De natura deorum

Kommentare von A. S. Pease. Cambridge (Mass.) 1955–1958. (Ndr. Darmstadt 1968.); M. van den Bruwaene. Brüssel 1978–1986; zum I. Buch von A. R. Dyck. Cambridge 2003; L. Krumme: Die Kritik der stoischen Theologie in Ciceros Schrift *de natura deorum*. Göttingen 1941; A. J Kleijwegt: Ciceros Arbeitsweise im zweiten und dritten Buch der Schrift *de natura deorum*. Leiden 1961.

De divinatione

Kommentar von A. S. Pease. Urbana 1920–1923. (Ndr. Darmstadt 1963.); S. Timpanaro (Cicerone: Della divinazione.) Mailand ^{4}1998. (Mit wichtiger Einleitung.); N. Denyer: »The case against divination. An examination of Cicero's de divination«. In: PCPhS 31 (1985) S. 1–10; F. Guillaumont: Philosophe et augure. Recherches sur la théorie cicéronienne de la divination. Brüssel 1984; J. Mandel: »State religion and superstition as reflected in Cicero's philosophical works«. In: Euphrosyne 12 (1983/84) S. 79–110; M. Beard: »Cicero and divination. The formation of a Latin discourse«. In: JRS 80 (1986) S. 33–46; M. Schofield: »Cicero for and against divination«. In: JRS 76 (1986) S. 47–65; J. Linderski: »Cicero and Roman divination«. In: PP 37 (1982) S. 12–38; S. Timpanaro: »Alcuni fraintendimenti del *de divinatione*«. In: Ders.: Nuovi contributi di filologia e di storia della lingua latina. Bologna 1994. S. 241–264.

De fato

O. Hamelin: Sur le *de fato*. Limoges 1978; F. Antonini: »Contro il fato. Illuminismo neo-accademico e opportunità politica«. In: Cicerone: Il fato. Mailand 1994. S. 5–15.

Cato maior de senectute

Kommentar von J. G. F. Powell. Cambridge 1988; U. Kammer: Untersuchungen zu Ciceros Bild von Cato Censorius. Frankfurt a. M. 1964; E. Narducci: Modelli etici e società. Un'idea di Cicerone. Pisa 1989. S. 13–78; O. Fuà: »Da Cicerone a Seneca«. In: U. Mattioli (Hrsg.): *Senectus.* La vecchiaia nel mondo classic. II. Bologna 1995. S. 183–238; R. Strati: »Il proemio del ›*Cato maior*‹ di Cicerone«. In: Lexis 18 (2000) S. 193–212.

Laelius de amicitia

Kommentar von M. Seyffert und C. F. W. Müller. Leipzig ^{4}1976; K. A. Neuhausen: Heidelberg 1981–1992; F. A. Steinmetz: Die Freundschaftslehre des Panaitios nach einer Analyse von Ciceros *Laelius de amicitia.* Wiesbaden 1967; M. Bellincioni: Struttura e pensiero del Laelius ciceroniano. Brescia 1970; E. Narducci: Modelli etici e società. Un'idea di Cicerone. Pisa 1989. S. 79–110; Th. N. Habinek: »Towards a History of Friendly Advice: The Politics of Candor in Cicero's *de amicitia*«. In: Apeiron 73 (1990) S. 166–185; R. Schievenin: »Amicizia perfetta e amicizia comune nel *Laelius* ciceroniano«. In: Boll. Stud. Lat. 30 (2000) S. 447–465.

De officiis

Kommentar von A. R. Dyck. Ann Arbor 1996; M. Pohlenz: Führertum. Ciceros *de officiis* und das Lebensideal des Panaitios. Leipzig/Berlin 1934; P. Fedeli: »Il *de officiis* di Cicerone. Problemi e atteggiamenti della critica moderna«. In: ANRW I, 4. Berlin / New York 1973. S. 408 ff.; W. Heilmann: Ethische Reflexion und römische Lebenswirklichkeit in Ciceros Schrift *de officiis.* Wiesbaden 1982; E. Gabba: »Per un'interpretazione politica del *de officiis* di Cicerone«. In: Rend. Lincei 34 (1979) S. 117–141; E. Narducci: Modelli etici e società. Un'idea di Cicerone. Pisa 1989. S. 110–188; A. A. Long: »Cicero's politics in *de officiis*«. In: A. Laks / M. Schofield (Hrsg.): Justice and Generosity. Studies in Hellenistic Social and Political Philosophy. Cambridge 1995. S. 213–240; L. Cicu: Cicerone e il *prepon.* In: Paideia 55

(2000) S. 123–162; E. Lefèvre: Panaitios' und Ciceros Pflichtenlehre. Stuttgart 2001.

Timaios-Übersetzung
R. Poncelet: Cicéron traducteur de Platon. Paris 1958; M. Puelma: »Cicero als Platon-Übersetzer«. In: MH 37 (1980) S. 137–178; N. Lambardi: Il *Timaeus* ciceroniano. Arte e tecnica del vertere. Florenz 1982.

Poetische Werke

Kommentar und Edition von J. Soubiran in der Reihe der Collection des Universités de France. Paris 1972; Kommentare von V. Buescu. (*Aratea.*) Bukarest 1941; W.W. Ewbank. London 1997; E. Castorina: »Le tre fasi poetiche di Cicerone«. In: Siculorum Gymnasium 6 (1953) S. 137–165; A. Traglia: »La lingua di Cicerone poeta«. Bari 1950; »Atti del V Colloquium Tullianum«. In: Ciceroniana 5 (1984); F. Bellandi: »Arato, Cicerone e il ›mito della Vergine‹. In: Paideia 55 (2000) S. 37–73.

Briefe

Kommentare von R. Tyrrel e L. Purser. Dublin/London 1899–1918; D.R. Shackleton Bailey (*Ad Atticum.* Cambridge 1965–1970; *Ad familiares.* Cambridge 1977; *Ad Marcum Brutum* und *Ad Quintum fratrem.* Cambridge 1980); D. Nardo. [*Ad familiares* XII.] Bologna 1966; M. Bellincioni. [*Ad familiares.* XI 27 und 28.] Brescia 1970; Cicerone: Lettere dall'esilio. Hrsg. von R. Degl'Innocenti Pierini. Florenz [2]2003; G. Boissier: Cicéron es ses amis. Paris 1865. (dt. Leipzig 1869.); J. Carcopino: Les secrets de la correspondance de Cicéron. Paris [7]1957; R. Ernstberger: Studien zur Selbstdarstellung Ciceros in seinen Briefen. Heidelberg 1956; R. Tuomi: Studien zur Textform der Briefe Ciceros. Turku 1975; E. Wistrand: *Cicero imperator.* Studies in Cicero's Correspondence. Göteborg 1979; J. Boes: La philosophie et l'action dans la correspondance de Cicéron. Nancy 1990; H.M. Cotton: »*Miri-*

ficum genus commendationis. Cicero and the Latin letter of recommendation«. In: AJPh 106 (1985) S. 328–334; F. Trisoglio: »La lettera di raccomandazione nell'epistolario ciceroniano«. In: Latomus (43) 1984. S. 751–775; H. Zehnhacker: »*Officium consolantis.* Le devoir de consolation dans la correspondance de Cicéron«. In: RÉL 63 (1985) S. 69–86; L. Canfora: »Il corpus *ad Brutum*«. In: Ciceroniana. N. F. 10 (1998) S. 191–208; P. Cugusi: »L'epistola ciceroniana«. In: Ciceroniana 10 (1998) S. 163–189; G. O. Hutchinson: Cicero's Correspondence. A Literary Study. Oxford 1998; S. Citroni Marchetti: Amicizia e potere. Nelle lettere di Cicerone e nelle elegie ovidiane dall'esilio. Florenz 2000; A. La Penna: »Ritratti dalle lettere di Cicerone«. In: E. Narducci (Hrsg.): Interpretare Cicerone. Percorsi della critica contemporanea. Atti del II Symposium Ciceronianum Arpinas. Florenz 2002. S. 1–23.

Sprache und Stil

E. Norden: Die antike Kunstprosa. [2]1909, Bd. I. S. 212–233; J. Lebreton: Études sur la langue et la grammaire de Cicéron. Paris 1900; M. von Albrecht. In: RE, Suppl.-Bd. XIII, 1973, Sp. 1238–1347; Ders.: Cicero's style: a synopsis; followed by selected analytic studies. Leiden/Boston 2003 (Mnemosyne, Suppl. 245); A. Primmer: *Cicero numerosus.* Studien zum antiken Prosarhythmus. Wien 1968; W. R. Johnson: Luxuriance and Economy: Cicero and the Alien Style. Berkeley 1971.

Nachwirken

Th. Zielinski: Cicero im Wandel der Jahrhunderte. Leipzig [4]1929; F. Cancelli: Cicerone e i grandi dell'Ottocento. Foscolo, Manzoni, Leopardi. Rom 1994; E. Narducci (Hrsg.): Aspetti della fortuna di Cicerone nella cultura latina. Atti del III Symposium Ciceronianum Arpinas. Florenz 2003. [Beiträge von R. Degl'Innocenti Pierini, A. Setaioli, E. Narducci, E. Romano.]; P. Esposito: »La morte di Cicerone da Livio a Fruttero & Lucentini«. In: E. Narducci (Hrsg.): Cicerone tra antichi e moderni. Atti del IV Symposium Ciceronianum Arpinas. Florenz 2004. S. 56–81; E. Narducci: »Cicerone nel secolo breve«. In: E. Narducci (Hrsg.): Cicerone. Prospettiva 2000. Atti del I Symposium Ciceronianum Arpinas. Florenz 2001. S. 1–15; Ders.: Cicerone e i suoi interpreti. Studi sull'opera e la fortuna. Pisa 2004; Ders.: La gallina Cicerone. Carlo Emilio Gadda e gli scrittori antichi. Florenz 2003.

Wörterbücher und Konkordanzen

H. Merguet: Handlexikon zu Cicero. Leipzig 1905/06. (Ndr. Hildesheim 1962.); Ders.: Lexikon zu den Reden des Cicero. Jena 1877. (Ndr. Hildesheim 1962.); Ders.: Lexikon zu den philosophischen Schriften Ciceros. Jena 1887 (Ndr. Hildesheim 1962.); W. A. Oldfather u. a.: *Index verborum Ciceronis epistolarum*. Urbana 1938. (Ndr. Hildesheim 1965.); Diess.: *Index verborum in Ciceronis ›Rhetorica‹ necnon incerti auctoris libros ad Herennium*. Urbana 1964; D. R. Shackleton Bailey: *Onomasticon* to Cicero's treatises. Stuttgart 1996; Ders.: *Onomasticon* to Cicero's Speeches. Stuttgart 1992.

Glossar der Fachausdrücke und der lateinischen Leitbegriffe

Actio Bereich der Rhetorik, der den Vortrag der Rede behandelt (Stimmlage, Gestik, Mimik etc.).

Asianismus Bezeichnung für eine manieristische, sprachlich ausufernde Stiltendenz in der griechischen Rhetorik, deren erste Vertreter im 3. Jh. v. Chr. in Kleinasien wirkten.

Attizismus Gegenbewegung zum Asianismus, die sich an den attischen Rednern der klassischen Periode orientierte und stilistische Strenge und Knappheit forderte.

Auctoritas Die Fähigkeit, durch persönliches Ansehen und Einfluss lenkend in die Staatsgeschäfte einzugreifen. Grundlage der *auctoritas* waren Familientradition, Reichtum und Amtserfahrung, vor allem aber politische Beziehungen und Klientelverbindungen. Ausdruck fand die *auctoritas* meist in Ratschlägen und Meinungsäußerungen in der Senatsversammlung.

Boni Ursprünglich Bezeichnung für die adligen Landbesitzer; bei Cicero die Angehörigen der besitzenden Schichten, die für die Beibehaltung der bestehenden Ordnung eintraten und das Wirken des Senats unterstützten.

Copia verborum (auch **amplitudo**) Wortfülle und Formulierungsreichtum; typische Merkmale von Ciceros Redekunst, die von den Attizisten als asianische Überfrachtung kritisiert wurden.

Cursus honorum Die Ämterlaufbahn, die ein römischer Politiker zu durchlaufen hatte: Quästur, Prätur, Konsulat, Censorenamt. An die Quästur konnte sich das Volkstribunat und das Ädilenamt anschließen. Geregelt war der *cursus honorum* in der *lex Villia annalis.*

Decorum Von Cicero wird der Begriff des Angemessenen als Übersetzung des griechischen *prepon* gebraucht. In der Rhetorik bezeichnet er die Angemessenheit des sprachlichen Ausdrucks gegenüber dem Gegenstand der Rede, in der Ethik die Übereinstimmung des Handelns mit dem Charakter und der gesellschaftlichen Stellung eines Menschen.

Delectare In der Rhetorik die Fähigkeit des Redners, sein Publikum zu unterhalten.

Dignitas Anerkennung der eigenen Würde und Vorrechte und zugleich der damit verbundenen Verpflichtungen. Die *dignitas* war für das Standesbewusstsein der römischen Senatsaristokratie von zentraler Bedeutung, ihre Wahrnehmung war eine der Voraussetzungen für politisches Handeln.

Disputatio in utramque partem Darlegung des Für und Wider einer These, wie sie seit Karneades besonders von der Neuen Akademie gepflegt wurde.

Docere In der Rhetorik die Fähigkeit des Redners, über den gegebenen Sachverhalt zu unterrichten.

Elocutio Wortwahl, Satzbau und sprachliche Gestaltung der Rede.

Ethos Der griechische Ausdruck für den Charakter und die Haltung eines Menschen bezeichnet in der Gerichtsrhetorik den Hinweis des Redners auf die eigene Persönlichkeit, die seines Klienten, seines Widersachers oder anderer am Prozess Beteiligter; im Gegensatz zum *pathos* nicht auf emotionale Erregung und Dramatik, sondern auf sachliche Zustimmung und positive Reaktionen beim Zuhörer gerichtet.

Genera dicendi Die antike Rhetorik unterscheidet die drei Stilarten des schlichten, mittleren und hohen Stils (*genus subtile, genus medium, genus sublime*).

Gravitas Mit diesem vielschichtigen Begriff bezeichnet Cicero den Ernst und die Selbstbeherrschung angesichts widriger oder unvorhergesehener Ereignisse, Erfahrenheit in den Dingen des Lebens und der Politik und eine würdevolle moralische Lebensführung.

Homo novus Erstes Mitglied einer Familie, das in den Senat aufgenommen wurde. Im engeren Sinne auch erster Angehöriger einer Familie, der das Konsulat bekleidete und damit in die Nobilität aufstieg.

Humanitas Ciceros Ausdruck für die weltoffene, gebildete und kultivierte Geisteshaltung und den verfeinerten Lebensstil adliger Kreise.

Inventio In der Rhetorik die Kunst, Themen und Argumente zu finden; als solche erstes Arbeitsstadium bei der Abfassung einer Rede. Der *inventio* dienen die Gemeinplätze (*topoi / loci communes*).

Klauseln Formen des rhythmischen Satzschlusses. In der antiken Rhetorik war die Abfolge von langen und kurzen Silben am Ende eines Satzes oder einer Satzperiode strengen Regeln unterworfen.

Klientel Weite Teile der einfachen Bevölkerung waren einem Klientelherrn verpflichtet. Das Klientelverhältnis verpflichtet den gesellschaftlich höherstehenden *patronus*, die Belange eines Klienten vor Gericht zu vertreten und seine Interessen wahrzunehmen. Im Gegenzug unterstützte die Klientel ihn bei Abstimmungen und Wahlen und bildete seine politische Anhängerschaft.

Mos maiorum Bezeichnung für die »Verhaltensgrundsätze der Vorfahren«; darunter konnte jede überkommene Gewohnheit verstanden werden. Oft als Argument gegen Neuerungen gebraucht, die damit als bloße Augenblickslaune und Gefährdung der bestehenden Ordnung disqualifiziert werden konnten.

Movere In der Rhetorik die Fähigkeit des Redners, den Zuhörer zu bewegen und seine Leidenschaften und Emotionen anzusprechen.

Nobilität Zur Zeit der Republik die Gesamtheit der Familien, die die Staatsgeschäfte kontrollierten. In der republikanischen Spätzeit verengte sich dieser Begriff auf diejenigen Familien, die einen Konsul gestellt hatten.

Numerus In der lateinischen Rhetorik bezeichnet dieser Ausdruck den Prosarhythmus.

Officium Verpflichtung, die aus einer bestimmten amtlichen Funktion, Tätigkeit oder gesellschaftlichen Stellung erwächst, bzw. die entsprechende Handlung. In seiner Schrift *De officiis* gebraucht Cicero den Begriff zur Bezeichnung einer angemessenen Handlungsweise und Verpflichtung, wie er in der Philosophie des Panaitios vorgezeichnet war.

Optimaten Der Teil der Senatsaristokratie, der aus Standesinteresse an der politischen Vormachtstellung des Senats festhielt. Bei Cicero kann der Begriff *optimates* die Gesamtheit der *boni* umfassen, also alle gesellschaftlichen Kräfte, die sich den Bestrebungen der Popularen entgegenstellen.

Ornatus Redeschmuck, Mittel zur sprachlichen Ausgestaltung des Redetextes (Figuren etc.).

Pathos Wirkung einer Rede auf die Emotionen der Zuhörer bzw. die rhetorischen Mittel zur Erreichung dieser Wirkung.

Peroratio Schlusspassage einer Rede, oft eine Anrede an die Richter oder andere Instanzen (Götter etc.) enthaltend.

Personifizierung Rhetorischer Kunstgriff, mit dem ein Redner abstrakte Wesenheiten und Begriffe, etwa das Vaterland oder die Stadt Rom oder große Gestalten der Vergangenheit, auftreten und zum Publikum sprechen lässt.

Popularen Die Popularen können nicht im modernen Sinne als Demokraten bezeichnet werden. Ihre Führer entstammten selbst der Senatsaristokratie und bedienten sich oft der Unzufriedenheit der Massen zu persönlichen Zwecken. Dennoch gab es eine gewisse Kontinuität der von den Führern der *populares* angestrebten Gesetzesmaßnahmen, die oft einen Erlass oder die Minderung der Schulden und eine Landverteilung an ärmere Bevölkerungsschichten vorsahen.

Publicani Die sogenannten Steuerpächter erwarben das Recht zur Erhebung der Steuern und Abgaben (*publica*) in den eroberten Gebieten, die sie an die Staatskasse weiterleiten mussten. Durch die Erhebung von Zinsen machten die meist von einem Angehörigen des Ritterstandes geführten Zollpächtergesellschaften immense Gewinne zulasten der Provinzbevölkerung.

Ritterstand Nach den Senatoren der zweite Stand der römischen Gesellschaftsordnung; zunächst aus Landbesitzern bestehend. Viele Ritter investierten ihr Vermögen in anderen Bereichen der Wirtschaft, vor allem im Handel, und erreichten bald eine politische Vormachtstellung innerhalb des Ritterstandes und gerieten in Konflikt mit der Senatspartei. Ciceros politisches Programm der *concordia ordinum* sollte diese Konflikte entschärfen und die Macht der besitzenden Stände stärken.

Personenregister

Zum Autor

EMANUELE NARDUCCI, geboren 1950, von 1989 bis 2007 Ordinarius für Lateinische Literatur an der Universität Florenz, gilt als einer der wichtigsten Cicero-Forscher der letzten Jahrzehnte. Das Œuvre des italienischen Latinisten umfasst zahlreiche Arbeiten zu Leben und Werk Ciceros und seiner Rezeption von der Antike bis zur Moderne. Daneben hat sich Narducci eingehend mit der Geschichte der römischen Rhetorik beschäftigt, aber auch bemerkenswerte Analysen zur Rolle der Politikerprozesse im alten Rom (*Processi ai politici nella Roma antica*, Rom/Bari 1995) und Deutungen zum Werk des Dichters Lukan (*Lucano. Un'epica contro l'impero*, Rom/Bari 2002) vorgelegt, um hier nur einige Titel zu nennen, die stellvertretend für die breitgefächerten Interessen dieses Autors stehen.

Als Narduccis Hauptwerk kann die umfangreiche, 2009 im Verlag Laterza erschienene Cicero-Biographie *Cicerone. La parola e la politica* bezeichnet werden, an der er bis zu seinem unerwarteten Tod im Jahr 2007 gearbeitet hat. Sie umfasst eine ausführlich dokumentierte Lebensbeschreibung des Schriftstellers, Redners und Politikers Cicero und liefert eingehende Analysen seiner Reden und Dialoge. Viele Aspekte, die in der vorliegenden Einführung enthalten sind, werden dort vertieft.

Die hier vorgelegte Übersetzung geht auf die mehrfach wiederaufgelegte und für die Neuausgabe im Jahr 2005 aktualisierte und erweiterte Fassung von Narduccis ebenfalls im Verlag Laterza erschienener *Introduzione a Cicerone* zurück. Sie enthält *in nuce* das gesamte Spektrum von

Narduccis lebenslanger Beschäftigung mit dem schriftstellerischen Werk und dem politischen Denken und Handeln Ciceros.

A. W.

SEPS
SEGRETARIATO EUROPEO PER LE PUBBLICAZIONI SCIENTIFICHE